项目管理概论

陈文君 主编

哈尔滨工业大学出版社

内 容 简 介

本书以美国项目管理协会(PMI)的项目管理知识体系(PMBOK)的结构框架为基础,内容涵盖项目管理理论的全领域,包括项目与项目管理、项目组织与人力资源管理、项目范围管理、项目论证、项目进度管理、项目费用管理、项目质量管理、项目采购与合同管理、项目风险管理等。

本书在编写时注重理论在实践中的应用,结合案例,系统全面地对项目管理知识模块和方法、工具进行阐述,可作为本科生、研究生学习项目管理理论和方法的重要参考书。

图书在版编目(CIP)数据

项目管理概论/陈文君主编. —哈尔滨:哈尔滨工业大学出版社,2025.3
ISBN 978－7－5767－1272－8

Ⅰ.①项… Ⅱ.①陈… Ⅲ.①项目管理－概论－高等学校－教材 Ⅳ.①F224.5

中国国家版本馆 CIP 数据核字(2024)第 049966 号

XIANGMU GUANLI GAILUN

策划编辑	李艳文　范业婷
责任编辑	苗金英
出版发行	哈尔滨工业大学出版社
社　　址	哈尔滨市南岗区复华四道街 10 号　邮编 150006
传　　真	0451－86414749
网　　址	http://hitpress.hit.edu.cn
印　　刷	黑龙江艺德印刷有限责任公司
开　　本	787 毫米×1 092 毫米　1/16　印张 18.25　字数 431 千字
版　　次	2025 年 3 月第 1 版　2025 年 3 月第 1 次印刷
书　　号	ISBN 978－7－5767－1272－8
定　　价	65.00 元

(如因印装质量问题影响阅读,我社负责调换)

前　　言

项目管理的实践最早可以追溯到中国长城、埃及金字塔、古罗马供水渠等著名的古代工程项目，随着近代在国防和军事项目中推广运用，项目管理方法和技术得到了发展。由于具有一次性、独特性的任务（项目）逐步取代了传统企业经营的重复性过程，项目化成为推动企业成功的关键因素，项目管理也越来越被重视，在全球范围内得到广泛认可和推广，逐步形成了一套完整开放的知识和方法体系，并被广泛应用于建筑、国防、制药、航空航天、通信电子、金融等行业和领域。

本书以美国项目管理协会（PMI）的项目管理知识体系（PMBOK）的结构框架为基础，吸收其他学者最新的研究成果和方法，融入编者在项目管理教学和实践研究中的经验和成果，内容涵盖项目管理理论的全领域，包括项目与项目管理、项目组织与人力资源管理、项目范围管理、项目论证、项目进度管理、项目费用管理、项目质量管理、项目采购与合同管理、项目风险管理等。本书注重理论与实践相结合，每章在结合案例介绍的同时，还提供了课后习题，帮助读者理解并掌握章节内容。

本书由陈文君主编。全书共分为9章，硕士研究生黄瑞佳、钟钰慧、胡瑾裕和许萌参与了编写，全书由陈文君统稿。本书的编写和出版得到了华北电力大学"双一流"建设项目（研究生教材建设）资金支持。本书参考了国内外专家、学者的著作、论文和有关研究成果，吸收了部分企业的成熟经验，在此谨向这些专家、学者和企业表达深深的敬意和衷心的感谢。

因编者的学术水平和实践经验有限，书中难免存在不足之处，恳请各位读者批评指正。

编　者
2024 年 7 月

目　　录

第 1 章　项目与项目管理 ·· 1
　1.1　项目 ··· 1
　1.2　项目管理 ·· 5
　1.3　项目管理的发展 ·· 14
　课后习题 ·· 21

第 2 章　项目组织与人力资源管理 ·· 22
　2.1　项目组织 ·· 22
　2.2　项目经理及其权力 ·· 31
　2.3　项目人力资源管理 ·· 41
　课后习题 ·· 54

第 3 章　项目范围管理 ·· 55
　3.1　项目范围 ·· 55
　3.2　项目范围管理概述 ·· 59
　3.3　项目范围变更管理 ·· 66
　3.4　范围核实 ·· 70
　课后习题 ·· 80

第 4 章　项目论证 ·· 82
　4.1　项目论证概述 ··· 82
　4.2　项目论证的内容 ··· 86
　4.3　项目论证的方法 ··· 96
　4.4　项目评价基本报表 ··· 117
　4.5　项目论证报告书形式 ··· 121
　课后习题 ··· 123

第 5 章　项目进度管理 ··· 125
　5.1　项目进度计划 ··· 125
　5.2　网络计划技术 ··· 127
　5.3　双代号网络计划 ·· 133
　5.4　单代号网络计划 ·· 144

  5.5 网络计划优化 ……………………………………………………… 148
  5.6 项目进度控制 ……………………………………………………… 153
  课后习题 ………………………………………………………………… 161

第 6 章 项目费用管理 …………………………………………………… 162
  6.1 资源计划 …………………………………………………………… 162
  6.2 费用估计与预算 …………………………………………………… 169
  6.3 费用控制 …………………………………………………………… 177
  课后习题 ………………………………………………………………… 189

第 7 章 项目质量管理 …………………………………………………… 191
  7.1 项目质量管理概述 ………………………………………………… 191
  7.2 项目质量计划 ……………………………………………………… 193
  7.3 项目质量控制 ……………………………………………………… 198
  7.4 项目质量保证 ……………………………………………………… 204
  7.5 六西格玛质量管理 ………………………………………………… 207
  7.6 项目质量管理的基本工具和方法 ………………………………… 209
  课后习题 ………………………………………………………………… 214

第 8 章 项目采购与合同管理 …………………………………………… 215
  8.1 项目采购 …………………………………………………………… 215
  8.2 项目招投标 ………………………………………………………… 230
  8.3 项目合同管理 ……………………………………………………… 244
  课后习题 ………………………………………………………………… 253

第 9 章 项目风险管理 …………………………………………………… 254
  9.1 项目风险管理概述 ………………………………………………… 254
  9.2 风险识别 …………………………………………………………… 255
  9.3 风险的估计和评价 ………………………………………………… 259
  9.4 风险决策 …………………………………………………………… 266
  9.5 项目风险应对与监控 ……………………………………………… 275
  课后习题 ………………………………………………………………… 282

参考文献 …………………………………………………………………………… 283

第 1 章　项目与项目管理

项目管理是管理学的一个分支学科，起源于 20 世纪 50 年代，随着项目及其管理实践的发展，项目管理的内涵得到了较大的充实和发展，如今其已成为一种科学的管理方法而被广泛应用。项目管理不仅用于管理涉及多专业领域的大型复杂项目，而且能够有效避免传统"金字塔加职能部门"管理模式固有的弊端。与此同时，项目管理又不局限于传统的工具、技术及工程项目领域，而是作为一种新的管理方式，适用于任何行业和组织。

1.1　项　　目

1.1.1　项目的定义

1. 从投资角度提出的定义

联合国工业发展组织在《工业项目评估手册》中对项目的定义是："一个项目是对一项投资的一个提案，用来创建或发展某些工厂和企业，以便在一定周期内增加货物的生产或社会的服务。"世界银行认为："所谓项目，一般是指同一性质的投资，或同一部门内一系列有关或相同的投资，或不同部门内的一系列投资。"

2. 从建设角度提出的定义

所谓项目就是按照一个总体设计进行施工的基本建设工程。我国建筑业对项目的定义是："在批准的总体设计范围内进行施工，经济上实行统一核算，行政上有独立组织形式，实行统一管理的建设单位。"

3. 从综合角度提出的定义

《现代项目管理学》一书认为："项目是在一定时间内为了达到特定目标而调集到一起的资源组合，是为了取得特定的成果开展的一系列相关活动；项目是在特定目标下的一组任务或活动。现代项目是指作为管理对象，按照时间、预算和质量指标完成的一次性任务。"《项目管理概览》一书认为："项目是为创立一种专门性的产品或服务而做出的一种短期努力；项目是要在一定时间和预算范围内，达到预定质量水平的一次性任务。"

1.1.2　项目的特点

项目可在组织的任何层面开展，大项目通常指行业内相对有影响的、接口较多、涉及多个组织和组织单元的项目。项目的特点主要有以下几个方面。

1. 项目具有一次性

一次性是项目与其他重复性运行或操作工作最大的区别。这意味着每个项目都有特殊性,不存在两个完全相同的项目。项目有明确的起点和终点,没有可以完全照搬的先例,也不会有完全相同的复制。项目的其他属性也是从这一主要的特征衍生出来的。

2. 项目具有独特性

每个项目都是独特的,或者其提供的产品或服务有自身的特点,或者其提供的产品或服务与其他项目类似,然而其时间和地点,内部和外部的环境,自然和社会条件有别于其他项目,因此项目的过程总是独一无二的。项目的这种特征意味着项目不能完全用常规的方法完成,这就要求项目经理创造性地解决项目所遇到的问题。

3. 项目具有明确的目标,是在一定条件下组织实施的

没有明确的目标,项目管理就失去了工作和努力的方向。从广义上讲,项目目标包括成果性目标和约束性目标。其中,成果性目标是项目的来源,也是项目的最终目标。在项目实施过程中,成果性目标被分解为项目的功能性要求,是项目全过程的主导目标。约束性目标通常又称限制条件,是实现成果性目标的客观条件和人为约束的统称,是项目实施过程中必须遵循的条件,从而成为项目实施过程中管理的主要目标。可见,项目的目标正是二者的统一,没有明确的目标,行动就没有方向,就不能成为一项任务,也就不会有项目的存在。

4. 项目具有一定的约束性

项目的实施具有一定的约束条件,也可以说是有指标要求,如时间、质量、性能、费用、环境等,不同项目的约束条件不同,项目要想达到或实现项目目标就必须满足或克服这些约束条件。

项目的实施需要使用一定的资源,如人力、物力、信息、设备设施、水电能源等,从某种意义上讲,项目是资源的组合体。

项目的实施需要一定的组织,组织的大小依据项目的规模来确定。参与项目的组织往往有多个,组织成员通过合同、协议或者其他的社会联系组织在一起,项目组织没有严格的界限。从人员构成和组织形态两方面看,项目组织都只是一个临时性的组织。

项目除上述特点以外还有其他的一些特性,比如创新性、不确定性、生命周期性及整体性等。这些项目的特性是相互关联、相互影响、相互作用的,共同决定项目的成败。

1.1.3 项目的组成要素

项目的组成要素是指与项目本身活动有关的各方面的总和,项目管理人员必须对项目的组成要素有正确的认识和足够的了解。一般讲,项目由项目范围、项目组织结构、项目质量、项目成本和项目时间进度构成。

1. 项目范围

正确的范围界定是项目成功的关键。根据现代项目管理理论,项目范围是指为确保项目目标实现而必须生成的项目产出物范围和为生成项目产出物而必须开展的项目工作范围。若范围界定出现差错,不可避免地会影响项目进度,破坏项目节奏,导致重复工作,增加项目运行的时间,降低生产效率和工作人员的士气,最终导致项目成本提高。

界定项目范围所使用的工具和技术主要有：工作分解结构（WBS）样板和范围分解。工作分解结构样板基于以前类似项目的分解经验，对新项目的分解具有重要参考作用，虽然每个项目都是独一无二的，但是工作分解结构样板经常能被重复利用，多数项目在某种程度上是具有相似性的。范围分解主要负责分解工作细目，使它们变成更小、更易操作的要素，直到工作细目被明确详细地界定，这有助于未来项目具体活动（比如：规划、评估、控制和选择）的开展。

2. 项目组织结构

项目组织是为完成项目而建立的组织，一般也称为项目班子、项目管理班子、项目组等。项目组织的具体职责、组织结构、人员构成和人数配备等会因项目性质、复杂程度、规模大小和持续时间长短等有所不同。

项目组织可以是另外一个组织的下属单位或机构，也可以是单独的一个组织。例如，某企业的新产品开发项目组织是一个隶属于该企业的组织。

项目组织结构类型多种多样，常见的有项目型、矩阵型和直线职能型。不同类型的组织结构适应不同的公司规模及项目需要。

3. 项目质量

项目质量在很大程度上既不同于产品质量，也不同于服务质量。因为项目兼具产品和服务两个方面的特性，同时还具有一次性、独特性与创新性等自己的特性，所以项目质量的定义和内涵也具有其独特性。项目质量的独特性主要表现在如下两个方面。

（1）项目质量的双重属性。

项目质量的双重属性是指项目质量既具有产品质量的特性，又具有服务质量的特性。这是因为多数项目既会有许多产品成果，也会有许多服务性成果。

（2）项目质量的过程特性。

项目质量的过程特性是指一个项目的质量是由整个项目活动的全过程形成的，是受项目全过程的工作质量直接和综合影响的。项目具有一次性和独特性，因此人们在项目的定义和决策阶段往往无法充分认识和界定自己明确和隐含的需求，项目的质量要求是在项目进行过程中通过不断修订和变更而最终形成的。

4. 项目成本

项目成本是指在为实现项目目标而开展的各种项目活动中消耗资源而形成的各种费用的总和，项目成本管理主要包括项目资源计划、项目成本估算、项目成本预算、项目成本控制、项目成本预测等。对项目成本的计量，一般用花费多少资金来核算，也可以根据项目的特点，用特定的计量单位来表示。通过成本核算，能够让项目干系人了解在当前成本约束下，所能完成的项目范围及时间要求。

5. 项目时间进度

项目时间进度至少应包括每项工作的计划开始日期和期望的完成日期。进度计划不仅说明了完成项目全部工作所需要的时间，也规定了每项活动的具体开始和完成日期。项目的时间约束就是规定项目的完成时间、项目的进度控制、项目活动在时间上的要求、各项活动在时间安排上的先后顺序等。

项目时间进度一般以提要的形式或者详细描述的形式表示,相关项目进度可以表示为表格的形式,但是更常用的是以各种直观形式的图形方式加以描述。主要的项目进度表示形式有项目网络图、条形图(或称甘特图)、里程碑事件图、时间坐标网络图等。

在项目管理的 5 个要素中,项目的界定(范围)和项目的组织是最基本的要素,没有项目的范围就没有项目,没有组织项目就无法实施;而质量、时间、费用可以有所变动,是依附于项目界定和组织的,在进行微调时必须要符合上述两个基本要素的要求。

1.1.4 项目与日常运营的区别

1. 二者的目的和作用不同

从广义的角度看,人类社会活动都属于项目的范畴,这种广义的项目可以进一步分为项目建设期和项目运营期,二者共同构成了一个项目的全生命周期。从狭义的角度说,项目指的就是项目建设期的全部活动,而日常运营则是指项目建成后使用项目成果所开展的运营活动。需要特别注意的是,有些项目是没有运营期的,此时狭义的项目和广义的项目是一致的,这种项目的成果都是一次性的。

2. 二者的结果和收益模式不同

项目工作的结果是获得创新性的成果,这种成果可能是一次性的,也可能是供日后日常运营使用的。例如,每届奥林匹克运动会的成功举办都是这个项目的一个成果,但是这个项目的比赛成绩都是一次性的成果,然而举办奥运会所留下的场馆设施日后可投入运营使用,并且人们必须通过使用和经营这些场馆收回建设场馆的投入。日常运营工作的结果是使组织通过这种运营活动获得收益和收回项目投入。这种获得收益和收回项目投入的运营工作必须是周而复始持续较长一段时间的,而且是在一定的经营目标或指标的指导下开展的,直到最终达到全部目标或意外终止。

3. 二者的工作性质和内容不同

日常运营中存在着大量的确定性、程序性、常规性和不断重复的活动,而在项目中则存在较多创新性、一次性、非程序性和具有某种不确定性的活动。因为日常运营是周而复始的,所以日常运营工作基本上是重复进行的常规性和程序化的作业。但是,因为每个项目是独具特色和一次性的,所以项目中的许多工作是开创性的。因此,二者在工作性质与内容上有很大不同,这种不同使得二者的管理也具有很大不同。

4. 二者的工作环境和组织管理方式不同

日常运营的环境是相对封闭和相对确定的,而项目的环境是相对开放和相对不确定的。一般而言,日常运营的大部分活动是在组织内部开展的,同时,日常运营涉及的外部环境也是一种经过多次重复以后而相对确定的,如企业产品的销售环境在经过一段时间后就相对确定了,日常运营环境的这种相对封闭性和确定性,使得其组织管理方式相对比较固定,多数采用的是基于分工的直线职能制组织,管理模式也以基于职能的管理和直线指挥管理相结合的形式为主。然而,项目基本上是在组织外部环境下开展的,所以它的工作环境是相对开放的,如多数工程建设项目甚至只能在露天的外部环境中完成,新产品研发项目主要面对的也是外部市场和顾客全新的需求等环境,因此项目的组织管理方式主要是基于过程和基于活动的管理。

1.2　项目管理

1.2.1　项目管理的概念

一般认为,项目管理是一种管理方法,研究对象为一个或者多个项目。项目管理的意义在于可以在企业资源有限的情况下,对项目进行计划、调控及指导并提升企业绩效。随着项目管理研究的深入,广大学者对于项目管理的定义也有着各自的见解。项目管理的意义是固定的,因此项目管理的内容也是确定的,即必须由项目负责人统一协调,必须使用系统的理论和方法,必须以企业目标为项目管理的目标。

现代管理理论认为,项目管理就是在项目活动中运用各种知识、技术、工具和方法,来计划、组织、指导和控制项目进度、成本、质量、人力资源等各个方面,满足或超越顾客的需求和期望,并实现项目目标的过程。或者可以简单地理解为,项目管理就是由项目团队运用一定的工具和技术、按照一定的流程来理顺一些错综复杂的活动,完成既定任务的过程。成功的项目管理,对项目团队、工具和技术以及工作流程有着严格的要求。

(1)项目团队。

实施项目的团队成员要有明确的目标及共同的价值观,自始至终密切关注客户的需求,能与客户、供应商及分承包商实现共赢。

(2)工具和技术。

项目管理使用的工具和技术包括专门用于项目管理的工作分解结构、网络计划技术、责任分配矩阵、挣值法分析技术以及一般管理过程中的计划、组织、控制、沟通、激励等技巧。

(3)工作流程。

项目管理的工作流程包括项目管理过程、项目信息管理系统、项目变更控制系统、项目阶段性评审程序、项目绩效评估过程等。

项目管理既是一门科学,又是一门艺术。一方面,项目管理要用到工作分解结构、网络计划技术、挣值法等专业技术手段;另一方面,项目管理也要用到诸如领导艺术、沟通技巧、团队建设、有效激励等软技术来解决各种难题。项目管理贯穿于项目的整个生命周期,对项目的整个过程进行管理,使愿景转化为现实。

1.2.2　项目管理的特点

1. 项目管理的复杂性

项目一般由多个部分组成,需要多个组织参与,同时项目工作往往是随实际需求来设

项目管理概论

立的,没有或者很少有工作经验可供借鉴,这就造成了项目管理工作不同于其他部门管理的复杂性。在项目实施过程中,由于影响因素众多,很多因素又往往难以确定,这就需要整个项目组织内不同专业、不同教育背景、不同经历、来自不同组织的人员在技术要求严、成本要求高、进度要求快的苛刻条件下实现整个项目的预期目标。这些因素也是项目管理工作复杂性的表现。

2. 项目管理的创新性

项目工作随着项目完工而结束,具有不可重复的特点,要求项目工作者在承担巨大风险的前提下,高质量地完成任务,这也是项目管理与其他管理活动的不同之处。项目管理活动中要求项目经理必须创造性地完成工作,既包括施工技术方面的创新进步,也包括管理技术方面的创新进步。项目管理人员往往必须沿用过去的经验并在此基础上不断改进管理手段,依靠综合各种相关学科的最新成果,将各种技术相结合,确保项目高效实现,这就决定了项目管理工作需要有创新性。

3. 项目管理的集成性

项目工作本身具有复杂性,又往往随着项目范围的变化而变化。项目越大,复杂性越强,不确定因素越多,所包含和涉及的学科、技术种类越多,所要求的协调能力越强。同时,项目实施过程中,可能出现的各种问题涉及范围包含各个部门,这对于不同部门之间协同处理的能力也提出了挑战。在传统的职能部门中,并没有很好的横向协调的基本功能,企业要求项目经理必须建立一个进行相关分析、协调、决策的专门组织,这个组织由项目经理负责,包含不同专业、不同部门、不同单位的所有项目参与人员,然后按照基于团队合作的集成性,做好项目范围、时间、成本、质量、风险、采购等各要素的集成管理。虽然项目管理也有一定的分工,但是整个项目的管理必须是集成的。

4. 项目管理的体制是一种基于团队合作的个人负责制

项目管理需要有一个专门组织并进行集权领导,并且有专人负责,其负责人一般称为项目经理。项目经理既要独立进行计划活动,也要在有限的时间和预算之下全权负责整个项目;既要了解项目管理工作复杂的技术逻辑关系,也要通过人这一管理因素来协调相关技术知识和专业知识,以达成组织目标。项目经理必须实现项目组织的高效率及更高程度的默契。

5. 项目管理的全过程都要有系统思想

项目管理把项目看成一个完整的系统,依据系统论"整体—分解—综合"的原理,可将系统分解为许多责任单元,由责任主体分别按要求完成任务,然后汇总、综合成最终的成果。同时,项目管理把项目看成一个有完整生命周期的过程,强调部分对整体的重要性,促使管理者不要忽视其中的任何阶段,以免造成总体效果不佳甚至失败的结果。

6. 项目管理的方法、工具和手段的科学性和先进性

随着项目管理应用的范围和领域越来越广泛,项目管理采用的方法、工具和手段也越来越具有科学性和先进性。比如采用网络图编制项目进度计划;采用目标管理、全面质量管理、价值工程、技术经济分析等理论和方法控制项目总目标;采用先进、高效的管理手段和工具,如使用电子计算机进行项目信息处理等。项目管理学科在实践应用过程中不断吸收各种管理学科的核心理念与方法,不断地创新与发展。

1.2.3 项目管理模式

项目管理模式是指在项目管理过程中所采用的一系列组织、指导和控制项目资源的方法和流程。它涉及项目从启动到完成的各个阶段,包括需求分析、规划、执行、监控和收尾等。项目管理模式的选择通常取决于项目的特点、组织的需求、团队的偏好及外部环境等因素。

为适应不同项目的管理需求,项目管理通过多年的发展,已形成了如瀑布、敏捷、Scrum、看板、增量和混合等多种不同类型的项目管理模式。从实现项目目标的角度来看,每种模式都有其自身的特点,也有各自的应用范围,并且这些模式还在不断地完善和改进。

(1)瀑布模式。

瀑布模式是一种线性顺序的项目管理模式,它的核心思想是按照需求分析、设计、实现、测试、维护等步骤依次推进,每个阶段都必须在下一阶段开始之前完成。在这种模式下,一旦进入下一个阶段,就很难再回头修改,因此,这种模式适合于需求明确、变动较少的项目。

瀑布模式的优点在于其简单易行,便于管理和控制每个阶段的进度和质量。然而,这种模式的缺点也很明显,那就是在项目初期就需要明确所有需求,这在许多项目中是不现实的,可能会因灵活性不足而导致项目延误和资源浪费。

(2)敏捷模式。

敏捷模式是一种强调灵活性和快速响应变化的项目管理模式,通过短周期交付可用的产品增量来快速响应客户需求和市场变化,其核心价值包括个体和互动胜过流程和工具、工作的软件胜过详尽的文档等,适用于环境不确定、需求变化频繁的项目。敏捷开发强调迭代和增量式的开发,每一个迭代周期(通常为几周)都会产出一个可工作的产品版本。敏捷开发的优势在于能够快速适应变化,持续交付价值,并通过频繁的反馈和调整来优化项目。然而,它也可能因为缺乏长期规划而带来一定的不确定性和管理挑战。

(3)Scrum模式。

Scrum是一种敏捷开发框架,强调团队协作、责任感和持续改进。Scrum将工作划分为若干个短周期的"冲刺"(sprint),每个冲刺通常持续2~4周。在每个冲刺结束时,团队交付一个可演示的增量成果。Scrum的核心角色包括产品负责人、Scrum Master和开发团队。Scrum模式的优势在于其高效的团队协作和透明的工作流程,但它也要求团队有较强的自我管理能力和沟通技巧。

(4)看板模式。

看板模式是一种可视化的项目管理方法,通常用于优化工作流程和提高生产效率。通过使用看板,团队可以实时跟踪任务的状态,从而有效管理工作进度。看板模式没有固定的迭代周期,任务根据优先级灵活分配和完成。它适合那些任务频繁变化且需要灵活应对的项目,看板模式的优势在于其直观的可视化管理和灵活性,但在大规模项目中,可

项目管理概论

能会面临任务分配和优先级管理的挑战。

(5)增量模式。

增量模式是一种渐进式的项目管理模式。它将项目划分为多个增量或阶段,每个阶段都能够交付一个可工作的产品或功能,每个增量都构建在上一个增量的基础上,逐步增加功能和价值。它的优点是能够快速交付部分功能,获取用户反馈,从而不断改进和完善产品。但是,这也意味着项目可能会因为需求的变动而导致工作量增加或项目延期,适用于需求变化频繁、项目复杂度高或交付时间紧迫的情况,如软件开发、产品开发、市场营销等领域。

(6)混合模式。

混合模式结合了传统和敏捷模式的优势,为项目管理提供了更为灵活和全面的选择。它适用于各类项目,能够保持一定的计划和控制,同时灵活调整以适应变化。在选择项目管理模式时,需要考虑项目的特点、团队的能力、项目规模和时限,以及客户和利益相关者的需求。例如,如果项目需求容易变化,敏捷模式可能更合适;而对于需求稳定、目标明确的项目,则可能更适合采用瀑布模式。

此外,项目管理系统的应用也越来越普遍,如PingCode和Worktile等,这些系统帮助团队更好地规划、执行和控制项目,提高效率和成功率。不同的项目管理软件有着不同的特点和适用场景,例如Redmine适合技术和开发团队,而Asana则以其直观的用户界面和强大的功能集受到推荐。

选择适合的项目管理模式对于项目的成功至关重要。项目经理应根据项目的特点、团队的能力和组织的文化选择最适合的管理模式,以确保项目的目标能够高效、按时、按预算地实现。在实际操作中,灵活地结合多种项目管理模式的特点也是常见的做法,以最大限度地满足项目的需求和目标。

1.2.4 项目管理的主要内容

项目是有始有终的一次性任务,一般都会经历"概念形成、研究开发、实施控制、移交收尾"的过程,这一过程我们称之为项目管理的生命期。根据多年的项目实践经验,项目管理可以大致划分为项目定义、项目计划、项目实施与控制、项目收尾4个阶段。在项目管理的过程中,有一系列的工作需要事先规划,具体实施这些工作还要用到众多的工具、技术及管理方法,具体见表1.1。

表1.1 项目管理的主要内容

项目阶段	工作内容	技术与工具	交付成果
项目定义	明确项目目标与范围	调查表、组织行为原理	项目章程
	明确项目制约因素		
	明确项目假设前提		组织结构图
	制订实施策略		
	建立项目核心团队		团队成员联系列表

续表1.1

项目阶段	工作内容	技术与工具	交付成果
项目计划	制订进度计划	工作分解结构（WBS）、责任分配矩阵、甘特图、网络计划技术、关键路径法、ISO9000、戴明质量管理（PDCA）	进度计划
	制订资源计划		资源计划
	制订预算计划		预算计划
	制订沟通计划		沟通计划
	制订风险控制计划		风险控制计划
	确定进度控制流程		进度控制流程
	确定质量控制流程		质量控制流程
	确定变更控制流程		变更控制流程
	确定问题解决流程		问题解决流程
项目实施与控制	项目会议	激励理论、S曲线、挣值法、里程碑控制、赶工期法、费用预算法、质量保证与控制程序	项目周报
	信息沟通		会议纪要
	团队管理		项目进度报告
	冲突管理		阶段评审报告
	项目跟踪与度量		问题日志
	质量控制		项目费用报告
	进度控制		质量报告
	变更控制		项目管理报告
	问题控制		
	费用控制		
项目收尾	技术交接	项目总结	项目实施总结
	项目验收		项目验收报告
	流程改进		项目管理流程改进建议书

在项目管理中，不同阶段所投入的人力、物力、财力等资源水平是不均衡的。在启动、计划及收尾阶段，只有少量的资源投入。大量的资源投入在实施、控制阶段，因此，如果由于某种原因项目需要变更或取消，应争取在启动与计划阶段进行，否则，等到大量的人力、物力投入进去后，会造成巨大的损失。在实际项目管理过程中，很多人往往容易犯急于求成的错误，拿到一个项目后，不舍得或不愿花些时间去启动和计划项目，在没有充分了解客户需求，或者没有准备充分的项目建议书，或者项目建议方案没有得到客户正式认可时，就去匆匆忙忙地实施项目，结果"欲速则不达"，要么需要修补返工，要么干脆半途而废，造成损失。因此，了解项目管理各阶段及其特点，严格按照项目管理过程的要求和程序来管理项目，可以减少损失，有效地实现项目目标。

1.2.5 项目管理的专业化和项目经理职业化发展

项目经理作为企业法人在项目上的代理人,是项目的组织指挥者,必须具备项目管理的理论知识和组织施工的实践经验,要懂技术、会经营、善管理,具有组织、指挥协调能力。项目经理在项目中的工作主要表现在与其岗位相适应的决策、组织、策划、控制、协调等方面,以实现企业在项目合同中规定的目标。

管理制度及组织结构等方面的变化,使得项目管理岗位的人才需求量很大,市场的激烈竞争导致企业承接任务的不确定性和不均衡性,这对项目管理人员提出了更高的要求。很多企业在选聘项目经理时更看重其是否具备抗风险的能力,即所选聘的项目经理不但需满足专业素质要求,而且应具备一定的经济实力,否则不能作为考虑的人选。这种利益共享、风险共担的做法不仅会缩小选择范围,而且会造成歧视、排斥有潜力的人选的问题,不利于人才的培养和发展。在企业范围内选择的项目经理,以双方所签订的内部承包合同来明确责任和权利,这种委托代理合同很大程度上以完成的各项指标作为签约的基础。这种基于结果而不是基于过程约束的委托代理合同形式,除对代理人本人能力有较多了解外,已经接近于市场对人才选择的方式,但目前市场还不具备选择项目经理的条件。

目前我国重视基础设施建设,兴建了一批大型建设项目。这对项目管理提出了更高的要求,我们需要严格落实投资决策责任制、重大项目稽查制、管理者问责制等。与此同时,近年来行政体制改革和投资体制改革成效显著,使得政府与市场的职能更加明确,引入竞争、提高效率的意识逐渐加强,公益性、经营性项目实行不同管理模式的格局已然清晰,利用市场专业化主体进行管理的思路已经获得广泛认同。在这些背景下,项目管理职业化十分必要,应培育专业化的项目管理人员,鼓励他们到市场上竞争。项目管理职业化发展是提高项目管理水平、提供更好的项目管理服务的需要。

传统的项目管理水平不高,主要表现在两个方面:一是管理的专业化程度低,尤其是政府投资项目以自建模式和指挥部模式为主,往往用技术专家或行政人员代替项目管理专家,用一般工商业管理理论代替项目管理理论;二是市场竞争不充分,由计划体制带来的地方保护、行业壁垒、政府干预等现象,限制了项目管理公司和人员的自由流动。项目管理职业化主张由专业的项目管理组织和个人提供专业的服务,主张引入竞争,将有助于提高管理水平,满足市场准入和加强项目管理监管的需要。

项目管理职业化提倡规范化管理,通过对项目管理公司和人员的市场准入标准、行为准则、职业道德等方面的约束,政府能对项目的实施进行更好的监督。在制定项目管理公司的市场准入标准时应提高门槛,制定较高的取费标准,走"精英化"路线,避免出现重复监理,导致项目达不到预期目标。通过对执业资格认证制度、行为准则和职业道德等方面的考核,政府和行业协会能有效控制项目管理人员的规模、素质等,保障项目管理的水平。

项目管理知识体系完整,人才储备充分,是其职业化的基础条件。项目管理知识体系包括总体管理、范围管理、成本管理、进度管理、质量管理、人力资源管理、沟通管理、风险管理和采购管理9个板块,内容十分完备。目前,教育部已经正式设立项目管理这一学科,并有了硕士学位授予点。建设行业中一些执业资格考试的内容实质上都与项目管理有着密切的关系,如建造师、造价工程师、监理工程师、咨询工程师等,此外还有国外项目管理组织认证的资格,如 PMP 等。这些项目管理专业人士都能为客户提供项目管理服务,并实行规范化管理。

(1)项目管理职业化的内容。

项目管理职业化包括项目管理公司职业化和项目管理人员职业化。

①项目管理公司职业化。项目管理公司主要承担业主方的项目管理或咨询方的项目管理工作,前者指的是在代建制项目中由项目管理公司充当项目建设期的项目法人,实现控制层与管理层的分离;后者指的是在项目建设期间由项目管理公司作为咨询顾问,提供多方面的管理咨询服务。《国务院关于投资体制改革的决定》提出要在公益性政府投资项目中推行代建制,即将项目委托给专业的项目管理单位建设,之后再移交政府,实际上是由项目管理公司充当代理业主。

②项目管理人员职业化。项目管理人员包括项目经理、监理工程师、造价工程师、咨询工程师等,因此项目管理人员职业化也可细分为项目经理职业化、监理工程师职业化等。在各类项目管理人员中,项目经理作为所在项目的法人代表,对安全、质量、工期等全面负责,报酬水平也很高。项目经理承担的工作范围更广,责任更大,收入也更高,因此行业部门对于项目经理的管理也更加重视。《国务院关于取消第二批行政审批项目和改变一批行政审批项目管理方式的决定》提出要实行建造师执业资格制度,取消政府对项目经理的行政审批,其目的是让项目经理的选择和聘用通过市场机制来进行。建造师与其他的执业资格制度,如监理工程师、造价工程师、咨询工程师,还有得到互认的 PMP 等执业资格制度,确立了各类项目管理人员的市场准入标准、行为准则和职业道德,为他们在市场上自由、公平、规范地竞争、执业创造了条件。

(2)项目管理职业化的实施策略。

①创造良好的法律、政策和舆论环境。要推行项目管理职业化,首先应制定相关的法律法规。项目管理公司在项目管理中的责、权、利应进一步明确,市场准入标准还需要确定,代建制实施细则还需要继续优化,同时应获取政府的支持。项目管理职业化的尝试应从政府投资项目中开始实行,再将成功经验逐渐应用到私人项目中;还要争取社会各界的支持,同时鼓励学术界对于如何实现项目管理职业化进行研究。为实现项目管理职业化,还需要一些配套条件,如建立项目主体的信用体系,建立职业保险制度等。

②建立健全项目管理职业化的管理制度。项目管理职业化的管理制度主要包括市场准入机制、退出机制、培训考核机制等。目前项目管理公司进入市场的条件是具备设计、施工、监理、总承包中的一项资质,并满足人才、资金、经验等方面的其他要求,但这些要求尚不明确,有待具体化。在严格执行市场准入机制的同时,也应制定退出机制,严格实行年检等制度,淘汰不思进取的公司。项目管理人员的培训考核机制目前已经建立,即建造师、监理工程师、造价工程师、咨询工程师等执业资格制度,规定了培训、考核、认证、执业、再教育等一套完整的体系。该制度主要以市场准入为主,对执业的管理和退出机制重视度不高,目前存在的问题有借用资质证书、将证书挂在某一单位实际上不执业、获取资格后不进行再教育等,这些都需要实施管理进行优化。对于项目经理,应坚持高标准、高报酬,严格实行问责制。对一般项目管理人员,应理顺各类执业资格之间的关系,消除多头管理、条块分割过细、执业内容重复等问题。

项目管理概论

③消除各类壁垒,严格实行市场竞争。要推行项目管理公司职业化,一方面政府应支持建设一个自由市场,消除地方保护和行业保护,另一方面公司应抓住市场机遇,努力提升自身竞争力。项目管理人员,包括项目经理在市场上已形成比较自由的竞争,工作能力较强的项目管理人员在市场上是大受欢迎的。但目前仍存在制约人才流动的因素,如执业资格按专业细分对跨专业执业的限制性很强,应鼓励不同专业执业资格的互认,鼓励跨行业竞争。

(3)如何成为一名优秀的职业项目经理。

项目经理必须掌握现代项目管理知识体系,努力提高个人素质。实践是项目经理的立业之本。专业权威的项目管理认证是项目经理能力的证明。目前已有的项目管理权威认证机构包括:PMI(Project Management Institute)、PMI 的 PMBOK(Project Management Body of Knowledge)、PMP(Project Management Professional)和 CAPM(Certificated Associate in Project Management)。

一名优秀的项目经理还应该是一名优秀的规划师,项目经理如果不能运筹帷幄、全面规划工程项目的管理和组织实施过程,就不可能把一个项目执行好。项目经理规划的前提是对执行项目要有全面深入的了解,包括所执行项目的全部工作范围、商务价格的构成、项目重点难点、组织阶段划分、完成每个阶段所需要的时间和投入的各类资源等,还要了解项目所有者、项目承担者及项目管理单位的组织管理方式和他们的目标期望、规划、沟通方式等。项目经理还要有项目执行的总体预算和项目执行各阶段的预算分解,以此为基础来规划活动、规划资源,用完善的项目组织管理和作业方法以及资源优化方案等来实现预算目标。

有了前面的基础,项目经理就要思考用什么样的方法对项目进行高效组织和低成本实施。这个过程是制订方案、优化方案的过程,简单来说就是制订什么样的目标、采用什么样的方法、选择什么样的队伍、组织召集什么样的人来实现对项目的规划。

为了提高工作效率,项目团队的选择十分重要。选择团队成员时要事先规划好执行项目所需各层级的岗位人选,把所需要的关键人员锁定,尽最大能力按所期望的人选提前摸排,提前沟通,提前做好工作。项目经理在人员的选择上要注意方法,选择团队成员时不仅要考虑个人能力,还要考虑成员个体的性格、特长和工作经历,尽可能保证能力与岗位的符合性及成员之间协作配合的互补性。项目团队能力是否出众,不绝对取决于每个人的能力,如果团队成员相互不配合,个人能力越强,合力可能就越差。选好队伍成员是项目经理的必备技能。

项目经理要善于开会,要开必要的会、有效的会。开好项目启动会、班子会、分析会、专题会、碰头会、员工大会等,这是项目经理组织并执行好项目的必要手段。员工大会要少开,但项目的启动会和阶段的安全、质量例会,以及非常时期的动员会还是很有必要的。项目经理召开和参加的会议,除工作例会外,重点要开好阶段性的会,在项目执行初期,要亲自组织或参加有关图纸、材料、设备和人力资源的专题会议,在"粮草"到齐之前,要亲力亲为组织或参加每一个专题会和业务会,抓计划,抓落实。项目经理一定要亲自参加项目的经营分析会,要对所执行项目的内容了如指掌,全程把握项目经营动态,全程对项目管理实施规划进行调整。还要善于开好碰头会,根据需要,每天用几分钟、十几分钟的时间和班子成员、部门经理等进行简短沟通,注意发现苗头,亲自解决对项目执行可能产生较大影响的事项,帮助、支持管理团队解决突出问题。

项目经理是项目的最大组织者,也是最大的协调员,一名优秀的项目经理,一定是一名优秀的调度者。项目经理的调度职能主要表现在对计划的协调控制和对人力的调度平衡上。在日常的项目组织中,无论是联合装置,还是独立装置,其共同特点就是都有工序,都有时间节点,都由专人来管理和组织实施。项目经理的任务就是做好调度,跟踪组织调整计划和配置资源,保证每一个阶段目标按时间节点完成。在计划的管理上,对项目每个大的阶段要做到心里有数,并严格控制,保证大的阶段不出现大的计划外偏差。以工序为主要特点的阶段性的目标如果不能得到保证,导致的不仅是工期延误问题,还包括成本的增加。因此,项目经理必须控制好大的工序衔接和资源的配置。

项目经理首要的任务是让项目团队对自己的意图有所了解,对项目团队的管理角色和职责分配有所了解,同时对项目的组织管理实施规划及相关的安全、质量管理方案,重大施工技术方案等有全面的了解,目的是让每个团队成员对项目制订的管理目标、实施计划、组织方法和自己的工作有全面的了解,做到心中有数。要想让大家做到心中有数,培训是一项非常重要和有效的工作,因此,优秀的项目经理一定要当一名优秀的培训师。一名优秀的项目经理的脑海中,应该有一个项目实施全过程的培训计划。根据不同阶段、不同人群,组织安排必要的培训,根据项目团队全体成员的角色和阶段作用,安排他们走到哪儿学到哪儿,干到哪儿就培训到哪儿。项目经理一定要关注准备阶段培训,让参加项目实施的每一个人,特别是关键岗位的人员全面了解项目的既定目标、管理实施方法和项目的重点难点,让全体参建人员明确每个阶段项目部要干什么,他自己应该干什么。项目经理要把项目主管副经理、总工程师、专业工程师、安全质量总监、主管业务部门的负责人和主要业务人员都变成培训师,与他们一起制订培训计划。培训如同工作交流,在项目实施的各阶段及实施过程中的重要工序、重要过程、重点部位等关键点实施之前,及时组织培训,始终让参建人员保持对自己工作及相关工作的全面了解,处于有的放矢的状态。

一名优秀的项目经理不能仅仅依赖组织授予官职来组织项目。在行使管理职责时,要对权威有清醒而全面的认识,权威是组织授权、个人能力及集体拥戴的统一体,项目经理手中所拥有的权力,是组织赋予的,但威严则来自项目经理的个人品格,与大家的拥戴相映而成;有权未必就可以树威,但有威就能够很好地用权,一名优秀的项目经理一定是有权威的。

优秀的项目经理一定要维护团队的和谐与团结,这里包括项目经理对员工生活的关心,对员工思想的关注。项目经理不仅在工作上是行家,在行为学上也要成为专家,要有察言观色的本领,要有以心换心的真诚。

项目经理的职责主要有如下几点。

①贯彻执行国家、行政主管部门有关法律、法规、政策和标准,执行公司的各项管理制度。

②经授权组建项目部,确定项目部的组织机构,选择聘用管理人员,根据质量、环境、职业健康安全管理体系要求确定管理人员职责,并定期进行考核、评价和奖惩。

③协助公司完成项目的检查、鉴定和评奖申报工作。

④负责在本项目内贯彻落实公司质量、环境、职业健康安全方针和总体目标,主持制订项目质量、环境、职业健康安全目标。

⑤负责对施工项目实施全过程、全面管理,组织制定项目部的各项管理制度。

⑥严格履行与建设单位签订的合同和与公司签订的项目管理目标责任书,并进行阶段性目标控制,确保项目目标的实现。

⑦负责组织编制项目质量计划、项目管理实施规划和施工组织设计,组织办理项目设计变更、概预算调整、索赔等有关基础工作,配合公司做好验收计价工作。

⑧负责对施工项目的人力、材料、机械设备、资金、技术、信息等生产要素进行优化配置和动态管理,积极推广和应用新技术及环保材料等。

总之,项目经理是一个重要的角色,不仅要有政治素养,也要有专长、有能力、有责任心,还要待人真诚,这一切都要在日常的思想方法、工作方法和领导方法上表现出来。

1.3 项目管理的发展

1.3.1 项目管理发展的历史

1. 古代项目管理的认识与实践

项目管理的实践从人们开始进行社会化生产之时就开始了。许多国际项目管理方面的学者认为:项目管理的实践最早可以追溯到中国长城、埃及金字塔、古罗马供水渠及许多世界上著名的古代工程项目,这些项目规模宏大,年代久远,经历了历史的洗礼依旧散发着独特魅力,它们的存在证明了当初所开展的项目管理工作是十分成功的。

有项目,就有项目管理问题。人类对于项目最早期的认识就是完成项目任务,主要依靠能工巧匠的经验进行管理。直到20世纪初,项目管理还没有形成行之有效的计划和方法、科学的管理手段以及明确的操作技术标准。对项目的管理还只是凭借个别人的管理经验、智慧和直觉,依靠个别人的才能和天赋,还谈不上科学性。

2. 近代项目管理的发展历程

近代项目管理起源于20世纪50年代,最早应用于国防和军事项目,然后逐步扩展到服务业、工业和政府公共部门等领域。早期的项目管理侧重于计划控制技术和组织结构,但项目管理的最新发展已经非常注重"人"在项目管理中的作用。项目管理专家通常将近代项目管理的发展划分为两个阶段:20世纪80年代之前是传统项目管理阶段,20世纪80年代之后是现代项目管理阶段。

(1)传统项目管理阶段。

传统项目管理的方法和实践可以追溯到20世纪初期。当时,弗雷德里克·泰勒(Frederick Taylor)提出了科学管理理论,强调通过标准化和优化工作流程来提高效率,这为项目管理的产生奠定了基础。在该阶段,也出现了一些零星的项目管理工具,比如:美国人亨利·甘特(Henry Gantt)发明了横道图(也叫甘特图),用来安排与某项工作相关的各种活动,并追踪活动的进展情况,该工具技术至今仍广为使用;还产生了阿丹密基协调图技术和线路分析法,是现在网络计划技术的始祖。

20世纪30年代,美国航空业逐步采用类似于"项目办公室"的方法来监控飞机的研制过程;美国的工程行业也开始设立类似于"项目工程师"的职位来监控和协调项目相关的职能部门的工作进展情况。当时,虽然几乎所有的组织都采用"金字塔加职能部门划分"的组织结构,但是早在1937年就有人提出可以指定一名协调员把涉及几个不同职能部门的同一项工作统管起来。

在传统项目管理的发展阶段,也发生了几件里程碑性质的事件。

20世纪50年代产生的系统整合思想和项目计划控制技术,在20世纪60年代得到了迅速发展,在实际工作中得到了广泛运用。20世纪60年代,美国海军要求其"北极星(POLARIS)"项目的承包商采用项目评审技术(PERT)。这一时期,关键线路法(CPM)被成功地推向了商业市场(特别是在建筑行业)。随着计算机技术的发展,人们开始编制软件来提高项目评审技术和关键线路法的应用效率。计算机技术的发展使人们有可能利用比较复杂的计划和控制技术。20世纪60年代后半期,项目管理从比较单纯的计划和组织方面逐步发展到强调系统整合的管理科学。到20世纪60年代末期,在系统整合的理论基础上项目管理这门新兴管理学科引起了人们的广泛兴趣。1965年,以欧洲国家为主成立了国际项目管理协会(International Project Management Association,IPMA),4年以后,美国也成立了一个相同性质的组织,取名为项目管理协会(Project Management Institute,PMI),它也是一个国际性的组织。这两个国际性项目管理组织的出现,极大地推动了项目管理的发展,促进了项目管理方法的系统化、规范化和标准化。

20世纪70年代,项目管理的应用领域得到了前所未有的扩展,项目管理发展成为具有鲜明特色的管理学科。一方面,项目型的组织(如工程建设公司)大量使用项目管理作为日常的管理工具;另一方面,项目管理的概念已广泛地超越国防、宇航和建筑业的界限,而被各行各业接受。人们认识到随着计算机网络计划技术的完善,计算机系统的准确性和人性化系统的模糊性之间的矛盾日益明显。人们发现尽管有很好的网络计划技术,项目还是经常失败。所以,问题不在项目管理的技术方面,而在项目管理的人性方面。20世纪70年代以来,项目管理的人性方面得到了人们的普遍重视。在此期间,项目管理职业化成为项目管理工作者追求的重要目标。作为项目管理工作的专业组织,PMI提出了"打造项目管理职业化"的口号,并努力为之奋斗。

20世纪80年代,项目管理进入一个新阶段,即项目管理成为一门成熟的管理学科和一个独特的专门职业。其主要标志为:各领域的项目管理实践经验被整合成具有普遍意义的项目管理原则和实践,如PMI的项目管理知识体系(PMBOK)。在美国、英国和澳大利亚等国家,项目管理被认为是一种独特的管理哲学,可在不同程度上应用于任何组织和工作中,为此设立了正式的项目管理学位课程,并且由PMI率先开展了项目管理职业资格认证工作。在美国,虽然项目管理职业化及其相关问题在20世纪70年代就已成为项目管理业内人士谈论的话题,但一直到1981年才形成对这些问题的系统的、有目的的探索。1981年,PMI董事会正式批准了题为"道德、标准和认证"(简称"ESA")的研究计划,并于1983年发表了ESA报告。这份报告是PMI项目管理标准、资格认证体系和教育体系的基础,极大地促进了全球项目管理学科和职业的发展。

(2)现代项目管理阶段。

20世纪80年代之后项目管理进入现代项目管理阶段。特别是进入20世纪90年代以后,信息系统工程、网络工程、软件工程、大型建设工程以及高科技项目的研究与开发等项目管理新领域的出现,促使项目管理在理论和方法方面不断地发展和现代化,使得现代项目管理在这一时期获得了快速的发展和长足的进步。进入现代项目管理阶段以后,人们形成了项目集成管理、范围管理、沟通管理等一系列的项目管理方面新的知识和方法,从而建立起了现代项目管理知识体系,包括项目成本、时间、质量、范围、沟通、采购、人力资源、风险和集成管理等方面。现代项目管理在这一阶段的高速发展也主要表现在以下两个方面,一是项目管理的职业化发展,二是项目管理的学术性发展。1996年,PMI正式出版了《PMBOK指南》。项目管理工作者的能力标准成为一个新的热点。1996年,澳大利亚项目管理协会出版了世界上第一本项目管理能力标准,即《项目管理能力国家标准》。1999年,国际项目管理协会也发布了《IPMA能力基准线标准》。各项目管理协会的成员人数和项目管理职业资格证书持有者的人数都大幅度上升。项目管理硕士学位课程也在一些国家得到了普及。同时,各项目管理协会和许多公司每年都开设大量的项目管理短期课程和讲座。

1.3.2　国际项目管理发展

国际项目管理学科主要是在20世纪50年代开始发展起来的,尤其是在60年代,美国政府采用CPM和PERT技术协助阿波罗登月计划,在此计划成功实施后,项目管理学科开始在全世界引起学习狂潮。到如今,国际项目管理已经逐渐趋向于规范化和集成化。

目前欧美等国家中,公司的运作一般都是围绕着项目管理开展的,其整个管理组织机构设定目的都是提高项目管理及其他基础水平,使其同时具备管理、设计、采购、施工等功能,能够独立完成项目任务,并能够适应各个项目中的管理需要。

各公司普遍将项目经理放在重要的位置。当公司承包项目时,首要任务就是组建一个以项目经理为中心的项目组织,有了这个组织才能为各项工作的有效开展提供保障。在这个项目组织中,每个人的职责都极其明确,每个人对自己的工作性质都要充分了解并落实到位。项目经理往往是在正式签订项目合同时确定的,为了保障工作的连续性,通常在签订正式合同之前,就需要将其派遣到外地,参加该项目的投标活动,担任自己公司的报价经理,完成在投标过程中的报价任务。项目经理这一职位作为整个公司执行的管理岗位,有一定的权利代替公司和客户进行协商联络。项目经理的工作职责是严格按照合同上列出的每个条款执行,全程跟随项目,全面负责公司安排的组织领导工作,对整个项目的质量把好关。项目经理在整个项目实施过程中,一定要时刻遵循公司所制订的经营战略,并认真贯彻和执行管理原则。

知识经济时代的一个重要特点是知识与经济的全球化。竞争的需要和信息技术的支撑,促进了项目管理的全球化发展。其具体表现是:国际项目合作日益增多,国际合作与交流往往都是通过具体项目实现的。通过这些项目,各国的项目管理方法、文化、观念也得到了交流与沟通,国际化专业活动日益频繁。现在每年都有许多项目管理专业学术会议在世界各地举行,少则几百人,多则上千人,吸引着各行各业的专业人士。由于互联网的发展,许多国际组织已在国际互联网上建立了自己的站点,各种项目管理专业信息可以在网上很快查阅到,实现了项目管理专业信息的国际共享。

人类社会的大部分活动都可以按照项目来运作,因此当代的项目管理已深入各行各业,以不同的类型、不同的规模出现,项目管理也逐渐走向多元化的发展道路。在行业性方面,建筑业的项目实践历史最悠久,随后是20世纪40年代美国的国防工业,继而是各行各业,项目管理现在也受到了高科技产业及各种大型社会活动的重视,开始在这些领域发挥它的作用。在项目类型方面有各种不同角度的理解,如宏观、微观,重点、非重点,工程、非工程,硬项目、软项目等,项目类型多样化,在项目的规模上也有类似情况,有的项目是指大类,如城市建设项目、技术改造项目,有的项目则是指一件小的具体任务,如筹办一次运动会、举办一个培训班等,莫衷一是,很不规范。项目的范围有大有小,时间有长有短,涉及的行业、专业、人员也差别很大,难度也有大有小,因此出现了各种各样的项目管理方法。目前国际化的项目管理发展主要有以下两个趋势。

首先是项目管理的全球化趋势,主要表现在国际项目合作日益增多、国际化专业活动日益频繁、项目管理专业信息国际共享。其次是项目管理的多元化趋势,行业领域及项目类型多样,由此产生了各种各样的项目管理方法,从而促进了项目管理的多元化发展。项目管理的专业化学科发展,近年来也有了明显的进展,主要反映在以下两个方面:一是项目管理知识体系(PMBOK)在不断发展和完善。美国PMI从1984年提出PMBOK至今,数易其稿,已将其作为该组织专业证书考试的主要内容。欧洲IPMA和其他各国的项目管理组织也纷纷提出了自己的体系。学历教育从大学本科、硕士研究生到博士研究生,非学历教育从基层项目管理人员到高层项目经理形成了层次化的教育培训体系。对项目与项目管理的学科探索正在积极进行之中,有分析性的,也有综合性的,有原理概念性的,也有工具方法性的。二是国际项目管理组织目前正在积极筹备建立有关国际机构与论坛,以求推进全球项目管理的专业化与标准化。世界各国关于项目管理的专业书籍大量涌现,有关学科发展问题的呼声也很高。

1.3.3 我国项目管理的发展历程

我国作为世界文明古国,有着悠久的项目史和许多举世瞩目的项目,如秦始皇统一中国后修筑的长城、战国时期李冰父子设计修建的都江堰水利工程、北宋真宗年间修复皇城的"丁谓工程"、河北的赵州桥、北京的故宫等都是我国历史上运作大型复杂项目的范例,如果没有对这些项目进行系统的规划和管理,要取得成功是非常困难的。

1. 项目管理方法的产生与引进

20世纪60年代初期,华罗庚引进和推广了网络计划技术,并结合我国"统筹兼顾,全面安排"的指导思想,将这一技术称为"统筹法"。当时,华罗庚组织并带领小分队将该项技术深入应用到重点工程项目中,取得了良好的经济效益。我国项目管理学科的发展就是起源于华罗庚推广应用的统筹法,我国项目管理学科体系也是伴随统筹法的应用而逐渐形成的。20世纪80年代,随着现代化管理方法在我国的推广应用,统筹法在项目管理过程中的应用更加广泛。此时,项目管理已有了科学系统的方法,但当时主要应用在国防和建筑业,项目管理主要强调的是项目的进度、费用与质量3个方面目标的实现。

2. 现代项目管理体系的引进与推广

1984年,在我国利用世界银行贷款建设的鲁布革水电站引水导流工程中,日本建筑企业运用项目管理方法对这一工程的施工进行了有效的管理,取得了很好的效果,这给当时我国的整个投资建设领域带来了很大的冲击,人们确实看到了项目管理技术的作用。基于鲁布革工程的经验,1987年,国家计划委员会(2003年改组为国家发展和改革委员会)、建设部(2008年改组为住房和城乡建设部)等有关部门联合发出通知,要求在一批试点企业和建设单位采用项目管理方法,并开始建立我国的项目经理认证制度。1991年,建设部进一步提出把试点工作转变为全行业推进的综合改革,全面推广项目管理和项目经理负责制,比如在二滩水电站、三峡水利枢纽建设和其他大型项目建设中,都采用了项目管理这一有效手段,并取得了良好的效果。

20世纪90年代初在西北工业大学等单位的倡导下成立了我国第一个跨学科的项目管理专业学术组织——中国优选法统筹法与经济数学研究会项目管理研究委员会(Project Management Research Committee,China,PMRC),PMRC的成立是我国项目管理学科体系开始走向成熟的标志。PMRC自成立至今,做了大量开创性工作,为推动我国项目管理事业的发展和学科体系的建立,促进我国项目管理与国际项目管理专业领域的沟通与交流起到了积极的作用,特别是在推进我国项目管理专业化与国际化发展方面,起到了非常重要的作用。时至今日,许多行业也纷纷成立了相应的项目管理组织,如中国建筑业协会工程项目管理委员会、中国国际工程咨询协会项目管理工作委员会、中国工程咨询协会项目管理指导工作委员会等都是我国项目管理学科得到发展与广泛应用的体现。

3. 我国项目管理的发展现状

从华罗庚引进统筹法以来,我国的项目管理无论在学科体系上,还是在实践应用上,都取得了突飞猛进的发展。归纳起来,主要表现在如下几个方面。

(1)我国项目管理学科体系的成熟。

在项目管理的应用实践中,项目管理工作者们发现,虽然项目类型不同,但是仍有一些共同之处,因此就自发组织起来探讨这些共性,如项目管理过程中的范围管理、时间管理、费用管理、质量管理、人力资源管理、沟通管理、风险管理、采购管理及综合管理等,共同组成了PMBOK。1987年PMI公布了全球第一个PMBOK,1996年和2000年又两度进行了完善。IPMA在PMBOK方面也做出了卓有成效的工作,从1987年就着手进行项目管理人员能力基准的开发,在1999年正式推出了ICB(IPMA competence baseline,IPMA能力基础线),在该能力基准中,IPMA把个人能力划分为42个要素,其中28个核心要素,14个附加要素,当然还有关于个人素质的8个特征及总体印象的10个方面。基于以上两个方面的发展,PMRC建立了适合我国国情的中国项目管理知识体系(Chinese Project Management Body of Knowledge,C-PMBOK)。C-PMBOK的研究工作开始于1993年,1994年由PMRC常务副主任、西北工业大学钱福培教授负责的课题组向国家自然科学基金委员会提出立项申请,获准后正式开始了"我国项目管理知识体系结构的分析与研究"。在此基础上,PMRC成立了专家小组负责起草C-PMBOK,于2001年5月正式推出了《中国项目管理知识体系》,并建立了符合我国国情的《国际项目管理专业资质认证标准》(C-NCB),C-PMBOK和C-NCB的建立标志着我国项目管理学科体系的成熟。

与其他国家的PMBOK相比较,C-PMBOK的突出特点是以生命周期为主线,以模块化的形式来描述项目管理所涉及的主要工作及其知识领域。基于这一编写思路,C-PMBOK将项目管理的知识领域共分为88个模块。C-PMBOK模块结构的特点,使其具有了各种知识组合的可能性,特别是对于结合行业领域和特殊项目管理领域知识体系的构架非常实用。

(2)项目管理应用领域的多元化发展。

建筑工程和国防工程是我国最早应用项目管理的行业领域,然而随着科技的发展、市场竞争的激烈,项目管理的应用已经渗透到各行各业,软件、信息、机械、文化、石化、钢铁等领域的企业更偏向于采用项目管理模式。项目的概念有了新的含义,一切皆项目,按项目进行管理成为各类企业和各行各业发展的共识。

(3)项目管理的规范化与制度化发展。

一方面,为了适应日益频繁的国际交往需要,我国必须遵守通用的国际项目管理规范,如国际承包中必须遵守的FIDIC条款及各种通用的项目管理模式;另一方面,项目管理的应用也促使我国政府出台相应的制度和规范,如建设部关于项目经理资质的要求及建设工程项目管理规范的颁布等都是项目管理规范化和制度化的体现。此外,不同的行业领域也出台了相应的项目管理规范,招投标法规的实施大大促进了我国项目管理的规范化发展。

(4)学历教育与非学历教育竞相发展。

项目管理学科发展与其他管理学科发展的最大区别是应用层面上的差异,项目经理与项目管理人员更多的是各行各业的技术骨干。项目经理通常要花5~10年的时间,甚至付出昂贵的代价后,才能成为一名合格的管理者。基于这一现实及项目对企业发展的重要性,项目管理的非学历教育走在了学历教育的前头,在我国这一现象尤为突出,目前各种类型的项目管理培训班随处可见。这一非学历教育的发展极大地促进了学历教育的发展,教育部已经在清华大学等5所学校试点了项目管理本科的教育,项目管理工程硕士也在酝酿之中,项目管理方向的硕士和博士学位授权点在许多学校已经设立。

在我国项目管理资质认证的工作起源于建设行业推广项目法施工的结果,1991年建设部就提出要加强企业经理和项目经理的培训工作,并将项目经理资格认证工作纳入企业资质就位管理。目前,全国已有80多万名项目经理通过培训,有超过50万人取得了项目经理资格证。

2000年PMI推出的IPMP在我国掀起了项目管理应用的热潮。IPMP认证是一种符合我国国情同时又与国际接轨的国际项目管理专业资质认证,在我国获得IPMP证书的同时也获得了世界各国的承认。短短一年多时间就有超过4 000人参加了IPMP认证,有超过1 600人获得了相应级别的证书。

4. 我国项目管理发展的趋向

(1) 强调行业项目管理的应用研究。

1984年,我国首次采用国际招标建设鲁布革水电站,取得良好经济效益,此后,建设部、电力部(1996年改组为国家电力公司)、化工部(1998年改组为国家石油和化学工业局)等相继开展了承包商项目经理制度。

项目管理在各行各业的应用及多元化发展,必然引发行业项目管理的新需求,通用的项目管理方法体系需要结合行业项目的特色进行充实与完善,类似工程项目管理、国防项目管理、IT项目管理、研发项目管理,甚至像软件项目管理、产品研制项目管理等更细化的应用领域的项目管理研究将日益普及。

(2) 企业管理的项目化发展。

随着越来越多的企业工作以项目的形式进行,专业化的项目管理在新产品研究开发、市场营销、技术创新、产品产业化升级及新产品生产线更新等方面的卓越表现超越了对项目进行管理本身,而上升为一种企业管理思想和操作化模式,这种企业管理思维模式在实际工作中被称为企业化项目管理或企业管理的项目化(EPM)发展。

将企业中一次性的,具有明确目标、预算和进度要求的,多任务的活动视为项目,并按项目的专业化技术和方法进行管理,从而比常规方法更好更快地实现目标,这是企业管理项目化得以发展的根本基础。按照项目的复杂程度、管理范围,可将项目分为3个级别,分别是企业级、部门级和小组级;按照项目的性质和创新程度,又可将项目分为保持、改善和创新3类,从而形成各种类型的企业项目。

项目化管理的特点是突破原有职能业务型组织形式,以创新为导向强调什么可以改变,而不是约束导向强调不能改变什么,培养企业的创新型文化。企业采用不分职务、等级的项目讨论方式,营造出一种以人为本、尊重人、鼓励创新的团队文化,涌现出了上百个有价值的技术和工艺改进项目,同时缩短了劳动时间,进一步提高了生产效率。

(3) 项目管理的成熟度。

组织在进行项目管理战略规划时希望能够制订一个完美的计划。可是,如果要完全实施项目管理战略规划就需要以试验为基础。为了配合项目管理战略规划的实施,著名的项目管理学家哈罗德·科兹纳(Harold Kerzner)研究出了项目管理成熟度模型(PMMM)。PMMM可以帮助公司评判项目管理的现状,它包含5个层次:通用术语、通用过程、单一方法、基准比较及持续改进,每一层次标志着不同的项目管理成熟度。虽然该模型把项目管理成熟度分成了5个层次,实际上某些层次也会发生重叠,但每个阶段被完成的顺序是不能改变的。PMMM在未来企业化项目管理的发展中将会起到关键作用。

(4) 企业项目管理体系的建设。

项目管理是一项技术性非常强的工作,为了符合生产的社会化需要,项目管理必须标准化、规范化。没有哪一套项目管理体系可以适合所有的企业,企业化项目管理的发展要求企业必须建立符合自身特点的项目管理体系。未来,在项目管理的应用发展中,企业项目管理体系的建立将是企业项目管理工作者和项目管理研究者共同探讨的主题。

(5)项目管理的职业化与专业化发展。

随着项目管理应用的普及和企业化项目管理的发展,项目管理的职业化及专业化发展成为必然,就像现在出现了越来越多的职业经理人一样,未来职业项目管理者及职业项目经理将会越来越多。项目管理职业化发展使得人们在企业中的职业发展有了更多的选择余地和发展空间,员工可以从负责一个小小的项目开始,慢慢成长为负责中等规模,甚至影响企业未来发展的大项目。更多企业员工追求的不再是数量有限的部门经理,而是具有更广阔前景的、具有较大成长空间的项目管理者。项目管理资格认证将更有助于项目管理的职业化和专业化发展。

(6)项目管理软件的系统化和多元化发展。

随着项目管理应用的广泛化发展,项目管理软件(PMS)开发将成为项目管理发展中的下一个热点,仅美国就有200多家公司开发了各种类型的PMS,在我国PMS的开发热潮随着项目管理的应用热潮也将掀起。项目的大型化、复杂化和动态化以及企业化项目管理的发展,要求PMS的功能更加系统和全面,单一功能和方法的PMS适应面将进一步缩小。行业项目管理的应用也将促使行业PMS的涌现,PMS的系统化和多元化发展也将成为必然。

课后习题

1. 项目管理这种方法能适应所有的项目吗?
2. 结合你所参加的一个典型项目,分析其处在项目实施的哪个阶段及其管理内容,讨论项目管理与一般管理的差异性,分析如何才能使得项目管理走向成功。
3. 什么是项目?
4. 什么是项目管理?
5. 项目管理与一般运营管理有哪些不同?为什么会有这些不同?
6. 现代项目管理与传统项目管理有什么不同?现代项目管理是如何发展起来的?

第 2 章　项目组织与人力资源管理

新组织结构的引进和发展一直进行着一场"潜在变革"。管理者已经开始认识到组织在本质上是动态的。也就是说,管理者必须有能力根据环境条件变化快速重构组织。这些环境因素的变化主要来自市场竞争的不断加剧、技术的不断变革以及对多元化企业如何更好地控制资源的要求。

对于必须采取新组织形式的迹象,过去众多的著作都有所记述,详细说明了怎样去识别和解释这些迹象。这些迹象包括:成员才能未充分发挥,难以达到项目的各类目标,公司文化缺失。遗憾的是,许多公司意识到组织必须变化却为时已晚,管理层只从外部因素(如环境)而不从内部着手解决问题。一个典型的例子就是,如果新产品的成本不断增加,同时产品生命周期可能缩短,那么公司是从降低成本着手改变,还是应该开发新的产品呢?

我们假设一个组织系统由人力资源和非人力资源两方面组成,那么考虑改变组织结构时,必须分析社会系统和技术系统。社会系统着眼于组织的个人及群体的行为方式,技术系统包括完成既定任务所必需的技术、材料和机器设备等。行为学家们一致认为,没有一个最佳组织结构可以面对未来的挑战。然而,最佳组织结构必须把企业中的社会系统同技术系统结合起来,因而管理者的一项主要任务就是要确保这两个系统相互协调,所用组织结构必须尽可能平衡社会系统和技术系统来使公司运转顺利。

组织重组是传统经典理论与行为学派理论的一种折中,管理者在考虑整个公司的需要时必须同等地考虑组织内部个人的需要。现存的重组结构多种多样,要得到最精确的方法需依赖组织中的人员、公司的产品线及管理者的经营理念。重组不良可能导致信息沟通渠道受阻,需要花数月甚至数年的时间去重新构建。组织重组可能会导致非正式组织的重组,从而产生新的权力、地位和行政职位;还可能降低员工的满意度和积极性,一旦到达某种程度就会使员工产生彻底的不满。

在下面的几节中,将会列举多种具体的组织形式。显然,这里不可能涵盖所有可能的组织形式。本章涵盖的组织形式主要以建设工程项目组织为例,说明了项目管理组织如何逐步从传统经典管理理论演变而来,同时,分别列举出它们在技术系统和社会系统两个方面的优点和缺点。

2.1　项目组织

2.1.1　项目组织的基本概念

1. 组织

组织一词含义较为广泛,通常所说的"组织"一词至少有两层含义。当其作为名词来讲时,是指为实现某一目标而组成的组合体,这个组合体内给所有成员设置了不同的岗位和职责,所有成员在组织原则的指导下开展各项工作;当其作为动词来讲时,是指为完成某一计划或实现某一目标而采取的行为或进行的一系列活动。组织的这两层含义分属组织论的两个分支,即组织机构学和组织行为学。组织机构学侧重于组织的静态研究,主要研究组织的结构组成,而组织行为学侧重于组织的动态研究,主要研究组织所产生的行为及其效应。

在项目管理中,组织的这两层含义都会在不同的场合使用到,当涉及项目的管理模式或结构组成时,常以名词的含义出现;当探讨和研究项目的管理方法或管理方式时,就表示动词的含义。因此,从总体上讲,组织就是围绕完成计划和实现目标而建立的组织机构或产生的过程行为,它不仅包含着系统的结构及其运行机制,而且融合了系统的管理思想,是决定项目目标能否实现的主要因素之一。

2. 项目组织

项目组织是指为完成特定的项目任务而建立起来的工作组织,它是项目的所有者按一定的规则构成的整体,能够对项目内外环境的变化迅速做出反应,是项目的行为主体构成的系统。

项目组织是从事项目管理的企业受甲方委托,按照合同约定,代表甲方对项目进行全过程或若干阶段的管理和服务,因此,项目组织就是为实施项目预定目标而建立的组织机构,它由完成项目管理工作的人、单位和部门组织组成。

作为组织机构,项目组织是根据项目管理目标,通过科学设计而建立的组织实体。该组织一般根据项目管理的职能设置管理部门,是由领导体制、部门设置、层次划分、职责分工、规章制度和信息系统等构成的有机整体,它以合理有效的组织结构为框架形成项目管理的权力系统、责任系统、利益系统和信息系统,各系统按项目管理流程开展各项工作并完成自己管理职能内的工作和任务。

如同项目一样,项目组织也常常具有临时性,它以项目的预定目标为指导,将项目的各项工作分解到组织的各个单位或部门。各个单位或部门为了完成自己的任务,也相应地建立必要的项目组织,如业主将成立项目管理部、勘察设计单位将成立设计小组、施工单位将成立施工项目经理部、监理单位将成立针对该项工程的监理部等。由此可以看出,项目组织是一个具有多级层次的管理组织系统,这个系统以实现项目预定目标为核心,由目标产生工作任务,由工作任务决定承担者,由承担者形成组织并展开与之相关的一系列工作。

(1)专业技术性任务。

项目管理中的专业技术性任务通常涉及项目实施过程中所需的专业技能和知识的应用,具体内容可能因项目的性质和行业的不同而有所差异。常见的专业技术性任务如下。

①需求分析。理解和分析项目需求,包括与利益相关者沟通,明确项目目标和预期成果。

②设计和规划。制订项目架构和详细的工作分解结构,进行系统设计。

③技术选型。根据项目需求选择合适的技术、工具和平台。

④研发和实施。进行软件开发、系统集成或硬件开发,实施技术创新和应用。

⑤项目管理工具使用。熟练使用项目管理软件,如JIRA、MS Project等。

⑥后期支持和维护。项目完成后,提供技术支持和维护服务,确保系统长期稳定运行。

(2)项目管理性任务。

项目管理性任务分布在项目的各个阶段。在项目决策阶段,项目管理性任务包含项目的前期策划和调研,项目的审批和立项;在项目准备阶段,项目管理性任务包含项目的资金筹集,项目的信息发布和招标组织,项目开工手续的办理,相关部门之间的协调等;在项目的实施过程中,项目管理性任务主要集中在项目的信息管理和资料整理,项目的会议组织和文件的审批与传达,特别是相关部门之间的协调工作更是项目管理任务中的主要工作;在项目的交付阶段,项目管理性任务包含项目验收的组织,项目移交的组织,相关部门之间的协调依然是主要管理任务之一。

3. 项目组织与企业组织的主要区别

项目组织不同于一般的企业组织,它具有自身的组织特殊性,这个特殊性是由项目的特点决定的,同时项目的特点又决定了项目的组织结构和运行规则,也决定了人们在项目中的组织行为和项目的管理过程。项目组织与企业组织的主要区别如下。

(1)项目组织具有一次性和暂时性的特点,而企业组织则具有稳定性和长期性。

(2)项目组织的建立常结合项目的特点、所在的环境、涉及的范围等内容灵活地确定组织的结构形式,而企业组织一般不随外部环境的变化而变化,具有长远的战略目标、管理体制和运行机制。

(3)项目组织内各方之间的关系以合同关系为主,而企业组织内各方之间的关系以行政关系为主。

(4)项目组织结构以实现项目目标为目的,以追求组织结构简单化和高效化为核心;而企业组织以企业的长远发展为目标,相对而言,更注重组织结构的系统化。

(5)由于项目组织的临时性,项目人员思想稳定性差,而企业组织的长期稳定性要求企业员工必须树立长远目标,通过积极的努力来实现自身的价值。

(6)企业组织内的各部门和人员长期稳定,相互之间熟悉、了解,容易相互配合和协调,而项目组织内各单位之间的协调已成为项目管理的重点工作内容之一。

2.1.2 项目组织的特点

(1)项目组织具有明确的目标。

项目组织的建立是为实现项目目标服务的,因此项目组织必须以项目目标为核心,并根据既定的项目目标进行项目的组织设计。

(2)项目组织内部有明确的分工。

项目组织内部各部门有明确的职责划分,并且依据合同约定,必须在规定期限内按要求完成自己的任务。

第2章 项目组织与人力资源管理

(3) 项目组织内有不同层次的权力划分。

为了保证组织工作的顺利开展,必须对组织内部不同层次授予一定的权力。从决策层到执行层,具有不同的权力,也承担不同的责任。在这个组织体系中,甲方或委托的项目管理单位居于整个项目组织的中心位置,在整个项目实施过程中起决定性作用。在项目管理中,项目各部门依据自己所拥有的权力开展有关工作。

(4) 项目组织具有动态性。

项目在建设过程中的不同阶段有不同的工作重点,项目组织也要做出相应的调整,以保证项目各阶段任务的顺利完成。

2.1.3 项目组织结构

1. 项目组织结构设计的原则

一般来说,项目组织结构设计需要遵循如下几个原则。

(1) 目标统一原则。

组织结构必须反映公司的目标和计划,项目组织中每个部门或个人的贡献越有利于实现项目组织目标,项目组织结构就越合理有效。

(2) 分工协作原则。

分工协作原则是指项目组织结构越能反映为实现项目组织目标所必要的各项任务和工作分工,以及相互间的协调,项目组织结构就越精干高效。

(3) 管理宽度原则。

管理宽度原则是指项目组织中主管人员监督管辖其下属的人数越适当,就越能保证项目组织的有效运行。

(4) 责权一致原则。

责权一致原则是指在项目组织结构设计中,必须保证决策智慧的统一,职位的职责和职权越对等一致,项目组织结构就越有效。

(5) 集权与分权相结合的原则。

集权与分权相结合的原则是指对项目组织结构中职权的集中和分散关系,处理得越适当,就越有利于项目组织的有效运行。

(6) 稳定性与适应性相结合的原则。

稳定性与适应性相结合的原则是指越能在项目组织结构的稳定性与适应性之间取得平衡,就越能保证项目组织的正常运行。

(7) 关注组织战略。

关注组织战略是指项目组织结构要能够保证组织战略有效实施。

(8) 以项目为中心。

组织项目管理的主导思想就是把组织的所有任务当作项目去实行项目管理,其是一种以项目为中心的组织管理方式。在进行组织结构设计时,也要考虑项目的性质和规模,使其有助于项目的发展。

2. 项目组织的组成及其类型

项目组织是专门为完成项目任务而组建的组织。由于生产的社会化和专业化分工,一个项目的参加单位或部门可能有几个、几十个甚至上百个,不仅有投资商、项目经理、项目团队成员、项目支持人员、利益相关者等,而且对于那些大型或特大型项目,还可能包含项目管理委员会、质量保证团队、风险管理团队等,这些单位和部门通过行政的或合同的关系连接形成了一个庞大的组织体系,为实现共同的目标而履行着各自的职责,承担着各自的任务。

(1)项目组织主要参与方。

①项目投资者,即项目的直接投资单位。以前,项目投资者多以政府或企业独资的形式出现,但随着社会的发展,项目的资本结构已呈现出多元化趋势,项目可以多种方式进行融资,为此,项目投资者就可能是政府、本国企业、金融机构、私人以及外国资本或中外合资企业。

②项目所有者,亦称投资主体。在一般的小型项目中,项目所有者和项目投资者的身份常常是一体的,但对于大型项目,由于项目的规模较大,投资较多,周期较长,投资人和投资主体就有了区别,投资人主要为项目提供资金,承担投资风险,行使与风险相对应的管理权利,其主要目的是获取投资回报,而投资主体不仅要承担所有的项目风险,还必须组织项目的实施,并最终实现项目的预定目标,投资主体将拥有项目产品的最终所有权。

③项目承担者。接受项目所有者的委托,完成项目指导、设计或管理任务。如项目管理或咨询公司在接受项目所有者的委托之后,在项目的实施过程中以项目所有者的身份对项目实施管理,主要的工作体现在项目的管理方面。

④项目使用者,即项目建成后负责使用的单位或个人。若是住宅项目,其使用者为个人,而其他项目的使用者就会随着项目产品的不同而不同。

⑤政府及其相关职能部门。项目的立项与实施不仅需要政府主管部门的审批,而且由于在项目的实施过程中需要水电气等能源,还需要相关职能部门的必要支持和帮助。对于那些事关群众利益的项目及在社会上有较大影响的项目,政府还要增派有关部门对项目实施监督和管理,以确保项目达到预期的目标。

⑥项目所在地的相关单位。如果项目涉及土地征收、居民拆迁,环境、景观或文物保护等问题,就有可能将相关单位纳入项目管理的组织中来,以便于相互协调,及时解决项目中存在的问题。

由此可以看出,在项目建设中,项目组织是一个多方的组合体。这些组织之间既有区别,有各自的管理工作、职责和任务,也有相互之间的联系,所有这些组织就组成了一个组织系统。在这个系统中,项目管理各部门按照项目管理流程和各自的职责完成自己管理职能内的工作。

(2)项目组织结构类型。

若从组织的结构形式来划分,常见的项目组织结构主要有3种类型:直线型组织结构、项目型组织结构和矩阵型组织结构。

①直线型组织结构。直线型组织结构是最简单的一种结构形式,它是按照职能原则而建立的项目组织,其特点是组织中各种职务按垂直系统排列,每一个工作部门中的每一个工作人员都只有一个上级,各级管理人员对所属下级拥有直接指挥权,组织中每个人只能直接向上级负责。这种项目组织类型一般适用于小型、简单的或单一、专业性较强且不

需要涉及许多部门的项目。其结构形式如图 2.1 所示。

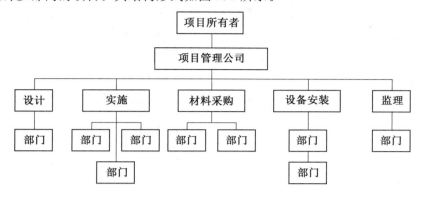

图 2.1　直线型组织结构

该组织形式的优点是结构比较简单，权力集中，责任分明，命令统一，联系简捷，项目人员具有较强的专业知识；缺点是若组织的规模较大，所有的管理职能过于集中，可能会由于个人能力有限而给工作带来影响。对于大型、复杂、专业交叉较多的综合性项目有很大的局限性，在组织上具有管理层次多、监督协调困难、部门之间关系不易协调、难以调动各方的积极性等缺陷，还容易造成管理效率低下、管理成本过高、各部门多考虑自身利益等问题，也不利于项目各参与方目标和利益的统一。因此，为了提高管理效果，直线型组织结构的层次不能过多，否则会妨碍项目参与各方之间的信息沟通与协调。

②项目型组织结构。项目型组织是将项目的组织形式独立于公司职能部门之外，根据项目所需独立负责项目工作的一种组织管理模式。该模式结合项目的特点，专门组建项目管理所需的各个部门，抽调专人来负责项目的具体工作，对于项目的行政事务、财务、人事等在公司规定的权限内进行管理，对项目的管理具有完全的自主权，项目的具体工作由项目团队负责。其结构形式如图 2.2 所示。

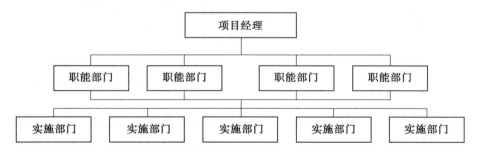

图 2.2　项目型组织结构

项目型组织的优点是工作目标单一明确，项目管理层次相对简单，对项目费用、质量及进度等方面的控制更加直接和容易，减少了外部的干扰。项目人员比较稳定，权力也相对集中，决策及时，有利于提高工作效率。该组织结构的缺点是项目组织成为一个相对封闭的组织，容易出现配置重复、资源浪费的问题。同时团队人员来自各个部门，内部沟通需要一定的时间。因此，当项目规模较大、建设期较长时，才采用这样的项目组织形式。

③矩阵型组织结构。矩阵型组织是大中型项目管理中应用最广泛的组织形式，它由

纵横两套管理系统组成,一套是纵向的职能系统,另一套是横向的项目管理系统。在纵向职能管理的基础上强调项目导向的横向协调作用,它吸收了直线型和项目型的优点,发挥了职能部门的纵向优势和项目组织的横向优势,把职能原则和对象原则结合起来形成了独具特色的组织形式。当组织一个大型项目的实施时,采用这种方式可将项目分成多个体系,这些体系既可以自行运作,也有横向联系。在两个体系的集合处存在界面,需要具体划分双方的责任、任务,以处理好二者之间的关系。其结构形式如图2.3所示。

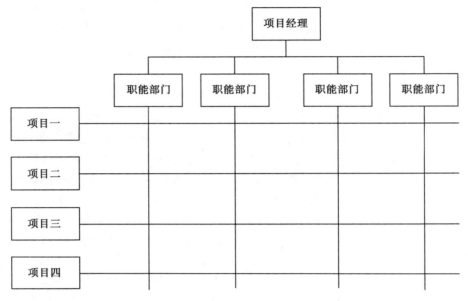

图 2.3　矩阵型组织结构

这种形式的优点是能够形成以项目任务为中心的管理模式,相对于直线型组织结构来讲,权力与责任关系趋向灵活,能在保证充分发挥各职能部门作用的前提下,使组织扁平化,减少了工作层次与决策环节,提高了工作效率与反应速度,对环境变化有比较好的适应能力,能够保证项目全过程和各子项目之间的连续性和稳定性。在资源方面,能协调和调配项目资源发挥更大的效益,使项目目标的实现进一步得到保证。在部门之间的相互合作方面,具有较强的机动性和灵活性,有利于项目相关问题的及时解决,但缺点是纵横向协调工作量大,处理不当会产生矛盾。同时,由于项目成员来自各职能部门且仍受职能部门控制,这样他们就要接受两个或两个以上的上级领导,有可能造成管理秩序混乱,从而对工作产生一定的不利影响。此外,项目经理和部门经理还有可能产生冲突和争执。

上述3种组织结构各自的特点及其适用范围见表2.1。

表 2.1 项目组织结构的特点及其适用范围

组织结构	优 点	缺 点	适用范围
直线型	项目成员具有较强的专业知识	各部门之间相互配合较差,决策速度慢	规模较小、时间较短、技术性较强的项目
直线型	项目结束后不存在项目成员的去留问题	对项目中出现的问题反应迟缓,不能以项目为中心,多考虑部门自身利益	规模较小、时间较短、技术性较强的项目
项目型	组织结构稳定,职能部门大而全	部门职责存在交叉,界限不清	复杂的、工期较长的、大型和特大型项目
项目型		项目机构固定,缺乏灵活性,不易沟通	复杂的、工期较长的、大型和特大型项目
项目型	一切工作以项目为中心	资源浪费	复杂的、工期较长的、大型和特大型项目
矩阵型	项目成员目标单一明确	项目成员受双重领导,不易协调	规模适中、技术相对复杂的大中型项目
矩阵型	避免资源重置	职能部门领导与项目经理易发生争执	规模适中、技术相对复杂的大中型项目
矩阵型	项目成员无后顾之忧	相互之间交流少、协调性差	规模适中、技术相对复杂的大中型项目

2.1.4 项目组织设计与重组

1. 项目组织设计

项目组织设计一般遵循以下步骤。

(1)确定项目管理目标,并根据项目目标确定项目目标体系。

(2)选择项目组织形式,可依据直线型、项目型或矩阵型组织结构的特点,选择满足项目管理的组织形式,但不要机械地照搬,可以在现有的基础上,结合自身项目的特点进行修改和调整,以满足项目管理所需。

(3)建立组织结构,划分工作部门。在组织形式确定的前提下,应根据项目的特点和需要完成的任务,明确组织的层次结构;在明确层次结构的基础上,对每一层次设定相应的工作部门,以负责完成该层次的工作任务。

(4)详细分析各部门之间的相互关系,确定项目管理工作流程和操作程序,并结合各部门的工作性质,依据合同关系,制定工作制度,建立项目组织各职能部门的管理规范和行为准则。

(5)明确项目的各项工作任务,并根据合同将工作任务落实到各个相关部门。

2. 项目组织重组

为了适应环境变化的要求,组织不得不持续进行结构重组。重组会使个人在正式组织和非正式组织中的角色发生变化。许多研究者认为,行为学研究最大的作用在于,它能帮助非正式组织适应变化并解决可能引起的冲突。但是,如果不将正式组织考虑进去,行为主义也不完全行之有效。无论最终选择什么样的组织结构,必须建立正式的渠道,以便组织中的个人能清楚地认识到自己在工作流程中的职权、职责,同时,应建立必要的问责制。

在关于组织结构的讨论中,将用到以下几个概念。

(1)职权(authority)。

职权是赋予员工们(基本上是根据他们的职位)的权利,让他们可以做出最终决定和选择。

(2)职责(responsibility)。

职责是正式组织中的个人依照自身角色承担的责任,使其有效完成工作任务。

(3)问责制(accountability)。

问责制也可理解为权责制,是指在完成某一具体任务时,针对组织成员承担的职责和义务的履行情况实施的,并要求其承担否定性后果的一种责任追究制度,重点追问的是负有直接领导责任的领导者。

即使有了上述对于职权、职责与问责制 3 个概念的明确区分与定义,要建立项目管理者和职能管理人员之间的良好关系仍要花费大量的时间,尤其是在组织结构正处于从传统型向项目管理型的转型期。

2.1.5 项目组织之间的协调与沟通

从项目各种组织形式的特点可以看出,在项目的实施过程中,项目各方之间能否相互协调配合不仅关系到项目的工作效率和项目各方的利益,而且关系到项目的成败,因此,项目组织间的相互协调与沟通就显得尤为重要。

从总体上讲,项目的协调包括两个方面,一个是项目组织的内部协调,另一个是项目组织的外部协调。内部协调是指项目内部各成员和部门之间的协调,即项目经理、项目团队成员、项目支持人员、利益相关者之间的协商与沟通;外部协调是指项目组织与组织以外单位如政府部门、金融组织、社会团体、新闻媒体及周边群众等方面的协调。

(1)与政府有关部门的协调。

不论是项目的立项审批,还是项目开工手续的办理及相关资源的使用,都需要通过政府有关部门来办理,因此,在办理这些方面手续的工作过程中,就需要与政府有关部门做好沟通,让他们充分了解和掌握项目的情况,并按照有关规定和程序要求,事先准备好相关资料,这样,相关手续的办理就会较为顺利。

(2)与甲方的协调。

项目管理单位是受甲方委托而对项目进行管理,因此,在项目管理中,要始终维护甲方的合法权益,特别是在重大事项决策之前,应主动征求和听取甲方的意见和建议。对于较为重要的会议,要邀请甲方或甲方单位代表参加,使甲方能够及时了解和掌握项目的实际情况和第一手资料。平时也要加强与甲方的联系,听取他们对项目管理工作的意见和建议,使甲方的重要指示得到及时落实。

(3)与设计单位的协调。

为了实现项目的预定目标,在项目设计之前,要与设计人员进行充分的交流,使他们真正了解和掌握项目实施的目标和所需的功能、风格。在设计过程中,也要在必要之时进行适当的沟通,了解设计进展,落实设计质量,使项目设计任务保质保量地按时完成。在设计完成之后,要认真熟悉方案,组织设计交底,对存在的问题及时提出修改要求,并与设计人员协商完善,避免给项目实施带来影响。在项目实施过程中,也要加强对设计变更的审核与管理,必要时可请勘察、设计人员参加项目例会或专题协调会议,及时解决项目中出现的设计问题。

(4) 与项目承担者的协调。

项目承担者是项目实施任务的主体,工作任务重,相关事项多,因此,应多给予项目承担者支持与帮助,对项目实施中出现的问题要给予及时的指导,要注意工作方法和语言艺术。但在项目质量、进度、费用、安全等方面要严格要求,加强管理和控制,坚持原则,实事求是,不徇私情,促使项目承担者能够保质保量地顺利完成项目任务。

(5) 与监理部门的协调。

监理的主要工作是监督项目质量,落实项目进度,确保项目能够按计划顺利实施。当项目实施中出现质量、进度或费用等方面的问题时,要多听取监理人员的意见和建议,尊重他们的监理权利。通过与相关部门和人员之间的协调,协助监理人员有效解决项目中出现的有关问题,使监理人员充分发挥出他们应有的作用。

(6) 其他方面的协调。

除以上几方面的协调与沟通外,在项目实施过程中,可能还会因安全问题、环境问题、道路交通、居民问题等与项目实施发生矛盾和冲突,这就需要与安全管理部门、环保部门、交管部门、周围居民等进行协商与交流,共同商讨解决问题的办法。

2.2 项目经理及其权力

2.2.1 项目经理

1. 项目经理的概念

项目管理是以个人负责制为基础的管理体制,项目经理就是项目的负责人,有时也被称为项目管理者或项目领导者,负责项目的组织、计划及实施全过程,以保证项目目标的成功实现。成功的项目无一不反映出项目管理者的卓越管理才能,而失败的项目同样也反映出项目管理者的责任。在项目及项目管理过程中,项目管理者起着关键作用。因而,项目经理就是一个项目全面管理的核心和焦点。作为项目的管理者,项目经理也应具有管理者的角色特点。

虽然项目经理也是管理者,但他与其他管理者有很大的不同。首先,项目经理与部门经理的职责不同。在矩阵型组织结构中可以明显看到项目经理与部门经理的差异,项目经理对项目的计划、组织和实施负全部责任,对项目目标的实现负终极责任;而部门经理只能对项目涉及本部门的工作施加影响,如技术部门经理对项目技术方案的选择、设备部门经理对设备选择的影响等。因此,项目经理对项目的管理比起部门经理更加系统全面,其必须具有系统思维。其次,项目经理与项目经理的经理或公司总经理的职责不同。项目经理是项目的直接管理者,是一线的管理者;而项目经理的经理或公司总经理是通过项目经理的选拔、使用和考核等来间接管理一个项目的。在一个实施项目管理的公司中,往往项目经理的经理或公司总经理也是从项目经理成长起来的。

2. 项目经理的类型

(1)技术型项目经理。

技术型项目经理是负责技术项目从启动到完成的全过程管理的专业人士,通常在技术密集型的项目中扮演关键的协调和管理职责。他们不仅需要具备项目管理的知识和技能,还需要对项目所涉及的技术领域有深入的了解和实践经验,具备强大的组织、领导和沟通能力,以确保项目的成功实施。技术型项目经理的职责包括但不限于以下方面。

①技术规划。制订技术方案和架构,确保技术实现符合项目目标。
②资源管理。分配和管理项目资源,包括人力、资金和技术设备。
③风险管理。识别项目风险,制订风险缓解和应对策略。
④进度管理。制订和监控项目时间表,确保项目按计划推进。
⑤质量控制。确保项目成果符合预定的技术标准和质量要求。
⑥团队领导。指导和激励技术团队,提高团队的效率和协作能力。
⑦预算控制。管理项目预算,控制成本,确保项目的经济效益。
⑧技术指导。为团队提供技术指导,帮助团队克服技术难题。
⑨持续改进。基于项目经验,推动流程和技术的持续改进。
⑩知识管理。记录和分享项目知识,促进组织学习和知识积累。
⑪项目交付。确保项目按时、按质、按预算完成,并满足用户需求。

(2)业务型项目经理。

业务型项目经理是指专注于项目的业务方面,具备强烈的商业意识和项目管理能力,确保项目成果符合商业目标和市场需求的专业人士。他们通常在项目管理中扮演战略角色,对业务流程和市场动态有深入理解,能够识别和评估项目对业务的影响,将技术实现与业务目标相结合,协调项目与组织的整体业务战略。业务型项目经理的职责包括但不限于以下方面。

①业务需求分析。与利益相关者沟通,明确项目的业务需求和目标。
②项目规划。制订项目计划,确保项目目标与业务战略一致。
③市场研究。进行市场研究,了解行业趋势和竞争对手情况。
④资源协调。协调项目所需的业务资源,包括人力、资金和信息。
⑤风险评估。评估项目对业务的潜在风险,并制订应对策略。
⑥进度监控。监控项目进度,确保项目按计划实施。
⑦质量保证。确保项目成果符合业务需求和质量标准。
⑧团队协作。与项目团队合作,确保项目目标的实现。
⑨业务影响评估。评估项目对业务的正面和负面影响。
⑩客户关系管理。建立和维护与客户的关系,确保客户满意。
⑪项目交付。确保项目成果满足业务需求,并成功交付给客户或市场。

(3)运营型项目经理。

运营型项目经理是指那些专注于项目运营阶段的专业人士,他们通常负责项目从启动到收尾的全过程管理,包括但不限于项目的规划、执行、监控和优化,以确保项目能够顺利进行并获得业务成果。运营型项目经理需要具备强大的组织能力、沟通技巧和战略思维,以确保项目运营的顺利进行,并实现业务目标。他们通常使用项目管理工具,如研发项目管理系统 PingCode 和通用项目管理软件 Worktile 等,来提高项目管理的效率和效果。运营型项目经理的职责包括但不限于以下方面。

①项目规划与执行。负责制订项目计划,包括时间表、预算和资源分配,并确保项目按计划执行。

②运营管理。组织和优化项目运营管理流程,提高项目执行效率和质量。

③团队协调。建立高效的团队协作机制,协调团队成员的工作,解决团队冲突。

④风险管理。识别项目中的潜在风险,制订风险应对策略,减少风险对项目的影响。

⑤质量控制。确保项目成果符合预定的质量标准和业务需求。

⑥资源管理。合理分配和管理项目资源,包括人力、物质和财务资源。

⑦客户沟通。与客户保持沟通,确保客户需求得到满足,并及时反馈项目进展。

⑧数据分析。利用数据分析工具监控项目关键指标,为项目决策提供支持。

⑨持续改进。基于项目反馈和结果,持续改进项目管理流程和方法。

3. 项目经理的选择

企业高层面临的最难决策之一就是如何选择项目经理。一部分经理可能适合长期项目,做出项目决策相对较慢;另一部分经理可能适合短期项目,可以对在持续高压环境下的项目进行管理。项目经理的选择过程并不简单,要预先考虑 5 个基本问题。

①有哪些内、外部资源?

②我们应该怎样选择?

③在项目管理中怎样提供晋升机会?

④怎样在合理的时间框架下,提高项目管理技能?

⑤怎样评估项目管理绩效?

企业只有选对项目经理才有可能取得成功。如果下属清楚项目经理是从总经理那里得到正式授权的,项目经理更有可能获得成功。项目经理的主要职责包括以下内容。

①在有限的资源和时间、成本及绩效或技术约束下,实现最终目标。

②达到合同约定的利润目标。

③做出所有必要的决策,无论是临时性的替代决策还是最终方案。

④作为客户(外部)、高层管理人员和部门经理(内部)的沟通中心。

⑤在时间、成本及绩效或技术约束下,就必须完成的工作的资源配置,与职能部门进行沟通。

⑥尽可能解决所有冲突。

项目经理为了履行他们的职责,不断被要求证明在界面管理、资源管理、计划编制和控制上的能力。这些隐含的职责包括以下内容。

①产品界面管理。
②各下属部门间的联系及表现。
③项目界面管理。
④物资整合与库存控制。
⑤人力资源管理。
⑥资金管理。
⑦信息或技术管理。
⑧规划与控制管理等。

在前面的讨论中,都是在项目规模足够大、需要任命一名全职的项目经理的前提下挑选项目经理,但事实并不全如此。下面列出了在项目人员配备中的4个主要特例。

①用兼职代替全职。
②几个项目由一名项目经理管理。
③项目由部门经理代管。
④项目经理的角色由总经理担任。

其中,第一种情况通常取决于项目的大小。如果一个项目很小(指其时长或成本方面),那么它就可以由一名兼职项目经理来负责。许多高层管理者经常会犯这样的错误,他们让职能部门的员工来担任兼职的项目经理,同时继续承担所在部门的职责。当项目利益与所属部门的利益产生冲突时,项目往往会被牺牲。

对项目经理来说,同时掌管几个项目是非常普通的事情,特别是当这些项目相互联系或相似时。问题是,当这些项目的优先级有很大差异时,低优先级的项目就会被忽视。

如果一个项目的技术含量很高,需要专业技能,而且可由单一部门来完成,此时部门经理就会身兼二职,同时担任项目经理。这样做也会产生问题,使优先级的设定变得无效。部门经理会不顾项目的优先级而将最好的资源配备给他所直管的项目。他的项目可能成功,却以其他项目的失败为代价。

也可能出现高层管理者兼职担任项目经理的情况,这时对项目既有利又有弊。一方面,高层管理者不可能全身心地投入项目,也不可能放弃自己正常的工作职责而像项目经理那样做出有效的决策。另一方面,他也可能会将最好的资源大量用于自己的项目中。

4. 项目经理的技能要求

为了获得成功,项目经理必须清楚以下几点。
①自己的下属。
②应该完成的任务。
③可用的工具。
④组织结构。
⑤组织环境。
⑥客户群。

只有充分了解公司各机构间的相互关系和行为要素,项目经理才能营造满足团队工作需要的和谐氛围。同时,项目经理还应了解他所处工作环境中的文化和价值体系。

仅仅依靠专业技术知识或纯粹的管理技巧的经理时代已经不复存在了。项目经理应具有以下能力。

(1) 团队组建能力。

组建项目团队是项目经理的一项基本任务，它涉及一系列的管理技能，如必要的识别、调派和协调不同任务组，使它们从传统的组织结构的部门中转到一个独立的项目管理系统里。

为了有效工作，项目经理必须营造有助于团队工作的氛围。良好的工作氛围应有以下特征。

①团队成员有完成项目的义务。
②良好的人际关系和团队精神。
③必备的专业知识和资源。
④明确的目的和项目目标。
⑤企业高层积极参与并支持。
⑥良好的项目领导。
⑦团队成员和各组织之间沟通公开化。
⑧较少的人际或组间的不理智冲突。

上面关于团队组建的讨论可以总结为以下 3 点。

①有效地沟通。
②真诚地关心团队成员专业技能的培养。
③对项目负责。

(2) 组织能力。

项目经理应该是一名社会关系构筑师，必须了解这个组织怎样工作及自己怎样在组织中工作。项目经理需要将不同部门的员工整合为一支有效的工作团队，也就是一个项目组织，因此，组织能力在项目形成和启动期间就显得尤为重要。项目经理要有能力确定汇报关系、职责、职能控制和信息需求。一个好的项目计划和责任矩阵是有效的组织工具。此外，组织能力还包括项目经理要清楚项目目标，构造良好的沟通渠道，有能力进行领导，并得到企业高管的支持。

(3) 领导能力。

项目成功的先决条件是项目经理在相对松散的环境中依然有能力领导团队。要求项目经理能够在很少或几乎没有正式授权的情况下，与部门经理和下属人员有效沟通；同时在动态环境下，收集和归纳相关信息以做出决策。这涉及综合个人需求和限制条件做出决策的能力，以及处理团体之间冲突的能力。

与总经理一样，项目经理工作的质量更多地依赖于其个人经验和在组织内的信誉。一个有效的管理模式必须具有以下特性。

①清楚项目领导的指示。
②制订计划和方案的能力。
③帮助解决问题。
④良好的沟通能力。

⑤带动新成员融入团队。
⑥处理人际关系冲突的能力。
⑦平衡技术方案与实际经济和人员条件的能力。
⑧促进群体决策的能力。

与上述技能相应的个人特性包括以下几点。
①项目管理经验。
②有创造力和热情。
③应变能力。
④受人爱戴,有说服力。
⑤创新思维。
⑥有组织、有纪律。

(4) 企业家才干。

项目经理也需要有宏观的管理观念,具体表现为企业家才干。组织目标通常不只是利润,项目经理不仅要有组织发展、财务经济上的考量,同时还要有客户满意度、未来发展、培育相关市场及项目的干扰因素等方面的考虑,这些也是同样重要的目标。一名优秀的项目经理会充分考虑这些问题。

企业家才干可以通过实际经验来培养。同样,正式的 MBA 培训、特定的研讨会及跨职能的培训计划,也可以帮助项目经理培养企业家才干。

(5) 冲突解决能力。

在复杂的任务管理中,冲突是普遍存在的。了解冲突产生的原因是项目经理有效处理冲突的关键。冲突会引发组织功能紊乱,常常会导致项目决策质量低下,问题拖延不决,团队工作遭受损失等负面影响。但是,冲突也有其有利的一面,它能使人们投入更多的精力,产生新的创意,增强竞争意识。

为顺利解决冲突、促进项目的整体实施,项目经理必须做到以下几点。
①了解组织元素与行为元素之间的相互作用,以建立一个有利于团队行动的工作环境。这一措施将会促进成员积极参与到项目中,减少冲突。
②与项目目标和决策有关的所有组织层面进行有效的沟通。定期举行进度状况检查会议是一种重要的避免冲突的方法。
③充分认识冲突的产生原因及其在项目生命周期中存在的时间。有效的项目计划、应急计划、令行禁止及管理层参与等措施,能够避免许多冲突的发生,使项目正常推进。

(6) 行政管理能力。

项目经理应该在计划编制、人员配备、预算、进度计划编制和其他控制技术等方面得到锻炼。对于技术人员来说,问题不在于使人们理解预算和进度计划编制这些行政管理技能,而是使他们牢牢记住,成本、进度与完美的技术解决方案都是同等重要的。

对于项目经理来说,有以下一些有用的行政管理工具。
①会议。
②报告。
③评审。

④预算和进度控制。

项目经理必须熟练掌握这些工具,并且知道怎样有效使用它们。

(7)专业技术知识。

项目经理不可能掌握项目所需的技术、行政管理和营销技巧等所有的专业知识,以一己之力管理整个项目,但项目经理必须熟悉技术、市场及商业环境。如果不能了解这些背景信息,项目经理将不能预见局部决策对全局的影响、潜在的发展支脉以及与之相关的其他商机。

项目经理需要深入了解专业技术,为了评估技术想法和解决方案,能够运用技术的专业术语与项目团队成员进行有效沟通,评估风险,并对成本、进度和技术有所取舍。

(8)获得企业高层支持的能力。

项目经理被许多支持他或者控制他活动的组织包围着,对各个层面的人员了解就显得非常重要,而且这有助于他与企业高层搞好关系。企业高层的支持对有效处理各个层面的关系尤为必要,因为每个项目都是由许多利益不同和办事方式不同的人员组成的。这些权力体系中的权力发展不均衡,因而项目经理有高管做后盾,才能阻止这种不均衡的发展。

下面是4种影响项目经理与企业高层建立良好关系的因素。

①项目经理的长期可靠性。

②项目经理的项目预见力。

③项目经理的项目相对于其他项目的优先程度。

④项目经理自己是否能干。

(9)规划能力。

规划能力对任何工作都是有益无害的,特别是对于大型复杂项目,规划能力对项目成功与否起到至关重要的作用。项目规划是描绘一个项目从开始到成功的路程图。

项目规划在组织各个层面里都是一个持续的活动,项目经理有责任在项目开始之前准备项目总计划。一个好的项目规划远不是做一份进度计划与财务预算那么简单,它需要沟通和信息处理能力,来确定实际的资源需求和必要的行政支持。它还需要项目经理在很少或没有被正式授权的情况下,与各支援部门的主要负责人谈判,以便得到他们的支持并提供项目所需资源。

另外,项目范围和深度的变更不可避免,项目经理还必须确保项目的相关信息有书面记录。项目规划必须通过正式评审来进行必要的修改,同时成为项目整个生命周期的红头文件。一个过时的、无意义的计划是毫无用处的。

最后,项目经理需要注意计划是否有些过度。如果计划超过实际承受能力,它就走到了尽头,只能被定义为一次创造性工作。项目经理有责任赋予计划和政策更大的灵活性,来防止这种情况的发生。

(10)资源配置能力。

一个项目组织有许多领导,而职能组织的存在使得支援团队免受项目办公室的直接财政控制。任务一旦被批准,对人员分配、优先级及间接的人力资源成本的控制常常很困难。同时,由于各部门相互依赖,工作范围和内容不断变动,问责工作也变得非常困难。

编制详细有效的项目计划有利于加强管理和控制。计划的各个部分类似于工作说明书，它为资源分配提供基础，也有助于就要执行的任务和相关预算、进度与所有关键人员及其上司达成具体协议。

项目经理必须以企业战略和企业目标为导向。项目经理不仅仅是单纯地管理一个项目，他们也不应该把自己的管理局限在一个项目中，而应该视之为管理企业的一部分。因而，他们应该从专业技术和企业战略两个层面来考虑问题。项目经理使用的各种工具，特别是项目管理方法论已经被潜移默化地嵌入了企业的各个流程，而不单纯是企业的管理流程。

项目的成果不再是一个简单的完成品，而是可以不断创造商业价值的载体。项目的成功也不再是单纯地完成某些既定要求，而是能够连续带来正现金流。

5. 项目经理与部门主管的协作

项目经理必须在一定的时间、成本和绩效下控制公司资源，大多数的公司有资金、厂房设施、人力资源、原材料、设备和信息或技术等资源。

事实上，除了资金有可能受到控制（例如通过预算），项目经理并不直接控制任何资源，资源掌握在职能经理或直线经理手中，也可称他们为资源经理。因此，项目经理常常就项目全部所需要的资源与部门主管进行协商。当我们说项目经理掌控项目资源的时候，其实际意义仅指项目经理在项目进程中，通过各部门主管掌控分配给他的资源。

如今，项目经理的职能已经得到了升华。以前，几乎所有的项目经理都把项目管理的种种方法当作强制的指令，而极少去理解其本质。而部门主管在得知项目经理是为了履行各种流程指令时，就会让相关部门的员工短期内受项目经理直属领导。因而，从结果上看，项目经理是可以控制项目组成员的。现在，大部分的项目经理只需要了解技术而无须自由运用技术。而且，现今项目的责任由项目经理和所涉及的全部部门主管共同承担。在分责制下，部门主管也要在一定程度上了解项目管理。相对地，项目经理要集中一切精力在项目成果上，而不是为项目成员提供技术指导。对所分配的资源进行管理往往是一种直线职能。

对于项目经理来说，他们不仅仅是管理一个项目，更要管理一部分业务，并且需要对项目本身及整个业务做出合理的决策。因此，项目经理必须要懂得经营方针。将来，项目经理可能通过 PMI 的认证从外部确定，还可以通过公司的组织业务流程从内部确定。

基于以上分析，成功的项目管理依赖于以下两点。

①项目经理和分配相关资源的职能经理日常关系良好。

②项目成员具备在垂直关系上向部门主管汇报，在水平关系上向一名或多名项目经理汇报的能力。

在第一点中，被分派到项目经理麾下的部门员工在专业技术上还是要听从部门主管的指导。在第二点中，向多名项目经理汇报的员工最重视的还是部门主管。

在项目管理中项目经理为部门主管效力，而非反向的。很多管理者没有意识到这一点。他们总是趋向于在项目完成时嘉奖项目经理，而事实上，有部门主管一大部分功劳，因为他们才是顶着压力为达到项目目标而运用手头资源的人。项目经理只是项目完成的经手人。

如果项目经理与部门主管关系恶化,项目绝对会变糟。高层管理人员一定要为两者创建良好的工作关系。一个很常见的破坏这种关系的方式是询问:"项目经理和部门主管谁对利润的贡献大?"项目经理认为他们控制了整个项目的利润,因为他们控制着预算;部门主管则认为他们必须根据预算合理地安排人员,在要求的时间内提供资源,并监督实际操作。事实上,垂直线的工作和水平线的工作都为利润做出了贡献。这类冲突可能破坏整个项目管理体系。

高效的项目管理需要管理者熟悉定量工具、专业技术、组织结构和组织行为。大部分项目经理都了解有关计划、进度和控制的量化工具,但他们必须对全部组织部门的运作有所了解。此外,项目经理还必须熟悉自己的工作内容,特别是职责描述中的权限范围。

组织行为是很重要的,处于直线和职能界面上的部门员工对不止一名领导汇报工作:一名是部门主管,另一名是他们所参与项目的项目经理。管理人员必须提供适当的培训以使员工能够有效地向多名经理汇报工作。

项目经理负责对横跨多个不同部门职能线的活动进行协调,由项目经理进行的整合工作包括以下几点。

①整合构建项目计划所需的各项活动。
②整合执行项目计划所需的各项活动。
③整合进行项目范围变更所需的各项活动。

这些整合管理如图 2.4 所示,项目经理必须把各项投入(如资源)转变为产品产量、各类服务和最终利润。为了做好这些工作,项目经理需要强大的沟通和人际交往能力,同时必须要熟悉每个纵向职能部门的工序和业务,并必须具备与项目相关的技术知识。

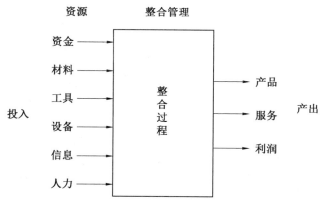

图 2.4　整合管理

项目经理的工作并不那么简单。项目经理的职责可能不断增加,但没多少职权。这种权力缺乏迫使项目经理为控制公司资源不得不与更高层的管理者和部门管理人员"谈判"。因而项目经理常常被看作正式组织的局外人。

在项目环境中,几乎每件事都要让项目经理左思右想。尽管项目组织有专业分工并以任务为导向,但它也不能与传统组织结构分离存在。所以项目经理必须跨越两个组织间的樊篱,专业术语"整合"就是来描述项目经理的这种作用的,该作用可被描述为管理以下几种关系。

① 项目团队内部关系。
② 项目团队和职能部门之间的关系。
③ 项目团队和高管之间的关系。
④ 项目团队和客户组织(包括公司内部的客户和公司外部的客户)之间的关系。

项目经理实际上是一位总经理式的人物,他要了解公司全部的运作。事实上,项目经理比大多数高管更了解公司整体的运作情况,这就是为什么项目经理一职总被当作培训职位为企业储备具有高端能力的未来高管。

2.2.2 项目经理权力的类型

1. 项目经理的权力

项目经理的综合影响力来自职位权力和个人权利。其中职位权力来源于组织特许、组织中的地位、工作的特殊性、行政官衔的高低、方针政策的倾向性、高级的指挥权、代表权、经费控制等;个人权利来源于技术和管理知识、管理经验、与上级的友好关系、与同事助手的友好关系、与其他项目经理建立和保持盟友关系、分析问题和解决问题的能力、保持正确决策的能力等。表2.2列出了项目经理权力的类型和内容。

表2.2 项目经理权力的类型和内容

权力类型	权力来源	好坏顺序	对谁有效
专家权力	项目经理个人	最好	任何人
奖励权力	项目经理职位	最好	下属
职位权力	项目经理职位	一般	下属
参照权力	项目经理个人	一般	任何人
惩罚权力	项目经理职位	最坏	下属

专家权力,即作为技术或管理专家的权力,参照权力是指由于自身性格魅力和沟通能力,别人愿意以你为参照物,愿意向你看齐,愿意以你为榜样,每个人都应该努力培养自己的专家权力和参照权力,而尽量淡化对正式权力的追求和依赖。

职位权力、惩罚权力、奖励权力来自组织的授权,专家权力和参照权力来自管理者自身。项目经理应不断拓展自己的权力,获取各方支持,以确保项目成功。尤其在矩阵环境中,项目经理对团队成员通常没有或仅有很小的命令职权,所以他们适时影响干系人的能力,对保证项目成功非常关键。

项目经理应提升专家影响力,仅靠组织给予的权力是没法在下属中树立威信的,难以获得团队成员心悦诚服的支持和认可,布置的任务可能被阳奉阴违,项目也会举步维艰。在项目环境中,有人直接向项目经理汇报,有人间接向项目经理汇报,还有人既向项目经理汇报,又向职能经理汇报。对于双重汇报关系和非直接汇报关系人员的管理,项目经理更注重运用奖励权力、专家权力和参照权力,尽量避免使用惩罚权力。

2. 项目经理的权限

在项目管理过程中,项目经理的权限主要包括以下内容。

(1)参与项目招标、投标及合同签订。
(2)参与组建项目经理部。
(3)主持项目经理部工作。
(4)决定授权范围内的项目资金的投入和使用。
(5)制定内部计酬办法。
(6)参与选择具有相应资质的分包人。
(7)参与选择物资供应单位。
(8)在授权范围内协调与项目有关的内、外部关系。
(9)法定代表人授予的其他权力。

对项目经理而言,明确理解项目发起人与客户的具体要求,识别项目利益相关者对项目的期望,显得尤为重要。

3. 项目经理的职责

(1)提供支持,保证资源,把握战略方向。
(2)决策项目内容。
(3)决策项目范围与目标,包括项目进度表与预算。
(4)批准项目变更,评审项目进展,提供策略上的指导。
(5)设定优先级,解决冲突。

2.3 项目人力资源管理

天时、地利、人和一直被认为是成功的3个要素。其中,"人和"是主观因素,发挥着更大的作用。在项目管理中"人"的因素也极为重要,因为项目中所有活动均是由人来完成的。如何充分发挥"人"的作用,对于项目的成败起着至关重要的作用。项目人力资源管理所涉及的内容就是如何发挥"人"的作用。

2.3.1 项目人力资源管理的内容

1. 项目人力资源管理的概念

项目人力资源管理是一种管理人力资源的方法和能力。项目人力资源管理要求充分发挥参与项目的人员的作用,包括所有与项目有关的人员:项目负责人、客户、为项目做出贡献的个人及其他人员。在项目的实际操作过程中,对于处理人际关系有大量的书面文件资料规定,主要包括:与领导沟通、协商及其他关键性整体管理技巧;授权、激励士气、指导、忠告及其他与处理个人关系有关的主题;团队建设、解决冲突及其他与处理团队关系有关的主题;绩效评定、招聘、留用、劳工关系、健康与安全规则及其他与管理人力资源有关的主题。

这里绝大多数的资料直接适用于领导和管理项目成员,项目经理和项目管理小组成员应当对此十分熟悉。他们还必须敏锐地认识到如何将这些知识在项目中加以运用。例如,项目的暂时性特征意味着个人之间和组织之间的关系总体而言是既短又新的。项目管理小组成员必须仔细选择适应这种短暂关系的管理技巧。

在项目生命周期中,项目相关人员的数量和特点经常会随着项目从一个阶段进入另一个阶段而有所改变,结果使得在一个阶段中非常有效的管理技巧到了另一个阶段会失去效果。项目管理小组必须注意选用适合当前需求的管理技巧。

2. 项目人力资源管理与组织人力资源管理的区别

项目人力资源管理与组织人力资源管理的区别主要体现在以下几个方面。

(1)人力资源规划方面。

组织的人力资源规划要考虑组织长远发展对人力资源的需求,基于实际情况预测每年的进出人力资源数量,其中退休的、病退的、离职的都需要考虑;项目的人力资源规划只需要考虑近期的需求,例如承办培训工作需要讲师的数量等。

(2)人力获取方面。

组织的人力资源管理在人力获取方面按照规范的程序进行招聘、考试和录用,例如公务员的招聘;项目的人力资源管理在人力获取方面可以采用非常规方式,结束后可以直接解聘。

(3)工作安排方面。

组织的人力资源管理的工作安排以平均工作强度为原则,按时上下班;而项目的人力资源管理的工作可能是高强度的工作,因为项目的人力是有限的。

(4)培训方面。

组织的人力资源管理既有基础教育培训,又有专业技能的培训;而项目的人力资源管理的培训只有与项目相关的特定技能培训。

(5)绩效考核方面。

组织中有中、长、短期的分阶段的绩效考核,主要用于晋升加薪等;而项目中只有短期考核,考核结果用来确定近期的奖金和工资。

(6)激励方面。

组织的人力资源管理的激励方式有加薪、提供更好的工作机会和福利待遇等;项目的人力资源管理的激励方式只有奖金和岗位调动。

2.3.2 项目人力资源管理的过程

项目人力资源管理过程主要分为3个阶段:项目人力资源规划阶段、项目团队组建阶段和项目团队建设阶段。

1. 项目人力资源规划阶段

(1)项目人力资源的配备过程。

项目的人力资源配备过程漫长而乏味,尤其是大型复杂的项目,有3个主要问题有待我们去解决。

①需要哪些人才?

②这些人员可从哪里获得?

③哪种项目组织结构更好？

为了确定对人才的要求，首先应该弄清楚需要的人才类型（或工作岗位描述），每个职位需要的人数及需要的时间；其次需要考虑的因素还包括人力成本、项目时效内人员是否到位、人员的专业水平、人员是否需要培训及团队合作的经验。如果项目前期制订了人力资源管理计划，涵盖了上述3个问题，配备阶段就能省时省力。

项目经理与部门经理间的相互信任是非常重要的，特别是在人员配备阶段。一旦项目经理与职员间建立了良好的工作关系，他将会把这些职员保留下来。很自然地，项目经理将会要求在下一个项目中依然配备跟以前相同的行政或技术人员，部门经理也明白这一点，一般会表示同意。

资源一旦确定下来，下一个问题便是人员是从内部寻找还是从外部招聘，如雇用新职员或聘请顾问。只有在内部人力资源已经充分用于其他项目，或者公司的职员处理不了该项目时才应该考虑聘请顾问。这一问题的答案也揭示了何种组织结构有利于目标的完成。虚拟团队、矩阵型、产品开发型或项目型组织结构处理这个问题的答案各不相同。

组织计划编制也可以看作战场上的"排兵布阵"，就是确定、分配项目中的角色、职责和汇报关系。在进行组织计划编制时，我们需要参考资源计划编制中的人力资源需求子项，还需要参考项目中各种汇报关系（又称为项目界面），如组织界面、技术界面、人际关系界面等。一般采用的方法包括参考类似项目的模板、人力资源管理的惯例、分析项目干系人的需求等。

组织计划编制完成后将明晰以下几方面任务。

①角色和职责分配。角色和职责在项目管理中必须明确，否则容易造成同一项工作无人负责，最终影响项目目标的实现。为了使每项工作能够顺利进行，就必须将每项工作分配到具体的个人（或小组），明确不同的个人（或小组）在这项工作中的职责，而且每项工作只能有唯一的负责人（或小组）。同时由于角色和职责可能随时间而变化，在结果中也需要明确这层关系，表示这部分内容最常用的方式为：职责分配矩阵（RAM）。对于大型项目，可在不同层次上编制职责分配矩阵。

②人员配备管理计划。人员配备管理计划主要描述项目团队什么时候需要什么样的人力资源。为了清晰地表明此部分内容，经常会使用的工具是资源直方图，可以明确高级设计者在不同阶段所需要的人员数量。在项目工作中人员的需求可能不是连续的或者不是平衡的，这容易造成人力资源的浪费和成本的提高。例如，某项目现有15人，设计阶段需要10人；审核阶段可能需要1周的时间，但不需要项目组成员参与；编码阶段是高峰期，需要20人，但在测试阶段只需要8人。如果专门为高峰期提供20人，可能还需要另外招聘5人，并且这些人在项目编码阶段结束之后，会出现没有工作安排的状况。为了避免这种情况的发生，通常会采用资源平衡的方法，将部分编码工作提前到和设计并列进行，在某部分的设计完成后立即进行评审，然后进行编码，而不需要等到所有设计工作完成后再执行编码工作。这样将工作的次序进行适当调整，削峰填谷，形成人员需求的平衡，更利于降低项目的成本，同时可以减少人员的闲置时间，以防止成本的浪费。

③组织机构图。它是项目汇报关系的图形表示，主要描述团队成员之间的工作汇报关系。

组织计划编制完成后,接着需要从下面3类人中选拔项目办公室成员和团队成员:积极的项目团队成员、可能提升或调任的职能部门员工,以及外部申请的顾问。这一工作常常耗时、烦琐。选拔设想完成后,项目经理要与企业高层协调,要求做到以下几点。

①所有的任命必须符合公司目前的职级、薪水和晋升政策。
②选出的人员能很好地配合项目经理(直接上司)和管理高层(间接上司)的工作。
③选出的人员与职能部门员工有良好的工作关系。

优秀的项目办公室人员通常具有不同类型项目的经验并且能够严格自律。如果所需人员已经被配置到其他项目中,项目经理就要和管理高层及所需人员现在的项目经理进行会晤。项目经理当然不愿意自己手下的优秀人才被派到其他项目中去,但这样的交换在项目环境中时有发生。企业高层参与资源协调会议则是表明上级很关心有效人力资源的最大合理利用并帮助解决人员冲突。内部人员配置是一个协商过程,管理高层通过这些协商,制定公司的基本规章和确定项目优先顺序。

图2.5是典型的按项目时间发展的人员配备图。项目组成员是从职能部门领域或是其他项目释放而来的。人员应该在项目开始前配置到位,然而多数项目经理害怕员工被其他项目组抢夺,因此会要求员工尽快到岗。在理想条件下,员工完成上一个项目的任务后,就会马上被配置到下一个项目。但如图2.5所示,前段曲线倾斜角度大,后段曲线倾斜角度小,这说明前期项目经理希望成员快速到岗,但是任务接近完成时,项目经理反而不那么愿意放人。这是因为项目经理一定要确保不再需要这个人时才会放人。

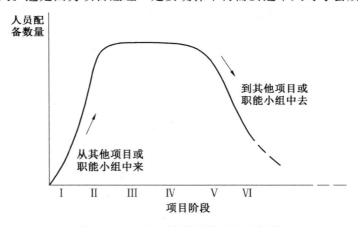

图2.5 按项目时间发展的人员配备图

以上讨论了项目中的人员配备情况,但是也存在人员因为如下原因而被开除出项目的情况,比如:不遵守规定政策和程序、不服从已有的正式权力关系、认为他们的地位比对公司的忠诚更重要、过于注重技术而不顾预算和进度计划以及不能胜任该项工作的成员。

项目经理能够直接免除项目办公室人员(该人员对项目经理负责)的职务,但对职能部门人员的处理则必须通过部门经理才能间接执行。

(2)项目办公室。

如图2.6所示,项目团队由项目办公室和职能人员组成,虽然图中的项目办公室人员都被标以项目副经理或项目经理助理的职务,但现实中有些办公室人员可能没有任何头衔,具有此头衔的好处是他们有权直接和客户对话。这样的称呼非常重要,当项目副经理和客户交谈时,他代表的是公司,相对的,职能部门员工仅能代表他个人。

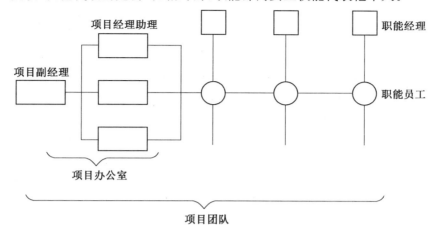

图 2.6　项目组织

项目办公室是用来帮助项目经理履行职责的组织,项目办公室人员必须与项目经理一样对项目尽职尽责,并且要与项目经理和部门主管都保持良好的工作关系。项目办公室的职能如下。

①作为内部控制和客户报告的信息中心。
②控制时间、成本和成效以符合合同要求。
③确保所有的工作要求都有记录并分发到各个关键人员手中。
④确保所有的工作都有合同的授权和资金的供给。

项目经理和项目办公室人员的主要职责是对组织中跨职能部门的工作进行整合。像工程、研发和生产这些职能机构及公司外的分包商,都必须按同样的规范、计划甚至目标工作。职能机构的非有效整合是项目失败的最常见原因。项目成员要尽力完成为保证项目成功所要求的所有工作,而不只是履行其职能责任。解决因整合不力引发的问题的最好办法是项目办公室人员的全职化参与。并非项目团队所有成员都是项目办公室人员,有时候处于项目层与职能层间的部门代表也可充当整合者,但其更靠近于工作最终完成的地方(职能部门)。

项目经理面临的最大挑战是确定项目办公室的规模。理想的规模是通过权衡决定的,一方面要保证完成任务所需的人员数量,另一方面又不能超过行政管理的成本控制线。成员资格则取决于项目规模、内部要求、项目类型(如研发、质量、产品)需要的技术水平和客户要求等;成员规模取决于该项目的战略地位,如果该项目具有战略性质,那么项目办公室的规模会趋于扩大,尤其是项目还有后续工作的时候。

在一些大项目中,甚至在一些小项目中,如果没有长期固定的项目人员,项目也是很难成功的。以下列出了项目办公室的 4 种主要活动,它们也说明了为什么需要全职工作人员。

①整合活动。
②内部和外部的沟通。

③根据风险程度和不确定性编制进度计划。
④有效控制。

这4种活动需要训练有素的项目人员的持续监测。培训出优秀的项目办公室人员可能要花几个星期甚至数月,还可能超出项目所需时间。

许多高层管理者对项目办公室的性质和用途有误解:他们认为工作于项目办公室中的职员首要考虑的是项目的管理,而不是提高专业技术知识。但是,一个没有经过二级、三级项目和职能部门交叉培养的员工,很难完成项目各阶段的工作。例如,一名成本项目经理可能曾经是采购经理的助理。项目办公室中的轮岗培训是培养优秀项目经理的一个极好办法。

(3)职能团队。

项目团队一般由项目经理、项目办公室(其成员不一定直接向项目经理汇报)、职能组织和项目组织的界面管理成员(他们在水平和垂直两个方向汇报信息)组成。职能部门下的项目团队成员经常与项目办公室团队成员在组织图中同等列示,这样做通常是为了满足客户的要求。

管理高层经常介入职能部门团队成员和项目办公室成员的挑选过程,但除非项目经理和部门主管不能达成一致意见,否则一般高层管理者不应在其中扮演积极的角色。职能部门领导必须出席所有的人员配备会议,主要原因如下。

①职能部门员工的配备必须符合项目的要求。
②通常情况下,部门经理专业能力更强,能甄别出高风险领域。
③部门经理必须对项目的成功抱有积极的态度,而最好的办法就是在项目计划的编制阶段就邀请其参与前期活动。
④职能部门下的项目团队成员并不总是全职的,他们可以全职,也可以兼职,可以参与整个项目过程,或者只参与其中的特定阶段。
⑤职能部门项目团队成员和项目办公室成员的挑选过程必须包含对一些特定要求的评估。最常见的特定要求产生自以下几方面。

①技术说明书的变更。
②特殊的顾客要求。
③因为现有政策的调整而引起的组织重组。
④与客户项目办公室的兼容能力。

一个典型的项目办公室可能有10~30名成员,而整个项目团队则可能有超过100名成员,这很容易造成信息传播缓慢。对于大型项目而言,每个主要机构和部门能够在项目中甚至在项目办公室中,长期驻留一个专职的部门代表对项目的成功有很大的帮助。项目经理和团队成员必须充分了解每个团队成员的职责和职能,这样才能更快、更有效地实现全面整合。

当职员开始参与项目,项目经理要能发现那些"明星"职员,这些职员对项目的成功起着关键作用。通常,这样的"明星"职员出现在职能部门而不在项目办公室。

(4)项目人员配备环境。

为了全面了解人员配备期间可能发生的问题,我们必须先对项目管理的特征进行充分的研究,包括项目环境、项目管理过程和项目经理。

与项目环境有关的两个主要问题如下。

一是人员执行问题和人员政策问题。在项目环境中,由于业务流程有所改变,很多职员不能很好地完成工作。由于项目数量并不是唯一的,而且不断有新项目的出现和老项目的结束,无论职员多么精明强干,都很难适应这种不断变化的、向不同的领导进行汇报的环境。而从另一个角度看,许多员工很喜欢这种临时性任务。例如,某项目组成员把项目经理的指示当耳旁风,自行其是。此时,他根本不考虑项目的最终成败,这是因为他对此不负责任,而且他还有可能因为新奇的想法受到职能部门的褒奖。

二是存在于项目职能的交界处的问题。在频繁的人员调动中,职员突然发现他同时要向两位领导汇报,一位是部门经理,另一位是项目经理。如果部门经理与项目经理对工作下达的指示相同,那么这种管理上的交叉并不会阻碍项目的发展。一旦两位领导的指示存在冲突,员工就会左右为难。

人员问题如果解决不当,会在组织内导致混乱的局面,特别是在项目环境优于职能环境的时候。职能部门通常指定员工的等级和薪水,而项目办公室却没有那些规定,办公室人员的晋升和报酬仅取决于他的业绩。在项目办公室中会很容易地因为在工作中有出色表现而获得奖金,这就引发了矛盾,纵向结构上的部门人员就会嫉妒横向组织上的项目办公室人员。

由于项目各不相同,项目管理流程允许每个项目拥有各自不同的政策、程序、规定和标准,只要符合公司董事会的指导方针即可。每个项目都需要高级管理层确认立项,这样项目经理就获得了相应的授权来执行自己的政策、程序、规定和标准。

只有项目经理及其所带领的团队上下团结一心为项目的顺利完成而努力,项目管理才算成功。要做到这一点,要求项目团队和办公室的每个成员必须充分了解项目要求。

对人员配备影响力最大的是项目经理。他的品行和能力可能吸引那些渴望参加项目的人,也有可能导致他们远离项目。项目经理应该树立诚实正直的作风,营造相互信赖的工作氛围。项目经理不应该做出不切实际的承诺,譬如后续合同一旦签完就立即给某人晋升。在临时性的任务中,如在项目中,经理不能等着员工自己解决问题,因为他们担心无法达到项目时间、成本和绩效的要求。

项目经理应该同时具有商务管理能力和专业技术。他们必须熟悉最基本的管理学原理,特别是涉及快速建立并完善临时沟通渠道的知识。同时,项目经理也要了解某个问题在技术上有什么牵涉,这是因为项目经理最终要对所有的决策负责。然而,许多技术过硬的项目经理却遭遇了项目失败,这是因为他们过度重视项目的技术层面,而忽略了项目的管理方面。因此,项目经理不能只懂技术,还要明白管理方面的诸多知识。

每个项目的周期都不长,因此必须快速且有效地制定决策。项目经理必须时刻警惕着"危险信号",它们有可能最终引发极其严重的问题。他们必须证明自己既全能又坚忍不拔,以使下属为项目目标的实现而努力。项目经理在人员配备方面有如下目标。

①努力获得最有效的可用资源,并充分开发。

②为工作人员提供一个良好的工作环境。

③保证所有的资源都得到有效利用,如果可能的话,满足项目所有要求。

(5)项目组织图。

在项目开始阶段的第一步是为项目设计一个组织图,并确定项目与母体组织结构的关系。图 2.7 是某公司的 6 个主要项目集的缩图,我们研究的是 MIDAS 项目集。尽管它在这 6 个项目集中优先级最低,但是它在图中被置于第一层,而且非常突出,因此给人的印象就好像它是最优先的项目。这样的安排经常让当事人或者客户觉得,承包商对他们的项目非常重视。

图 2.7 中的职员可能是全职的,也可能是兼职的,这需要由项目的具体要求来确定。图中有些地方,可能一个职员有两个或两个以上的部门职位(如两个项目共用一名项目工程师),也可能一个职员有两个项目职位(如在一个小项目中,一个人既是项目经理又是项目工程师)。注意:组织图仅仅是为了方便客户,而并不代表公司里真正的"虚/实"报告关系。

图 2.7 某公司的主要项目集

第二步是列示项目集办公室的结构,如图 2.8 所示。总运作师和总工程师具有双重汇报职责,他们直接向项目经理汇报,间接向总裁汇报,出于对客户的考虑,真实的汇报结构顺序颠倒了。在总工程师下面有 3 个位置,尽管这些位置以实线相连,但它们实际上可能是虚线关系。例如 Ed White 在 MIDAS 项目集中可能是一个兼职人员,但他在图中却仍以长期项目集办公室成员来表示,而 Jean Flood 可能根据合同规定每周只在该项目中工作 10 h。

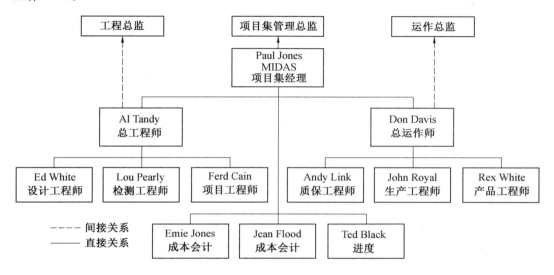

图 2.8　MIDAS 项目集办公室的结构

如果组织图中两个位置的职能发生在项目的不同时期,那么这两个职位可能显示由同一个人来担任。例如,如果工程设计和工程检测这两项活动的时间间隔很长,那么 Ed White 可能一个人执行这两项工作,而图示中也只会出现他一个人的名字。

项目办公室组织图中显示的那些人,不管是专职的还是兼职的,并不一定真正坐在项目办公室中。对于专职的和长期的职员,如一个建筑项目,他们可能确实会坐在一起。但是,对于兼职的职员,他们则可能主要是待在各自的职能小组里。

大部分客户认识到,一个高素质的项目组成员可能还会服务于其他项目甚至项目集。项目人员配备图就说明了这一点。同时,这种图还可以有意识地帮助管理者向客户表明,关键人员随时效命于他的项目。

2. 项目团队组建阶段

确定了项目组各个阶段需要的人员之后,接下来就是确定如何在合适的时间获得这些人员,这就是人员募集要做的工作。人员募集需要根据人员配备管理计划,以及组织当前的人员情况和招聘的惯例来进行。项目中有些人员是在项目计划前就明确下来的,但有些人员需要和组织进行谈判才能够获得,特别是对于一些短缺或特殊的资源,可能每个项目组都希望得到,为了使自己的项目组能够顺利得到,通常需要通过谈判来实现。谈判的对象可能包括职能经理和其他项目组的成员。另外有些人员可能组织中没有或无法提供,这种情况下就需要通过招聘来获得。这部分工作结束后,就会得到项目团队清单和项目人员分配。

(1) 项目管理实施团队的挑选。

项目管理在组织中的实施需要有高层管理者强有力的支持和一支致力于项目管理工作的实施团队。如果团队成员选择不当,不仅会影响项目实施过程,还会降低士气。某些职员可能在项目团队中扮演破坏者的角色,他们可能妨碍项目管理的实施,具体内容见表 2.3。

表 2.3 妨碍项目管理实施的角色

妨碍者角色	表现
挑衅者	对项目管理中的任何人、任何事都妄加批评
	贬低其他团队成员的地位,打击他们的自尊心
	总是一副咄咄逼人的样子
支配者	总想掌管一切
	自称对项目管理无所不知
	总想操纵别人
	挑战领导职位
吹毛求疵者	总想在项目管理的各个领域寻找错误
	在迫不得已时才会对项目管理给予支持
	表现得更像敌人,而不是拥护者
多变者	总是第一个对项目管理提出新建议或新办法
	不断地改变主意
	除自己的主张外,很难长时间地集中在某个问题上
	企图把项目管理的实施当作永远的活动项目
寻求认同者	总是主张自己的建议
	地位意识强烈
	只要条件许可,就极想成为项目经理
	喜欢自言自语
	喜欢吹牛,但很少提供有价值的信息
怕事者	害怕受到批评
	除非迫不得已,不公开露面
	隐瞒信息
	害羞
碍事者	喜欢批评
	拒绝别人的观点
	喜欢引用不相关的例子和个人经历
	有一大堆认为项目管理无效的理由

上面列出的这些类型的职员都不应该进入项目管理实施团队,而应该入选实施团队,

如表2.4所示,项目实施团队人员的角色可通过他们的话语来表现。

表2.4 入选实施团队的人员类型

人员类型	话语表现
发起者	这种方法会起作用吗
	咱们试试看
信息搜寻者	我们以前这样试过吗
	我们是否知道其他采用过这种方法的公司
	我们能得到这一信息吗
信息提供者	其他公司发现……
	文献上记载……
	测试研究表明……
鼓舞士气者	你的想法很有价值
	这个方法很可行,但我们是否可以做些小的改动
	你所说的真的对我们很有帮助
澄清者	我们所说的是不是……
	让我用自己的话来叙述一遍我从小组中听到的
	咱们来看看是否能预测一下
协调者	我们是一致的,不是吗
	我们的想法相当接近
	难道你不认为我们是在讲同一件事情吗
民意收集者	让我们看看是不是整个团队成员都同意
	让我们投票决定吧
	让我们听一下小组其他人的意见
守门员	在这个问题上谁还没有发表意见
	我们是否应该将我们的选择公开
	我们是准备做出决策还是提出建议,或者还有别的信息可供参考

(2)组织团队常犯的错误。

不管是项目经理还是团队成员都会犯错误,组织团队不可能永远都不犯错。下面列出了年轻的或缺乏经验的项目经理最常犯的20种错误,但项目成员会犯的错误远不止这20种,其中有些错误是与个人和行业相关的。列举出的这20种错误内容能帮助我们理解项目陷入困境的原因。

①认为一名有效的领导人员应该多关注细节。
②假装知道得很多,不乐意与真正的专家沟通。
③试图让人准备一份要求过高的进度计划,而部门经理又很难支持这个计划。
④过度依赖重复性的、缺乏弹性的过程。

⑤忽视问题,认为问题总会解决。
⑥不能与职能经理共享成功与失败。
⑦提供不必要的功能,给可交付成果"镀金"。
⑧不知道项目相关方和发起人想要获得什么。
⑨不能全面理解需求。
⑩拒绝寻求帮助。
⑪忽视那些需要项目经理亲自解决的问题。
⑫不相信有效的领导。
⑬试图以不能做到的承诺激励团队成员。
⑭不能理解他的项目和公司其他项目之间的相关性。
⑮拒绝向客户承认错误。
⑯耍大牌。
⑰不能理解内部政策和外部政策给项目带来的影响。
⑱不愿意说"不"。
⑲不能决定哪些障碍需要去克服。
⑳不知道何时去克服存在的障碍。

3. 项目团队建设阶段

(1)团队建设的概念。

项目团队是由项目组成员组成的、为实现项目目标而协同工作的组织。项目团队工作是否有效也是决定项目成功与否的关键因素,任何项目要获得成功就必须有一个有效的项目团队。有效的团队建设活动能够增强项目团队成员(包括项目干系人)的个人能力,使项目团队成员对项目的目标有清晰一致的理解、项目团队成员之间高度信任和通力合作,使大家做出为实现项目目标而努力的项目团队承诺,从而提高团队的能力,达到"1+1>2"的效果。

团队建设涉及很多方面的工作,如项目团队能力的建设、团队士气的激励、团队成员的奉献精神等。团队成员个人发展是项目团队建设的基础。

通常情况下,项目团队成员既对职能经理负责,又对项目经理负责,这让项目团队组建经常变得很复杂。对这种双重汇报关系的有效管理是项目成功的关键因素,也是项目经理的重要责任。

进行项目团队建设通常会采用以下几种方式。

①团队建设活动。团队建设活动是为提高团队运作水平而进行的管理和采用的专门的、重要的个别措施。例如,在计划过程中由非管理层的团队成员参加,或建立发现和处理冲突的基本准则;尽早明确项目团队的方向、目标和任务,明确每个人的职责和角色;邀请团队成员积极参与解决问题和做出决策;积极放权,使成员进行自我管理和自我激励;增加项目团队成员的非工作沟通和交流的机会,如工作之余的聚会、郊游等,促进团队成员之间的了解和交流。这些措施作为一种间接效应,可能会提高团队的运作水平。团队建设活动没有确定的形式,主要是根据实际情况进行具体的分析和组织。

②绩效考核与激励。它是人力资源管理中最常用的方法。绩效考核是通过对项目团队成员工作业绩的评价,来反映成员的实际能力及对某种工作职位的适应程度。激励则是运用有关行为科学的理论和方法,对成员的需要予以满足或限制,从而激发成员的行为动机,激励成员充分发挥自己的潜能,为实现项目目标服务。

③集中安排。集中安排是把项目团队集中在同一地点,以提高其团队运作能力。由于沟通在项目中的作用非常大,如果团队成员不在相同的地点办公,势必会影响沟通的有效进展,影响团队目标的实现。因此,集中安排被广泛用于项目管理中。例如,设立一个临时工作室,团队可以在其中集合并发布进度计划及新信息。在一些项目中,集中安排可能无法实现,这时可以采用频繁的面对面的会议形式作为替代,以鼓励成员相互之间的交流。

④培训。培训包括提高项目团队技能的所有活动。培训可以是正式的(如现场培训、利用计算机培训),也可以是非正式的(如其他团队成员的反馈)。如果项目团队缺乏必要的管理技能或技术技能,那么这些技能必须作为项目的一部分被开发,或必须采取适当的措施为项目重新分配人员。培训的直接和间接成本通常由执行组织支付。

在项目的人力资源管理中,团队建设的效果会对项目的成败起到很大的作用,特别是某些较小的项目,项目经理可能是由技术骨干转换过来的,对于团队建设和一般管理技能掌握得不是很多,经常容易造成团队成员之间的关系紧张,最终影响项目的实施。这就更加需要掌握更多的管理知识以适应项目管理的需要。

(2)团队建设的成果。

团队建设的主要成果就是使项目业绩和团队业绩得到提高,主要表现为以下几方面。

①可以更出色地完成所分派的任务。

②个人技能得到改进和提高。

③项目团队的整体协调能力提高,可以及时发现和处理冲突,使项目成员有更多的精力用于技术活动等。

④项目经理建设团队的能力得到提高。

项目经理在建设团队时应具备以下能力。

①应变能力和适应能力。

②出色的创新能力和领导才能。

③有进取心、自信、有说服力、口头表达能力强。

④有抱负、积极主动、有威信。

⑤同时作为沟通者和统筹者的影响力。

⑥广泛的兴趣爱好。

⑦沉着,具有同情心、想象力和自觉性。

⑧能够权衡时间、成本和人力因素等。

⑨高度的组织性和纪律性。

⑩通才而非专才。

⑪愿意在计划编制和控制上投入大量精力。

⑫能够及时发现问题。

⑬善于决策。

⑭能够劳逸结合,松紧有度。

优秀的项目经理愿意而且能够及时发现自己的不足并去寻求别人的帮助,不断提高自身素质和技术水平。还有一个常被忽视的最重要的特质,项目经理应该有能力了解自己和下属的优势及不足。通过以下办法,项目经理可以让其下属发挥最佳效用。

①项目经理必须知道下属应该干什么。

②项目经理必须清楚地认识到自己的权力和局限。

③项目经理必须知道下属与他人的关系。

④项目经理必须知道最后是什么促使工作圆满完成的。

⑤项目经理必须知道下属的不足在什么地方及何时会表现出来。

⑥项目经理必须明白怎样去做可以纠正不满意的地方。

⑦项目经理必须让下属感觉到领导对他们很重视。

⑧项目经理必须让下属感觉到领导对他们充分信任并且期望他们取得成功。

课后习题

1. 有人说项目经理的人员配备必须有人力资源管理和技术支持作为保障,在整个项目生命周期中,他应该有足够的权力来增加或减少其人员配备。这样的权力还应包括挑选来自各个相关职能部门的人员,为项目不同时期的人员配备提建议。你是否对这些描述表示赞同?项目或组织类型在你的答案中是否很重要?

2. 一些人认为,项目经理的职能,从某种角度来看,有点像医生。这句话是否存在一定的合理性?

3. 你是否同意:项目组织的形式有益于同事间的点对点交流和动态问题的解决?

4. 如果你是一名项目工程师,并指导一个与你前次指导的项目相似的项目集,你是否愿意仍然使用你在前一个项目中的管理或技术人员?为什么?

5. 如果委派到你所管理的项目中的职员工作令人很不满意,你应该怎么做?他属于项目办公室或者隶属职能部门,你的处理方式会有什么不同吗?

6. 如果一名项目经理具有一种奉献和力争成功的精神,还会被所有人讨厌吗?是否每个人都能被训练成为项目经理?

7. 通常项目办公室人员间接向项目经理汇报,同时固定向部门主管汇报。当这个关系反转过来,固定向项目经理汇报,间接向部门主管汇报,工作还能顺利持续下去吗?

8. 大部分组织中都有被认为对项目成功起关键作用的"明星"成员,那么项目经理怎样发现他们?他们能被安置在项目办公室中吗?他们必须是职能部门员工或是部门经理吗?

第 3 章　项目范围管理

过去项目经理最重要的职责是制订、整合项目范围。项目周期相对较短并且受到资源的限制,因此几乎所有的项目都需要正式的、详细的范围管理。每个职能单位可能只按自己的工作来进行规划,很少顾及其他职能单位,影响项目实施效率,因此范围管理的活动是必要的。

一般来讲,项目范围管理的职能可以描述为选择企业目标,制订为实现这些目标所需的方针、程序和方案。项目环境下进行的范围管理是指在已预定的行动路径中建立一个项目运行的环境。项目要求设定范围,但是如果职能经理认为范围不现实而无法达到的话,项目经理就要提出备选方案,对项目范围进行更改。在制订备选方案时,需要上层领导的参与。项目经理是项目范围管理的核心,主要在项目的概念阶段参与工作。

3.1　项目范围

3.1.1　确定项目范围的意义

在项目环境中,"范围"这一术语有两种含义。
①产品范围。某项产品、服务或成果所具有的特征和功能。
②项目范围。为交付具有规定特性与功能的产品、服务或成果而必须完成的工作。

事先确定项目范围(如定义项目工作边界、明确项目目标和主要可交付成果)对项目管理具有重要意义,具体如下。
①提高费用、时间和资源估算的准确性。项目边界定义清楚,也就意味着项目具体工作内容的明确,这为评估项目所需费用、时间和资源打下了基础。
②确定进度测量和控制的基准。项目范围是项目计划的基础,项目范围不明了,或定义过小,就会导致实际完成的项目远大于定义的范围,带来超工期、超成本的后果。
③有助于清楚地分派任务。明确定义项目范围,也就明确定义了项目具体任务,这为分派任务打下了基础。

3.1.2　项目假设

项目范围规划的首要工作是了解需求、约束条件和假设。项目范围规划是基于过去的经验推测出来的计划。如果经验欠缺,或者推测时缺乏关键信息,那么就需要进行假设。通常情况下,假设包含在由市场人员和销售人员制订的项目商业论证中,是项目选择和批准流程的一部分,需要高级管理层的批准。项目最终的成果就是基于假设制订的。

1. 假设的类型

假设的类型有很多种,最常见的两大类是明确的假设和隐含的假设、关键的假设和非关键的假设(也称为主要的假设和次要的假设)。这两大类假设之间并不冲突。

明确的假设是定量的、没有表述歧义的;隐含的假设是隐藏的、未被发现的;明确的假设经常涵盖隐含的假设。例如,有一个明确的假设是完成项目需要 5 个全职人员。如果有未被定义的假设条件没有被发现,可能会导致极其严重的后果。

关键的假设是指会对项目造成明显损害(即使很小的变更)的假设。关键的假设需要密切跟踪,而非关键的假设在变成关键的假设之前,是不需要进行跟踪和采取行动的。项目经理要制订专门的计划,用于衡量、跟踪和报告关键的假设,其中,衡量是指假设应该是定量的。虽然假设能预测未来的成果,但除非风险诱因出现,否则是不需要进行测试和衡量的。敏感性分析可用于决定是否出现风险诱因。

在敏捷固定总价合同中,项目经理要与客户一起识别假设,达成与关键的假设有关的协议,尤其是与商业价值、风险和成本有关的假设。此外,还要达成关于哪些关键假设的变化会触发范围变更的一致意见。为达成这些协议和意见,项目经理与客户在整个生命周期内要密切合作。

有的假设是项目经理从来没有见到过的,这类假设被称为战略假设。当某个项目或某个投资组合项目获批时,决策者会保留这类假设。因为这类假设可能涉及公司的保密信息,高层不希望项目团队获取。

2. 确定假设

为什么最终的项目成果往往不能满足高级管理层的期望?在项目开始时,确保高级管理层所期望的利益能在项目完工后得以实现是不可能的。虽然项目工期的长短是一个重要因素,但改变假设才是罪魁祸首。有时,我们会存在假设"盲点",未意识到有些我们常用的假设不再适用。

假设由团队及团队以外的人员执行,能影响项目的成果。项目经理通常围绕事业环境因素和组织过程资产制订假设。事业环境因素是指外部环境条件的假设对项目成功的影响,如利率、市场条件、客户需求的变化、客户的参与、技术的改变及政府政策的变化;组织过程资产是指有关公司现在或未来组织资产的一些假设也会影响项目的成功,如企业项目管理的成熟度、项目管理信息系统、表格、模板、指南、清单,以及获取和使用经验教训数据、最优方法、资源等的能力。

(1)项目假设。

为实现项目目标,项目假设应是成立的、真实的、确定的条件,若该条件不成立将会影响项目目标的实现。一般来说,项目假设的内容存在于项目外部,是项目组中不可控的因素。

(2)假设条件。

在确定项目假设时,应满足以下条件。

①假设的识别过程应反复多次进行。

②假设应被详细记录。

③假设应让所有项目干系人周知。
④假设中应说明项目潜在的风险。

(3)项目约束。

项目假设对项目的约束和限制主要体现在以下几方面。

①对项目目标起约束和限制作用。
②项目团队应在项目假设的约束下对项目目标进行计划、实施和控制。
③对项目某些子目标产生明确的影响。
④对项目实施的现实条件和环境进行约束。
⑤对项目的具体要求。

项目启动时,需要证实所有的假设。随着项目的推进,也需要随时跟踪和证实这些假设。如果假设发生变化或者不再适用,那么项目可能需要重新定位甚至取消。遗憾的是,许多项目经理不会跟踪确认假设的有效性,虽然项目在预算范围内按时且合乎质量地完成了,但是项目并没有为客户或者公司带来额外的价值。确保假设的准确程度是比较困难的,但是,如果假设被证实是错误的,就需要提前制订应急管理计划。

3. 记录假设

假设必须在项目启动时被存档记录,可以把假设记录在项目章程中。在整个项目过程中,项目经理必须重新证实和质疑假设。改变假设可能会导致项目终止或者改变项目的目标体系。

项目管理计划是在项目章程所述的假设的基础上制订的。但是,团队成员制订的额外假设也是项目管理计划的输入项。在项目选择过程和批准过程完成之后,项目经理会经常使用项目章程。因此,项目经理需了解项目假设的相关知识。

记录假设有利于跟踪变更。假设会随项目的工期而变化,尤其是在长期项目中。这些假设可能包括以下几方面内容。

①项目的贷款和融资成本是否会发生变化。
②采购成本是否增加。
③技术上的重大突破是否会如期发生。
④当需要的时候,资源和必要的技术是否都是可获得的。
⑤市场是否会接受这个产品。
⑥是否会被竞争对手超越。
⑦风险的高低以及是否可以降低或转移。
⑧项目所在地的政治环境是否会发生变化。

存在错误的假设会导致错误的结论、不好的结果及客户不满意。应对糟糕的假设的最好方法就是在项目启动时做最好的准备,包括制订风险减轻战略。一种可行的方法就是使用假设确认清单,见表3.1。

表 3.1 假设确认清单

假设确认清单	是	否
假设是不受项目团队控制的		
假设是不受相关方控制的		
假设需要证实		
假设的变化是可以控制的		
假设条件没有重大错误		
假设真实的可能性很清晰		
假设的结果会对项目造成严重威胁		
假设中不利的变化对项目可能是致命的		

3.1.3 项目范围说明书的内容

在进行项目范围确定前,一定要有项目范围说明书。项目范围说明书会详细说明为什么要进行这个项目、项目的目标和主要的可交付成果,是项目班子和任务委托者之间签订协议的基础,也是未来项目实施的基础,并且随着项目的不断实施,需要对范围说明书进行修改和细化,以反映项目本身和外部环境的变化。在实际的项目实施中,不管是对于项目还是子项目,项目管理人员都要编写其各自的项目范围说明书。

详细的项目范围说明书应包含产品的范围描述、验收标准、可交付成果、项目的主要责任、制约因素、假设条件。具体来看,项目范围说明书大体应该包括以下 3 个方面的内容。

①项目的合理性说明。即解释为什么要实施这个项目,也就是实施这个项目的目的是什么。项目的合理性说明为将来评估各种利弊关系提供了基础。

②项目目标。项目目标是项目所要创造的期望的产品或服务,确定了项目目标,也就确定了成功实现项目所必须满足的某些数量标准。项目目标至少应该包括费用、时间进度和技术性能或质量标准。当项目成功地完成时,必须向他人表明,项目事先设定的目标均已达到。值得注意的一点是,如果项目目标不能够被量化,则要承担很大的风险。

③项目可交付成果清单。列入项目可交付成果清单的事项一旦被完满实现,并交付给使用者——项目的中间用户或最终用户,就标志着项目阶段性完成或全部完成。例如,某软件开发项目的可交付成果有能运行的计算机程序、用户手册和帮助用户掌握该计算机软件的交互式教学程序。但是如何才能得到他人的承认呢?这就需要向他们表明项目事先设立的目标均已达到,至少要让他们看到原定的费用、进度和质量要求均已达到。

一般来说,项目范围说明书要由项目班子来编写,而且在编写项目范围说明书时,项目班子需要在实际工作中考虑限制或制约自己行动的各种因素。例如,准备采取的行动是否有可能违背本组织的既定方针。

在编写项目范围说明书时必须有项目的成果说明书,以作为范围规划的依据。所谓成果,是指任务的委托者在项目结束或者项目某个阶段结束时要求项目班子交出的成果。

比如，对于某软件开发项目来说，要求设计规划部门交出全部开发的可交付成果。显然，对于这些要求交付的成果都必须有明确的说明。

项目范围说明书因项目类型的不同而不同。规模大、内容复杂的项目，其范围说明书也可能会很长。政府项目通常会有一个被称作"工作说明书"（SOW）的范围说明。有的工作说明书可能长达几百页，特别是要对产品进行详细说明的时候。总之，项目范围说明书应根据实际情况做适当的调整以满足不同的、具体的项目的需要。一般情况下，项目范围说明书应具体包括以下内容。

①项目的基本情况简介。
②项目论证。
③项目产品。
④项目可交付成果。
⑤项目目标。
⑥约束条件。
⑦假设前提。
⑧对项目的资源状况（已有的资源、需采购的资源）进行描述。
⑨对项目不包括的工作等进行描述。

3.2 项目范围管理概述

3.2.1 项目范围管理的概念

项目范围管理是项目或项目集管理计划的组成部分，描述如何定义、制订、监督、控制和确认项目范围。制订范围管理计划和细化项目范围始于对下列信息的分析：项目章程中的信息、项目管理计划中已批准的子计划、组织过程资产中的历史信息和相关事业环境因素。

在项目范围管理过程中，项目经理需要收集、记录和管理相关方的需求。项目范围管理的发展趋势和新兴实践包括（但不限于）与商业分析专业人士的合作，以便获得以下成效。

①确定问题并识别商业需要。
②识别并推荐能够满足这些需要的可行解决方案。
③收集、记录并管理相关方的需求，以满足商业和项目目标。
④推动项目集或项目的产品、服务或最终成果的成功应用。

需求管理过程结束于需求关闭，即把产品、服务或成果移交给接收方，以便长期测量、监控、实现和维持效益。

应该将商业分析的角色连同职责分配给具有足够商业分析技能和专业知识的人员。如果项目已配备商业分析师，那么，与需求管理相关的活动便是该角色的职责。而项目经理则负责确保这些活动在项目管理计划内有所安排，并且在预算内按时完成，同时能够创造价值。

项目经理与商业分析师之间应该是伙伴式合作关系。如果项目经理和商业分析师能够理解彼此在促进项目目标实现过程中的角色和职责，项目成功的可能性就更大。

3.2.2 项目范围管理的方法——WBS

1. WBS 的概念

工作分解结构（work breakdown structure，WBS）主要应用于项目范围管理，是一种在项目全范围内分解和定义各层次工作包的方法，其与因数分解是一个原理，就是把一个项目，按一定的原则分解，把项目分解成任务，把任务再分解成一项项工作，再把一项项工作分配到每个人的日常活动中，直到分解不下去为止，即项目→任务→工作→日常活动。

工作分解结构以可交付成果为导向，对项目要素进行分组，它归纳和定义了项目的整个工作范围，每下降一层代表对项目工作的更详细的定义。WBS 总是处于计划过程的中心，也是制订进度计划、资源需求、成本预算、风险管理计划和采购计划等的重要基础。

WBS 是以产品为导向的，是由硬件、服务及生产最终的产品所要求的数据组成的树族。WBS 以工作进行的方式来设计，反映了项目成本和数据。WBS 的编制还要考虑其他要求因素，如进度计划、配置管理、合同资金和技术绩效参数等。WBS 是唯一重要的因素，它为项目提供了一个框架，包括以下几方面内容。

①能描述所有子分支要素的总项目（项目集）。
②能帮助进行项目规划。
③能帮助制订成本和预算计划。
④可以跟踪时间、成本和绩效状况。
⑤能用一种合理的方式将项目目标与企业资源联系起来。
⑥能帮助制订进度计划和状态报告程序。
⑦可以帮助制订网络计划和控制计划。
⑧可以帮助编制责任分配矩阵。

2. WBS 的结构

WBS 是将工作分成小要素的一个媒介物，将项目按其内在结构或独立实施过程的顺序进行逐层分解，把项目的可交付成果分解成相对独立、内容单一、便于成本核算和检查的工作单元，从而形成一个结构化的示意图。WBS 通常采用层次化的树形结构，每一层代表不同级别的项目任务或可交付成果。从宏观到微观，WBS 可以分为以下层级。

第一层：项目。第一层是 WBS 的最高层级，通常以项目名称或项目目标命名；它是项目的宏观视角，代表项目的整体目标。

第二层：项目阶段或主要可交付成果。第二层通常将项目分解为几个主要阶段（如启动、规划、执行、监控和收尾）或主要的可交付成果（如产品模块、服务组件等）。

第三层：子项目或子可交付成果。第三层进一步将第二层的阶段或可交付成果分解为更小的子项目或子可交付成果。

第四层及以下：任务和工作包。第四层及以下的层级是具体的任务和工作包（work

package)。任务是最小的工作单元,可以直接分配给团队成员并进行进度跟踪。

设计和开发 WBS 要经过仔细考虑。从图 3.1 中可以看出,工作分解结构可以为以下各项提供基础:责任分配矩阵;确认总成本;确认组织结构;风险分析;确认时间和进度;确认目标协调与控制。

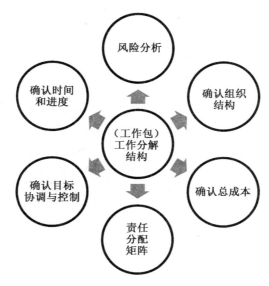

图 3.1 工作分解结构与其他工作的关系

WBS 的前 3 层一般由客户指定,作为报告目的的总结层。第四层及以下由承包商为内部控制而设计,每层都有各自目的。以下为 WBS 各层的特点。

①第一层是 WBS 的最高层级,内容通常是固定的,不会频繁变更。

②第二层中,每个阶段或可交付成果通常是独立的、可管理的单元。

③第三层每个子阶段或子可交付成果通常是具体的任务或模块,具有明确的输出。

④工作包是任务的集合,通常包含多个相关任务。

⑤一层内所有要素之和应该是下一层所有工作之和。

⑥每一项工作只能指派给一个层次,而且只能是一个层次的人员。例如,房屋地基建设应包括在一个项目(或任务)内,不能延伸至 2 个或 3 个项目上。

⑦被管理的项目层叫工作包层。实际上工作包可以存在于任何一层下的其他各层。

⑧WBS 要明确描述工作的范围,否则只有编制 WBS 的人才能全面理解要完成的工作,同时做客户工作说明也很必要。

工作包是 WBS 最关键的一层。然而,工作包的实际管理是由职能经理进行的,状态报告则是由项目经理汇报的。

工作包是成本账户的分支,是承包商在规划、控制和衡量承包商绩效时的基本因素。一个工作包是基层任务或工作的指派,应由专门的执行组织或一个成本中心小组完成,同时起到监督和报告工作进展的作用。工作包的描述必须让成本会计管理者和工作包监管人员理解并清楚区分不同工作包的工作内容。

在建立工作分解结构时,任务应该有明确的开始时间和完成时间;作为一种沟通工具,它的结果可以同预期相比较;在整个工期内进行估计,而不是任务必须何时开始或何时完成;要结构化,这样才有可能使项目办公室的控制和文档(如格式)最小化。

对于大型项目,规划是 WBS 的工作包这一层的工作。工作包有如下特征。

①代表工作执行层的工作单位。

②将分派到同一个职能组的工作包同其他工作包区分开来。

③包含明确定义的开始时间和完成时间(这一步是在进度计划完成之后进行的)。

④根据货币、工时或其他可测单位制订预算。

⑤将工作分解成一个个持续时间更短的单位。

表 3.2 表示一个简单的工作分解结构,并带有相应的编码系统。第一个数字代表项目集(这里用 01 代表),第二个数字表示项目,第三个数字表示任务。因此,01－03－00 代表项目集 01 中的项目3,而 01－03－02 代表项目3 中的任务2。这种编码系统不是唯一的。每家公司都有自己的编码系统,取决于如何控制成本。

表 3.2 新厂建设和开工的工作分解结构

名称	工作内容	编码
项目 1	分析研究	01－01－00
任务 1	市场营销/生产研究	01－01－01
任务 2	成本效益分析	01－01－02
项目 2	设计和布局	01－02－00
任务 1	生产过程框架	01－02－01
任务 2	生产过程蓝图	01－02－02
项目 3	安装	01－03－00
任务 1	装配	01－03－01
任务 2	启动	01－03－02
任务 3	检测与运行	01－03－03
项目 4	大型项目支持	01－04－00
任务 1	管理	01－04－01
任务 2	购买原材料	01－04－02

3. 创建 WBS

创建 WBS 是把项目可交付成果和项目工作分解成较小、更易于管理的组件的过程。该过程的主要作用是为所要交付的内容提供架构,它仅进行一次或仅在项目的预定点进行。

WBS 定义了项目的总范围,其代表着经批准的当前项目范围说明书中所规定的工作。小项目的 WBS 可以用树图来构建,如图 3.2 所示;也可以根据逻辑流构建。在图 3.2 中,树图可以表示公司的工作甚至组织结构(事业部、部门、组)。第二种方法是建立逻辑流,将某些要素集中起来代表任务和项目。在树图方法中,底层职能单位只可以被指派到一个工作要素中,而在逻辑流中,底层职能单位可以服务于几个 WBS 要素。逻辑流方法将工作分解成系统和子系统,这种方法适合不到两年的项目,对长期项目建议使用生命周期方法,它同逻辑流方法相似。表 3.3 为创建 WBS 的 3 种常用方法。

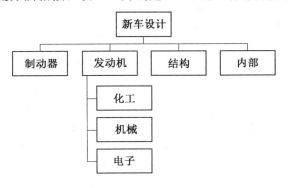

图 3.2　WBS 树图示例

表 3.3　创建 WBS 的 3 种常用方法

层	方法		
	逻辑流	生命周期	组织
项目集	项目集	项目集	项目集
项目	系统	生命周期	事业部
任务	子系统	系统	部门
子任务	人	子系统	组织
工作包	人	人	人
工作水平	人	人	人

创建工作分解结构主要包括 4 个步骤。

①识别项目的主要组成部分。首先要明确问题:要实现项目目标需要完成哪些主要工作?其次在工作分解时可以按照项目生命周期的阶段、项目的主要提交成果、产品、系统或者专业进行。最后工作衔接的结果要在 WBS 中处于第二层,并在结构图中标示出来。

②判断。在已经分解的基础上,判断能否快速方便地估算各个组成部分所需要的费用和时间,以及责任分配的可能性与合理性。如果不能,进入③;否则进入④。

③识别更小的组成部分。根据②的分解结果思考以下问题:a.要完成当前层次上各个部分的工作,需要做哪些更细的工作?b.这些工作是否可行?是否可核查?c.它们之间的先后顺序怎样?然后在 WBS 上标示出来第三、四层。最后进行判断:能否快速方便地估算该层的各个组成部分所需的费用和时间,以及责任分配的可能性与合理性。如果不行,重复③;如果可以,则进入④。

④检查工作。思考以下两个问题:如果不进行这一层的工作,上一层的各项工作能否完成?完成了该层的所有工作,上一层的工作就一定能完成吗?根据检查,对当前层的工作进行增加、删除或者修改,或者对上层工作进行适当整理。

4. WBS 的注意事项

有一个常见的误解是 WBS 分解是件容易的事。在制订 WBS 时,上 3 层或管理层经常是滚动层。一般都在这些层编制和采用模板。但在 WBS 的 4~6 层,模板就不适合了,理由如下。

①将工作分解到相当小和详细的工作包可能要求数百甚至数千个成本账户。这可能增加这些工作包的管理、控制和报告成本,有可能使成本超过收益。

②当且仅当职能经理可以确定较低层的成本时,将工作分解到小工作包可以提供正确的成本控制。但是,职能经理必须告知项目经理成本不能在所要求的详细层次上确定。

③WBS 是双代号网络图和单代号网络图等进度计划技术的工作基础。在 WBS 的较低层,活动之间的相关性如此复杂,以至于不能进行有意义的网络工作。

从成本控制的观点来看,成本分析放在第五层是有利的。但应注意每个较低层编制成本分析数据所需的成本较上一层可能呈指数增加,尤其当客户要求数据以一种公司标准运行程序中没有的特殊格式呈现时。第五层工作包只在内部控制时是正常的。有的公司还会给客户提供 3 层以下的成本报告。

一旦建立了 WBS,大型项目开始实施,增加或减少活动,或由于成本控制改变报告水平都要付出很大的代价。许多公司对正确建立 WBS 的重要性没有进行仔细的预先考虑,导致在后面的工作中承担成本控制的风险。

工作分解结构常常伴随客户的采购需求(request for proposal,RFP)。客户的 RFP 包括了比现有资金支持更大的工作范围。这是客户有目的地做的,他希望项目承担者有"买进"意愿。如果项目承担者的价格超过了客户资金限额,必须减少 WBS 中的工作来缩小工作范围。通过为行政管理和非直接活动建立独立的项目,客户可以减少或取消工作来修正其成本。

以下几项可以应用到 WBS 的编制中。

①出于请求目的建立不低于 3 层的基本 WBS(如果出于特殊原因也可以低于 3 层)。

②作为对请求的反应,确保承包商能达到基本的 WBS,将所有与其组织和管理系统相适应的承包商工作加以确定和结构化。

③协商后,合同工作分解结构 CWBS(contract work breakdown structure)不应该低于第三层。

④确保协商的 CWBS 结构同报告要求相适应。

⑤确保协商的 CWBS 同承包商的组织和管理系统一致。

⑥审核 CWBS 要素,保证同以下内容相关:规格树、合同直线条款、合同的终止条款、所要求的数据资料项、工作说明任务和配置管理要求。

⑦出于管理目的,对 CWBS 要素进行定义,这种定义是有意义的和必要的(WBS 词典)。

⑧如果需要改变标准报告要求,要明确 CWBS 的报告要求。

⑨如果适用的话,保证 CWBS 包含了所有可测度的工作、工作水平、工作比例及子合同。

⑩保证每一特定层的总成本等于下个层次构成要素的成本总和。

5. 工作分解结构词典

工作分解结构事实上是编号系统,往往需要在WBS中加入些文字以使WBS表述得更清晰。理解每个工作包的意义和内容的最好方法就是使用WBS词典。对于WBS中的每个要素,词典简要描述了每个要素、负责人或成本中心的名字。例如,责任分配矩阵、要素里程碑及最终可交付成果。WBS词典可以确认与WBS要素相关的成本、人力资源需求(包括姓名和技术等级),即将用到的账号只用一部分可以确认。账号信息通常不直接记录在WBS词典中,但可以通过关联财务系统或成本管理系统实现。WBS词典还可以提供各个要素的详细技术描述、与其他WBS要素的关系、质量需求及合同文本等。

WBS词典是针对WBS中的每个组件,详细描述可交付成果、活动和进度信息的文件。WBS词典对WBS提供支持,其中大部分信息由其他过程创建,然后在后期添加到词典中。WBS词典中的内容可能包括(但不限于)以下几点。

①账户编码标识。
②工作描述。
③假设条件和制约因素。
④负责的组织。
⑤进度里程碑。
⑥相关的进度活动。
⑦所需资源。
⑧成本估算。
⑨质量要求。
⑩验收标准。
⑪技术参考文献。
⑫协议信息。

WBS和WBS词典可以被用到范围核实过程中。诺曼(Norman)、布罗瑟顿(Brotherton)和弗里德(Fried)指出:在项目执行过程中,可交付成果的确认可以通过参照WBS和WBS词典中可交付成果的描述来完成。由于WBS和WBS词典各自描述了项目可交付成果,包括验收和完成的标准,其就变成了确认和验收已完成的可交付成果的参照点。WBS和WBS词典与已经认可的项目范围相对应,经常被用作监控和衡量"想要"和"需要"的基准,这保证了项目不会试图交付不在需求之内的成果。WBS和WBS词典有助于保证项目团队在控制范围蔓延时,不做无用之功,也不锦上添花。

WBS和WBS词典帮助支持项目经理、项目团队、发起人和相关方之间沟通项目可交付成果的内容和完成标准。如果不先建立WBS,可交付成果验收和完成的标准就不清晰,会导致对完成特定项目成果的误解和争论。

随着项目进展,WBS可以作为检查表来决定哪些可交付成果已经完成或被验收、哪些没有。通过状态报告和项目沟通计划中的其他媒介来沟通,有助于保证所有的项目相关方清晰了解项目当前的状态。

在项目结束时,范围核实确保所有可交付成果符合项目范围要求,并支持项目成果的移交和运营过渡,同时确保所有合同和分包合同的关闭。这里,WBS再一次被用作核实的基础并作为合同和项目终止的主要依据。

范围基准是经过批准的项目范围说明书、WBS和相应的WBS词典,只有通过正式的变更控制程序才能进行变更,它被用作比较的基础。范围基准是项目管理计划的组成部分,包括以下几点。

①项目范围说明书。项目范围说明书包括对项目范围、主要可交付成果、假设条件和制约因素的描述。

②WBS。WBS是对项目团队为实现项目目标、创建所需可交付成果而需要实施的全部工作范围的层级分解。工作分解结构每向下分解一层,代表对项目工作更详细的定义。

③工作包。WBS的最低层级是带有独特标识号的工作包。这些标识号为进行成本、进度和资源信息的逐层汇总提供了层级结构,其构成账户编码。每个工作包都是控制账户的一部分,而控制账户则是一个管理控制点。在该控制点上,把范围、预算和进度加以整合,并与挣值相比较,以测量绩效。控制账户拥有两个或更多个工作包,但每个工作包只与一个控制账户关联。

④规划包。一个控制账户可以包含一个或多个规划包,其是一种低于控制账户而高于工作包的工作分解结构组件,工作内容已知,但详细的进度未知。

3.2.2 范围分解的结果和表达形式

范围分解的结果形成工作分解结构图,工作分解结构确定了项目的整个范围,即WBS以外的工作不在项目范围之内。

范围分解的主要结果如下。

①项目工作分解结构图。

②WBS词典。编码、工作包描述、成本预算、时间安排、质量标准或要求、责任人或部门或外部单位(委托项目)、资源配置情况、其他属性等。

概括来说,主要包括4个方面。

①思想上的WBS——项目逐层分解和简化。

②技术上的WBS——思考如何实现这种分解和简化(原则和方法),清晰表示各项工作之间的联系。

③结果上的WBS——应用WBS得到一个项目全部工作的任务分层次有序地排列。

④得到一个4~6层的工作分解结构图。

3.3 项目范围变更管理

随着项目的进展,项目费用变化会越来越多。公司投标时经常低于它们成本的40%,期望通过项目变更得到补偿。高层管理人员也常常会指导项目经理去寻找有利润的项目变更。范围变更管理是一个控制技术,通过有序的过程,对项目范围变更做正式的评审和认可。范围变更管理可以由合适的管理层审核和批准变更,聚焦于寻找做出改变的地方;也可以争取客户和承包商办公室代表对变更的支持。

范围变更委员会至少应包括来自客户、承包商和提出变更请求的职能部门的代表,其讨论并回答如下问题。

①变更的成本是多少?
②变更能提高质量吗?
③这次质量调整会增加额外的成本吗?
④变更有必要吗?
⑤对交付期有影响吗?

实施变更需要资金,因此,必须正确实施范围管理。下面的步骤可以提高范围变更的实施效率。

①定义范围的起始点或"基准线"。
②定义变更的"级别"。
③定义对客户和承包商的必要控制或限制。
④确定如下内容,例如董事长、选举人或候选人、会议时间、会议议程、批准讨论会、按部就班的过程,以及紧急情况下的快速反应过程。

有效的范围控制能提高用户和项目承担者的满意度。总的好处包括:成员间更好地沟通、同客户更好地沟通、获得更优秀的技术人才、减少变更的迷惑、审查琐碎的变更及提供一份书面记录。

范围控制不是设计评审会或客户见面会的替代品,这些会议仍然是项目整体的一部分。

3.3.1　项目范围变更的原因

由于各种各样的原因,项目利益相关者会在项目实施过程中加入很多计划外的工作,因此项目范围会发生变化。项目管理者起初并不一定意识到范围的变化,直到有一天这些变化由量变引起质变,甚至彻底摧毁项目。

项目范围的变更,一是来自客户需求的变化,二是来自项目本身。

客户在项目实施过程中,一般会提出一些小的、略增加一些工作量就能实现的工作。这些工作可能与项目交付物无太大关系,但会使客户更满意。然而,这些小的要求累加起来就可能影响项目周期、增加成本,最终使客户不满意。还有可能因为对项目变更没有记录和确认,最终造成法律纠纷。

项目处在一个不断发展变化的环境之中,因此项目本身也难免发生各种各样的变化,于是项目团队需要对项目进行修改,这些变化和修改就是变更。变更发生在项目的范围、进度、质量、费用、风险、人力资源、沟通及合同等各个方面,并会对其他方面产生一定影响。其中范围变更的请求可以有不同的来源,以不同的形式出现:口头的或书面的,直接的或间接的,外部提出的或内部提出的,法律强制性的或可选择的等。变更的要求可能是扩展项目范围,也可能是缩小项目范围。一般来看,造成范围变更的原因主要有以下 5 个方面。

①外部事件,如政府颁布新法令、通货膨胀等。

②发现新的生产技术、手段、方案等,如果采用,会对项目产生较大影响。例如,在项目开始后发现可以大幅降低费用的新技术。

③项目团队本身发生变化,如人事变动、组织结构调整等。

④最初制订范围计划时存在失误或遗漏。例如,在进行小区建设时,没有铺设宽带,造成与环境变化脱节。

⑤主要投资者对项目提出新要求。

范围变更可能导致成本、时间、质量或其他项目目标变更。当出现范围变更请求时,项目团队应核查该项目的所有领域以确定变更的影响,并对可能造成的影响进行估算,估算实施该变更将耗费多长时间。估算会分散项目团队成员的精力,进而影响项目的正常进度,因此并不是所有的变更申请都一定要实施。一旦有人提出变更申请,项目经理应做出正确决策,必要时可征求范围变更委员会的意见。

3.3.2 项目范围变更控制

1. 范围变更控制设计的内容

①对造成范围变更的因素施加影响,以确保这些变更朝着有益于项目的方向发展,并使得这些变更得到项目干系人的一致认可。

②确定范围变更对项目造成的影响。

③在发生范围变更时,对实际的变更进行管理,包括采取有效的纠偏措施。

2. 如何做出合理的项目变更

分析项目绩效后,可能会根据范围基准和进度基准,或项目管理计划的其他组成部分提出变更请求。变更请求需要实施整体变更控制过程的审查和处理。

项目管理计划的任何变更都以变更请求的形式提出,且通过组织的变更控制过程进行处理。需要变更请求的项目管理计划,其组成包括(但不限于)以下几点。

①范围管理计划。可以更新范围管理计划,以反映范围管理方式的变更。

②范围基准。在针对范围、项目范围说明书、WBS 或 WBS 词典的变更获得批准后,需要对范围基准做出相应的变更。有时范围偏差太过严重,以至于需要修订范围基准,以便为绩效测量提供现实可行的依据。

③进度基准。在针对范围、资源或进度估算的变更获得批准后,需要对进度基准做出相应的变更。有时进度偏差太过严重,以至于需要修订进度基准,以便为绩效测量提供现实可行的依据。

④成本基准。在针对范围、资源或成本估算的变更获得批准后,需要对成本基准做出相应的变更。有时成本偏差太过严重,以至于需要修订成本基准,以便为绩效测量提供现实可行的依据。

⑤绩效测量基准。在针对范围、进度绩效或成本估算的变更获得批准后,需要对绩效测量基准做出相应的变更。有时绩效偏差太过严重,需要提出变更请求来修订绩效测量

基准,以便为绩效测量提供现实可行的依据。

⑥如果项目的目标、范围等发生变化,就需要做出合理的项目变更。为使项目变更能达到预期效果,应广泛征询项目团队成员的意见,集体协商,避免变更的盲目性。

为确保项目变更效果应注意做好如下工作。

①明确界定项目的变更目标。

②把项目变更融入项目计划中。

③选择冲击量小的变更方案。

④做好详尽的项目变更记录。

⑤及时发布变更信息。

3. 项目文件更新

可在该过程更新的项目文件包括(但不限于)以下几种。

①经验教训登记册。更新经验教训登记册,以记录控制范围的有效技术,以及造成偏差的原因和选择的纠正措施。

②需求文件。可以通过增加或修改需求而更新需求文件。

③需求跟踪矩阵。应该随同需求文件的更新而更新需求跟踪矩阵。

4. 建立项目变更控制程序

项目变更几乎是不可避免的,为避免因变更而产生混乱,必须建立一套有效的变更控制程序。通常可以按下述程序对变更加以控制。

①建立描述性文件(在项目所有合同、协议中都应有关于项目变化的描述)。

②变更以变化指令的形式下达并保存。

③变更必须获得书面批准(范围变更必须经项目组和客户双方共同确认后方可执行,即便是项目组提出的变更对客户有利也必须征得客户方的同意)。

④变更决策者应接受项目经理对预期变化的咨询。

⑤项目经理应根据变化指令修改主体计划。

3.3.3 项目范围蔓延

项目超出计划的目标,通常被称为范围蔓延。很多项目经理都能够意识到大的范围变化,但是可能会忽略小的范围变化,导致没有经过太多的思考就把新的工作增加到了项目当中,本来想更好更出色地完成项目,但不断增加新的想法,可能会失去宏观上对项目的把握,反而可能导致失败。当这些小的变化都聚合到一起的时候,项目小组才意识到承担了太多的超额任务,已经无法按照原有的时间和预算框架来完成项目了。

防止范围蔓延的方式如下。

①范围要符合实际。不要使项目大到不能完成,可将项目分解为一系列小的项目。

②使用户参与项目范围管理。将关键用户安排到项目团队中并给予他们定义需求和核实范围的权利。

③如果可能,使用现有的硬件和软件,许多互联网技术(IT)人员喜欢使用最新及功能最强大的技术,但是应该优先考虑的是业务需要而非技术趋势。

④实施良好的项目管理过程,如本章及其他章节所述,管理项目范围及项目的其他方面都需要有很好的定义的过程。

3.4 范围核实

范围核实是项目范围管理的重要组成部分,是项目干系人(发起人、客户和顾客等)正式接受项目的过程。需要审查可交付成果和工作结果,以确保它们都已正确圆满地完成。确认核实是正式验收已完成的项目可交付成果的过程。该过程的主要作用是使验收过程具有客观性,同时通过确认每个可交付成果,来提高最终产品、服务或成果获得验收的可能性。该过程应根据需要在整个项目期间定期开展。表 3.4 是该过程的输入、工具与技术和输出过程。

表 3.4 范围核实过程

一层	二层	三层
输入	1.项目管理计划	1.1 范围管理计划
		1.2 需求管理计划
		1.3 范围基准
	2.项目文件	2.1 经验教训登记册
		2.2 质量报告
		2.3 需求文件
		2.4 需求跟踪矩阵
	3.核实的可交付成果	—
	4.工作绩效数据	—
工具与技术	1.检查	—
	2.决策	2.1 投票
输出	1.验收的可交付成果	—
	2.工作绩效信息	—
	3.变更请求	—
	4.项目文件更新	4.1 经验教训登记册
		4.2 需求文件
		4.3 需求跟踪文件

3.4.1 范围核实的对象及其依据

在范围核实中需要确认可交付成果和工作结果(如工作产品、文档等),可以依据项目范围说明书、项目计划和 WBS。

1. 范围核实的对象

项目范围管理核实的对象包括(但不限于)以下几点。

①范围管理计划。范围管理计划定义了如何正式验收已经完成的可交付成果。

②需求管理计划。需求管理计划描述了如何确认项目需求。

③范围基准。用范围基准与实际结果比较,以决定是否有必要进行范围变更。

2. 范围核实的依据

范围核实的依据是项目文件、核实的可交付成果和工作绩效数据。其中,可作为该过程输入的项目文件包括(但不限于)以下几种。

①经验教训登记册。在项目早期获得的经验教训可以运用到后期阶段,以提高验收可交付成果的效率与效果。

②质量报告。质量报告的内容可包括由团队管理或需上报的全部质量保证事项、改进建议,以及在控制质量过程中发现的情况的概述。在验收产品之前,需要查看所有这些内容。

③需求文件。将需求与实际结果比较,以决定是否有必要进行变更、采取纠正措施或预防措施。

④需求跟踪矩阵。需求跟踪矩阵含有与需求相关的信息,包括如何确认需求。

核实的可交付成果是指已经完成并被控制质量过程检查为正确的可交付成果。工作绩效数据指包括符合需求的程度、不一致的数量、不一致的严重性或在某时间段内确认的次数。

3.4.2 范围核实的工具与技术

范围核实主要包括通过测量、检查与测试等手段判断结果是否符合要求的活动,其主要通过检查和决策的方法审查核实项目情况。

检查是指开展测量、审查与确认等活动,来判断工作和可交付成果是否符合需求和产品验收标准。检查有时也被称为审查、产品审查和巡检等。决策在范围核实过程中可用的技术包括(但不限于)投票。当由项目团队和其他相关方进行验收时,使用投票来形成结论。

确认范围是指验收可交付成果。符合验收标准的可交付成果应该由客户或发起人正式签字批准。应该从客户或发起人那里获得正式文件,证明相关方对项目可交付成果的正式验收。在项目结束或阶段过程结束时需要提交确认范围文件。

工作绩效信息包括项目进展信息,例如,哪些可交付成果已经被验收,哪些未通过验收及其原因。这些信息应该被记录下来并传递给相关方。

对已经完成但未通过正式验收的可交付成果及其未通过验收的原因,应该记录在案。可能需要针对这些可交付成果提出变更请求,开展缺陷补救。变更请求应该由实施整体变更控制过程进行审查与处理。

可在该过程更新的项目文件包括(但不限于)以下几种。

①经验教训登记册。更新经验教训登记册,以记录所遇到的挑战、如何避免该挑战,

以及良好的可交付成果验收方法。

②需求文件。记录实际的验收结果,更新需求文件。需要特别注意实际结果比原定需求更好的情况,或者原定需求已经被放弃的情况。

③需求跟踪矩阵。根据验收结果更新需求跟踪矩阵,包括所采用的验收方法及其使用结果。

项目核实检查技术有评审(reviews)、产品评审(product reviews)、项目审计(project audits)等各种不同技术。

1. 评审

评审是为确定主题事项达到规定目标的适宜性、充分性和有效性所进行的活动,顾名思义就是关于审查和批准项目计划,以及项目变更和工作进展评价的一个步骤。

项目评审的输入、步骤及它的输出结果取决于不同的评分类型。不同的评分类型,它的输入、输出、过程、步骤都是不同的。在整个项目管理生命周期里,通常需要有多个项目评审。

评审的作用:项目评审工作就是对项目计划执行情况及未来计划的新情况进行评审,同时对项目的财务状况及其他情况加以总结;另外,它可以为项目团队在处理项目风险时提供机会,以获得管理层的支持,同时也为项目团队继续开展项目工作提供高层管理方面的认可。

2. 产品评审

(1)产品评审的流程。

①产品登记。收到报送的评审产品资料后,由评审中心资料员按产品性质进行分类登记,对产品资料进行初审。

②安排产品评审。根据产品具体情况,由投资评审中心主任安排人员进行评审或委托中介机构进行审核,审核的结论由投资评审中心进行复审,然后出具审核结论报告书。

③进行审核。投资评审人员要认真仔细地阅读资料,在充分熟悉的基础上,对资料中表达不清楚的地方进行实地勘察,要重点审核相关变更及签证、取费标准是否真实、合理、准确,主要材料价格应询价取得,出具审核结论前要取证甲乙双方的意见,再出具审核结论。

④审核预(结)算的签发。根据投资评审人员出具的审核结论,经评审中心专业审核人员互相审核后,由中心主任认真把关复核,确认无误后签字,并报局领导签发,最后由评审中心盖章。此结论作为相关科室拨付资金的依据。

⑤存档。加强各类资料的归集存档、保管和保密工作。

(2)产品评审的建议和方法。

①分层次评审。用户的需求是可以分层次的,一般而言可以分成如下层次。

a. 目标性需求。定义了整个产品需要达到的目标。

b. 功能性需求。定义了整个产品必须完成的任务。

c. 操作性需求。定义了完成每个任务的具体的人机交互。

目标性需求是企业的高层管理人员所关注的,功能性需求是企业的中层管理人员所关注的，操作性需求是企业的具体操作人员所关注的。对于不同层次的需求，其描述形式是有区别的，参与评审的人员也是不同的。如果让具体的操作人员去评审目标性需求，可能会导致"捡了芝麻，丢了西瓜"的现象，如果让高层的管理人员也去评审那些操作性需求，则无疑是一种资源浪费。

②正式评审与非正式评审结合。正式评审是指通过开评审会的形式，组织多名专家（可以是多名不同类型的产品经理，也可以是产品相关部门的负责人），将产品涉及的人员集合在一起，并定义好参与评审人员的角色和职责，对产品进行正规的会议评审。而非正式评审并没有这种严格的组织形式，也就是所谓的头脑风暴法，一般也不需要将人员集合在一起评审，而是通过电子邮件甚至是网络聊天等多种形式对需求进行评审。两种形式各有利弊，但往往非正式评审比正式评审效率更高，更容易发现问题。因此在评审时，应该更灵活地利用这两种方式。

③分阶段评审。在产品形成的过程中进行分阶段评审，可以将原本需要进行的大规模评审拆分成多个小规模的评审，降低产品返工的风险，提高评审的质量。比如可以在形成目标性产品需求后进行一次评审，在形成系统的初次概要产品后进行一次评审，将概要产品细分成几个部分，对每个部分分别进行评审，最终再对整体的需求进行评审。这种做法对于评审人员的理解能力及产品经理组织评审的连贯性要求较高。

④精心挑选评审人员。产品评审可能涉及的人员包括高层管理人员、中层管理人员、潜在用户、开发人员、测试人员、交互、UI视觉等。这些人员所处的立场不同，因此对同一个问题的看法是不相同的，有些观点是和产品的目标有关系的，有些是关系不大的，不同的观点可能形成互补的关系。为了保证产品评审的质量和效率，需要精心挑选评审员。首先要保证使不同类型的人员都要参与进来，否则很可能会漏掉很重要的需求。其次在不同类型的人员中要选择那些真正和系统相关的、对系统有足够了解的人员参与进来，否则很可能使评审的效率降低或者最终不切实际地修改了系统的范围。

⑤充分利用需求矩阵表。需求矩阵表是很好的评审工具，产品经理将需求列出，然后对功能需求、所涉及的人员、实现阶段、重要性等进行划分，让更多的人员了解产品需求是什么，以及涉及的人员，了解各个需求对产品的影响及其是否有独立性、产品需求之间的产品功能迭代，列出详细的产品需求，直观地表达给审评人员。

⑥建立标准的评审流程。正规的产品评审需要建立正规的产品评审流程，按照流程中定义的活动进行规范的评审过程。比如在评审流程定义中可能规定评审的进入条件、评审需要提交的资料、每次评审会议的人员职责分配、评审的具体步骤、评审通过的条件等。按照评审流程执行可能会避免一些人员对产品问题争吵的场面出现，让所有的人员定位好自己的产品评审领域，发挥人员的专业性。

⑦做好评审后的跟踪工作。在评审后，需要根据评审人员提出的问题进行评价，以确定哪些问题是必须纠正的，哪些可以不纠正，并给出充分的客观的理由与证据。当确定需要纠正的问题后，要形成书面的需求变更的申请，进入需求变更的管理流程，并确保变更的执行，在变更完成后要进行复审。切忌评审完毕后，没有对问题进行跟踪，而无法保证评审结果的落实，使前期的评审努力付之东流。

⑧充分准备评审。评审质量很大程度上取决于评审会议前的准备活动。常出现的问

题是,需求文档在评审会议前并没有提前下发给参与评审会议的人员,没有留出更充足的时间让参与评审的人员阅读需求文档。更有甚者,没有执行需求评审的进入条件,在评审文档中存在大量的低级错误或者没有在评审前进行沟通,文档中存在方向性的错误,从而导致评审的效率很低,质量很差。对评审的准备工作,应当订立一个检查单,在评审之前对照检查单落实每项准备工作。产品评审需要面对的问题还很多,做好评审前的准备工作会使产品评审过程事半功倍。

3. 项目审计

项目审计是指审计机构依据国家的法令和财务制度、企业的经营方针、管理标准和规章制度,对项目的活动用科学的方法和程序进行审核检查,判断其是否合法、合理和有效的一种活动。项目审计是对项目管理工作的全面检查,包括项目的文件记录、管理的方法和程序、财产情况、预算和费用支出情况以及项目工作的完成情况。项目审计既可以对拟建、在建或竣工的项目进行审计,也可以对项目整体进行审计,还可以对部分项目进行审计。

(1)项目审计的职能。

①经济监督。经济监督是指对项目的全部或部分建设活动进行监察和督促。具体地说,就是把项目的实施情况与其目标、计划和规章制度、各种标准以及法律法令等进行对比,把那些不合法规的经济活动找出来。

②经济评价。经济评价是指通过审计和检查,评定项目的重大决策是否正确,项目计划是否科学、完备和可行,实施状况是否满足项目进度、时限和质量目标的要求,资源利用是否优化,以及控制系统是否健全、有效,机构运行是否合理等。

③经济鉴定。经济鉴定是指通过审查项目实施和管理的实际情况,确定相关资料是否符合实际,并在认真鉴定的基础上做出书面的证明。

④支持。支持是指通过实施审计,提出改进项目组织、提高工作效率、改善管理方法的途径,帮助项目组织者在合乎法规的前提下更合理地利用现有资源,顺利实现建设项目的目标。

(2)项目审计的特性。

①独立性。项目审计独立于项目组织之外,其工作不受项目管理人员的制约,审计人员与项目无任何直接的行政或经济关系。

②权威性。项目审计具有高度的权威性,其依据是法规和标准。因而项目审计不是体现决策者的权力和意志,而是以原则和权威为根据的。

③科学性。项目审计是一项科学性的工作,它不仅在审计实施过程中具有科学的程序,而且可以运用各种科学的方法。

(3)项目审计的程序。

项目审计工作一般按以下程序进行。

①审计启动工作。明确审计目的,确定审计范围;建立审计小组;了解项目概况,熟悉项目有关资料;制订项目的审计计划。

②建立项目审计基准。

③实施项目审计。针对确定的审计范围实施审查,从中发现常规性的错误和弊端;协同项目管理人员纠正错误和弊端。

④报告审计结果并对项目各方面提出改进建议。

⑤项目审计终结。

(4)项目审计的主要作用。

①通过审计,可以提高项目效益。项目效益分为两部分,一是项目建成以后的效益,二是项目建设期间的效益。前者的物质表现是多产出,后者的物质表现是少投入。

②通过审计,可以及时发现不合理的经济活动,并提出相应的改正建议,促使项目管理人员最大限度地实现对人、财、物使用的综合优化,从而尽可能降低项目造价,提高项目收益。

③通过审计,保证投资决策和项目建设期间的重大决策的正确、可行。项目审计可以对项目决策是否遵循了科学的程序、决策依据是否充分、方案是否经过了优选等做出正确评价,从而避免或终止错误的决策。这一点对于防止盲目投资和建设决策中的重大失误非常重要。

④通过审计,可以揭露错误和舞弊,制止违法违纪行为,维护投资者的权益。

⑤通过审计,可以交流经验,吸取教训,提高项目管理水平。任何时期的项目审计都会积累经验和暴露问题,这些经验和问题会帮助项目经理及企业高层改善管理状况,避免或减少再次出现类似的错误。如此良性循环会大大提高企业的项目管理水平。

⑥通过审计,可以激发项目管理人员的积极性和创造性。在审计过程中,通过对管理和建设现状的评价与签证,使渎职舞弊的人员受到处理或批评,使表现优异的部门和管理人员得到承认和获得荣誉,从而激励项目管理人员恪尽职守,努力工作。

⑦项目审计是高层管理人员调控项目的重要手段。但需要说明的是,在IT治理的框架下,企业的运作实际上都交付给项目管理中心监控,项目审计的大部分实际工作由项目管理中心来操作,而不是单纯依靠审计中心,审计中心是最后的报告者,而项目管理中心是资料的提供者或者是执行者。

(5)合理利用外资进行项目审计。

利用外资进行项目审计是指审计机关依法对各级政府部门、国有企事业单位、国有金融机构等组织,利用外资建设项目的财政、财务收支及有关经济活动的真实、合法和效益进行的监督活动。它是在中国宪法规定建立审计监督制度的基础上,适应改革开放和利用外资的客观需要,以1984年5月审计署成立外资运用审计司为标志形成和发展起来的。《中华人民共和国审计法》第二十五条规定:"审计机关对国际组织和外国政府援助、贷款项目的财务收支,进行审计监督。"明确规定了审计机关开展利用外资项目审计的职责和法律地位。

各级审计机关从审计公证联合国、世界银行等国际组织援贷款项目的年度财务报告起步,逐渐扩展到审计外国政府贷款项目和国外商业贷款项目,成为国家外资管理体系的重要组成部分,有力地推动了各级政府及其主管部门和项目执行单位贯彻落实改革开放的基本国策,积极、合理、有效地利用外资。利用外资项目审计的作用可归纳为以下4个方面。

①提高项目财务会计信息资料的真实性和可靠性。利用外资项目年度财务报告和有关会计资料,综合记录和反映项目财务收支活动、项目建设成本和经济效益,是项目管理机构、政府主管部门、国内外投资者监督项目执行和做出管理与投资决策的重要依据,其真实性和可靠性是各有关方面关注的焦点。因此,中国政府主管部门为利用外资项目制定了一系列财会和外汇管理的法规、制度;世界银行和亚洲开发银行等国际投资者在融资谈判阶段坚持要求,受资方必须承诺在项目建设期按时提供经由审计师公证的年度财务报告,否则不予贷款;项目开工后如不能收到合格的审计公证报告,就停止支付各项贷款。中国审计机关开展利用外资项目审计以来,每年对所有在建的国际组织贷款和援助项目的年度财务报告进行审计公证,及时建议项目执行单位调整或纠正审计发现的问题,避免了重大财务信息的漏报或误报,有效地提高了这些财务报告和有关会计记录的真实性和可靠性,既为项目管理部门机构、各级政府主管部门和国内外投资者提供了可靠、有用的财务信息和决策依据,也有效地维护了中国利用外资的国际信誉,为各类项目执行单位顺利地向国际组织和其他国外贷款组织提取所借贷款提供了保障。

②依法查处违法违纪行为和事项,维护国家外资管理法规的严肃性,维护中外投资者的合法权益,各级审计机关严格按照国家财经法规、外资管理法规制度及以中国政府名义同国外贷款机构签订的贷款协议进行审计。对审计中发现的弄虚作假、挤占挪用项目资金、私自买卖外汇等违法违规行为,以及国外贷款机构违反贷款协议的过分要求,及时予以制止;坚持不纠正的,依法予以揭露和处理,从而保障了国家法规制度和利用外资项目协议、合同的贯彻落实,维护了国家在利用外资领域的经济秩序。同时,促进了中国政府在利用外资方面实行的平等互利和效益原则的落实,保护了中外投资者的合法权益,改善了中国利用外资的环境,增强了国外投资者对华投资的信心。

③评审利用外资项目内部管理和内部控制制度的健全性和有效性,是利用外资项目审计的一项重要内容。通过审查评价,发现和揭示项目执行单位在财务管理、采购管理、物资管理、质量管理和成本控制等方面存在的薄弱环节,分析原因,提出改进建议,促使项目执行单位健全内部控制制度,加强项目管理,严格控制项目执行的进度、成本和质量,提高项目建设的效率。对于法规制度不适用或不完善所造成的管理问题,以及影响宏观管理效率的倾向性问题,审计机关通过审计意见书或专项审计报告,向项目执行单位的行业主管部门、各级人民政府等,提出改进宏观管理的建议,促使中国利用外资管理体制不断完善。

④促进提高利用外资项目经济效益,实现利用外资项目的经济效益和整体效益,推动中国经济结构的优化和经济增长方式的转变,促使国民经济持续稳定健康发展,是中国利用外资的目的所在,也是防范金融风险、维护国家经济安全的根本途径。无论是审计利用外资项目财务收支的真实性或合法性,还是评审项目管理的效率,各级审计机关都以促进提高利用外资项目经济效益为着眼点。通过审计,发现影响实现项目经济效益的障碍,分析评价排除障碍的途径,向政府主管部门及时反映项目资本金不到位、配套资金不足、基础设施不配套等阻碍项目建设和运营的外部条件问题,提出减少损失浪费、挖掘提高经济效益内在潜力和增强外债偿还能力的审计建议。审计机关还通过综合分析和揭示外资运用领域具有普遍性和倾向性的问题,向各级政府、主管部门提出提高外资利用效率等方面

的建议,为各级政府积极、合理、有效地利用外资,促进实现利用外资项目的整体经济效益,加强对外资运用的宏观调控,发挥了积极作用。

(6)国外贷款项目审计。

国外贷款项目是指使用国际组织、国际金融机构、外国政府及其机构(以下简称"国外贷款机构"),向中国政府及其部门提供的专项贷款所建设的项目,或向中国金融机构和企业事业单位提供的、由中国政府及其部门担保的专项贷款所建设的项目。

国外贷款项目审计指审计机关依法对国外贷援款项目和项目执行单位财务收支的真实、合法和效益进行的审计监督活动。这项工作已成为各级审计机关开展利用外资项目审计的一项基本任务。审计机关将国外贷款项目建设期审计作为年度必审项目予以安排,因为大多数项目贷款协议规定,接受国外贷款的中方机构必须在项目建设期的每个财务年度结束后的规定期限内,向国外贷款机构提供经过审计的年度财务报告。审计署根据国外贷款项目的债权债务关系和项目受益者的财政财务隶属关系,按照审计署制定的《审计机关关于审计管辖范围划分的暂行规定》,确定审计分工,办理审计授权。中央财政或国务院各部门及其直属企业事业组织直接受益、承担债务或者提供债务担保的项目,由审计署外资运用审计司直接审计,或者授权有关审计署派驻地方特派办和派出部门审计局审计。地方财政或地方政府及其各部门和所属企业事业组织,接受财政部、中国人民银行及其他中央主管部门转贷或转拨外资的国外贷援款项目,一般由审计署授权有关地方审计机关进行审计监督。

(7)项目审计方法。

项目审计方法根据具体情况选择确定,其基本程序是在审评项目内部控制系统的基础上,从审查项目财务报告编制方式开始,逐项审查财务报告反映的项目资金来源和资金运用,审查项目周转金账户,审评项目管理及资金使用效益。对负有直接偿还外债责任的项目单位,还要审查其年度财务报告。

(8)评审项目内部控制系统。

评审项目内部控制系统旨在通过检查核对部分经济业务和会计事项与内部控制制度的符合程度,验证和评价内部控制系统的健全性和有效性,发现其缺陷和不足,据以估计审计风险,明确审计重点和审计方法,调整或修改审计方案,向项目单位提出改进和完善内部控制的建议。

内部控制系统评审要点在于审查、评价项目及其执行机构是否具备健全有效的授权控制、职责分离控制、岗位责任制度、资产保护控制、内部审计和稽核制度、账务处理和财务报告编制的及时、完整、准确性控制及会计档案保管控制等机制,来保障经济业务处理真实、合法和有效。

(9)审查项目财务报告编制形式。

国外贷款项目财务报告单独反映项目自开工以来当年和累计的财务收支、项目建设进度以及资金运用成果,是项目管理部门、政府主管部门及国外贷援款机构监控项目建设成本、进度、质量及效益的重要对象,一般由项目资金平衡表或项目资金来源与运用表、项目进度表、项目贷款提取情况表等组成。使用国际金融组织贷款项目专用账户的项目单位,要编制反映专用账户收、支、存情况的专用账户报表。使用费用支出表提取国外贷款的项目单位,还应编制费用支出汇总表。国外贷援款项目财务报告的编制方式,直接影响财务报告的公允性、可比性和有用性。审查项目财务报告编制方式,可以发现和防止技术性差错,从而保证项目财务报告公允、可比、有用。审查内容主要包括以下3个方面。

①项目财务报告或项目汇总财务报告编制的依据、格式、内容、程序、时间等与有关会计制度、项目协定和国际会计准则的符合程度,以及前后一致性,有无缺表、缺页、缺项、缺说明、错格、错行或漏填的情况。如发现有重大遗漏或重大差异的,应查明原因,并要求项目执行单位按照国际会计准则的要求进行纠正,不能纠正的要在财务报表说明中做适当注解。

②项目财务报告中各类合计数计算的正确性,各种相关数据和相关会计报表之间衔接勾稽关系的符合程度,以及本期报告与上期报告的勾稽关系。对项目汇总财务报告,要重点检查数据来源是否经过审计,上下级之间的往来数据处理是否正确。

③会计报表和报表说明与有关会计总分类账和明细账、会计凭证及其他有关证明文件、实物资产记录的一致性。

(10) 审查项目资金来源。

国外贷款项目资金是项目建设不可缺少的资源,总体上分为两类,即外资和国内配套资金。按资金性质及来源细分,外资可分为国际组织、国际金融机构和外国政府项目投资贷款及联合融资;国内配套资金可分为项目财政预算拨款、国内银行贷款、企业债券、其他自筹款和其他收入等。审查国外贷援款项目资金来源是否真实、合法,是国外贷援款项目审计的重要内容,具体包括以下3个方面。

①提取外资的进度、类别和比例遵守项目协定的情况,提款证明文件的完整性和真实性,审批手续的完备性,会计处理的及时性和准确性,已提取外资金额同国外贷援款机构对账单的一致性,以及按照项目协定或外资转贷协定及时、足额向下级项目单位拨付已提取外资的情况。对援助实物,要着重检查实物验收手续完备性,以及库存实物与会计账、表、证的一致性。重点查处挤占、挪用、转移、贪污外资等违规、违纪行为。

②对项目单位先垫付项目实施费用,然后用费用支出表或追溯报账方式,或者在外资账户关闭以后以偿付方式提取的外资,其垫付开支的范围、用途、限额、程序、支付日期、审批程序和会计处理遵守项目协定的情况。尤其要逐项检查费用支出表所列各项支出是否专用于项目实施,是否有合格的报账证明文件。对自营项目支出,要审查有无合格的监理师对项目进度和质量的验收证明;对出包项目支出,要检查是否具备合格的承发包合同、承包商提款申请和项目价款结算单等;对设备物资采购支出,要检查有无合格的采购合同、供货商发票、运货单据等。要重点查处涂改、伪造提款证明文件等弄虚作假行为。

③按照项目协定,及时、足额筹集、拨付、核算和管理国内配套资金的情况。重点检查各项配套资金是否及时、足额到位;自筹资金来源是否合法,有无违法集资、摊派,有无将国外贷援款兑换为人民币充作自筹资金的情况;其他项目收入,如单项项目试运行收益和外汇账户存款利息收入等,是否按规定及时完整入账,有无隐瞒收入或形成账外资金的问题。

(11) 审查项目资金运用。

国外贷款项目资金主要用于项目实施、设备和物资采购、人员培训费和专家服务费等。其中,外资主要用于固定资产投资、引进设备和物资采购、外国专家聘用、出国人员培训等必须以外汇支付的开支;国内配套资金主要用于引进设备配套的项目设施、项目区移民、项目管理、预付项目款等不需使用外汇支付的境内开支。它们是项目财务管理和会计核算的主要内容。审查项目资金运用的真实、合法和效益,是国外贷援款项目审计的核心任务。审查内容主要包括以下几方面。

①项目支出。国外贷款项目支出分类比较特殊,通常分为两类,一类按国内基本建设支出项目分类,包括在建项目、其他支出和交付使用资产。其中,在建项目反映项目投资支出、设备投资支出、待摊投资支出和其他投资支出;其他支出指除基本项目以外的各项支出;交付使用资产反映会计期末已完成购置过程,并经验收合格交付或结转使用单位的各项资产的实际成本总额。项目财务报告中的项目进度表就是按这种分类综合反映项目贷援款和国内配套资金使用情况的。另一类按国外贷款项目协定确定的项目贷款"核定分配金额"项目分类,包括设备采购、货物采购、培训考察、咨询服务等。项目财务报告中的项目贷款提取情况表就是按这种分类反映项目贷款资金使用情况的。两种分类都记录和反映项目支出,有内在联系,也有核算范围不同造成的差异。审计时,要检查各项支出是否用于项目协定规定的目的和范围,证明文件是否合规、齐全,会计处理是否符合有关会计制度,同时注意核实两种分类造成的支出项目之间衔接勾稽关系。重点检查承发包合同和结算程序的合规性和真实性;项目劳务支出、材料费、间接费用和待摊投资的真实性和合规性,有无扩大支出范围、提高开支标准、虚报支出及计算错误;已完成项目交付使用程序的合规性,以及设备物资招标、采购、验收、会计处理的合规性、正确性。对擅自改变外资用途、在招标采购中行贿受贿和弄虚作假等违规、违纪行为要依法惩处。

②实物资产。国外贷款项目资金有相当部分占用在实物资产上,具体包括:国外援助物资,竣工验收合格交付生产单位使用的各项固定资产,购置的设备、物资、器材,以及为调度资金而购买的有价证券等。审计时,要检查其支出是否真实,计价是否正确,会计处理是否合规,账实是否一致,对领用、调拨、盘点亏损处理的管理是否完备。对擅自转让、串换和变卖进口设备物资、利用有价证券搞非法交易等违规、违纪行为要重点依法查处。

③预付、应收(应付)款。这类资金收支主要反映在项目实施过程中发生的预付备料款、项目款和大型设备款,应收(应付)国内外贷款利息、承诺费、资金占用费,以及其他应收(应付)款项。对于这类资金,首先要检查是否真实,支出证明文件是否合规、齐全。要检查应计国外贷款利息和承诺费的计算是否正确,还本付息是否及时。对有拖欠还本付息款的单位,要查明原因,促进偿还。要重点查处利用这类往来账户转移、挪用项目资金或调节项目建设成本的违规、违纪行为。

(12)审查项目银行账户。

项目银行账户是存放、支付项目资金及办理结算的主要工具,按币种可分为人民币账户和外币账户两类,两类账户可再细分为一般账户和专用账户。对项目银行账户实施审计监督,是国外贷款项目审计的一项重要内容。尤其对国际金融组织贷款项目外币专用账户,每年必审,审计意见要在审计报告中专项表述。

项目银行账户的审计方法和审计内容与一般银行账户审计基本相同。国际金融组织贷款项目外币专用账户审计有一些特殊要求,主要包括以下几方面。

①评审专用账户内部控制系统的健全性和有效性。

②验证国际金融组织拨付的开户资金、回补资金、利息收入,以及其他收入入账的及时性和准确性。

③审查各项支出的合规性,要逐笔检查各项支出是否用于项目协定规定的用途,审批手续和支出证明文件是否合规、齐全,应向下级项目单位拨付的报账资金是否及时、足额下拨。

④验证年末结存和在途资金是否真实,与项目财务报告中的银行存款余额的勾稽关系是否衔接。

(13)审查项目外币业务。

外币收支在国外贷款项目财务收支中占有相当大比例。审查项目外币收支的真实性和合法性是国外贷款项目审计不可缺少的内容。重点检查发生外汇业务时或年末是否按国家规定的汇率折合人民币记账;外汇兑换和汇兑损益的会计处理是否符合规定;有无擅自经营外汇业务、有无将项目外汇资金转移到境外开户存放的情况。对挪用、转移、套汇、逃汇和私自买卖外汇的违规、违纪行为要依法查处。

(14)审查项目管理和资金使用效益。

高效的项目管理是实现和提高项目资金使用效益的可靠保证,实现项目资金使用效益才能达到利用国外贷款的根本目标。评审项目管理和资金使用效益是国外贷援款项目审计的一项重要目标。评审内容主要包括:项目管理系统,特别是内部控制系统、外债债务管理系统及防范外汇风险机制的健全性和有效性;在建项目建设目标或计划执行目标、指标的实现程度;项目概(预)算确定的成本指标、定额的执行情况;项目交付后使用或运营的经济效益、社会效益、环境效益和外债偿还能力,以及对优化经济结构、完善经济增长方式、促进地区经济平衡和国民经济快速持续健康发展的影响等。

(15)审查项目执行单位财务报告。

对直接承担国外贷款项目外债偿还责任的项目单位,审计机关还要审查其单位财务报告。因为这类单位的财务状况和经营成果直接影响项目效益和偿债能力。审计内容根据项目单位所属行业财务收支审计要求确定。例如,对工商企业类项目执行单位,按工商企业审计规范进行;对金融企业类项目执行单位,按金融企业审计规范进行。重点审查与国外贷援款项目配套资金收支以及项目经济效益和偿债能力有关的资金运用、资产、负债和损益,分析评价财务状况和偿债能力指标。

课后习题

1. 选择下列项目中的一个进行准备:
   A. 建筑项目
   B. 软件开发项目
   C. 事件管理项目(如颁奖典礼)
   D. 新产品开发项目

然后按照下列格式:"背景、任务、目标、方法、投入资源"编制项目工作说明书并制订工作分解结构(至少要包括 6 个假定的项目团队成员)。

2.有人让你为项目制订一个工作分解结构,你该如何进行？WBS 应该按时间分解、部门分解、小组分解还是按其他方式？

3.你刚刚被要求制订一个新产品进度计划,下面列出的是进度计划中必须包括的项目,你需要将这些要素安排到工作分解结构中(一直到 3 层),然后画出箭线图,必要时你可以自己增加一些要素。

(1)生产设计。

(2)选择销售人员。

(3)市场测试。

(4)培训销售人员。

(5)分析销售成本。

(6)培训分销商。

(7)分析客户反应。

(8)分发给销售人员宣传单。

(9)存货和运输成本。

(10)分发给分销商宣传单。

(11)印制宣传单。

(12)分配销售人员。

第 4 章　项目论证

20世纪30年代,美国颁布了《全国洪水控制法》,该法正式规定运用成本效益分析方法评价洪水控制和水域资源开发项目,对项目论证的原则和程序做出了最初的规定,自此项目论证的方法在许多国家得到了应用和发展。在随后的几十年中,西方发展经济学家致力于发展中国家投资项目评估理论方法的研究,《发展中国家工业项目分析手册》《项目经济分析》等著作的出版标志着项目论证的方法与原理不断成熟,对指导项目的实施具有重要价值。进入20世纪80年代,项目论证的工作受到各国政府和企业的广泛关注,成为各类项目实施中必不可少的环节。我国对于项目论证方法与原理的探索从20世纪50年代末开始,经过不断改进与提高,如今项目论证在我国已经得到了广泛的应用。

4.1　项目论证概述

项目论证是指对拟实施项目的技术可行性、经济合理性、建设必要性等因素所进行的综合分析和全面科学论证的技术经济研究活动。其目的是避免项目论证的失误,提高投资的效益和综合效果。

项目论证的对象一般包括工程项目、技术改造与设备更新项目、产品开发项目及技术发展项目等,项目论证是各类项目实施前的首要环节。一般情况下,任何项目都要通过项目论证,项目论证所形成的项目论证报告是筹措项目资金、银行贷款、项目设计、签订合同、项目准备的重要依据,只有经过项目论证的检验,项目才可以进行设计、实施和运行等工作。

一般来说,项目论证应该回答以下几个方面的问题。

①技术上是否可行?
②经济上是否有生命力?
③财务上是否有利可图?
④需要多少资金?
⑤能否筹集到全部资金?
⑥需要多少物力、人力资源?
⑦需要多长时间能建立起来?

上述问题可以概括成3个方面:一是工艺技术,二是市场需求,三是财务经济。在整个项目中,市场是前提,技术是手段,核心问题是财务经济。其他一切问题,包括复杂的技术工作、市场预测等都是围绕这个核心,并为此提供各种方案。

4.1.1　项目论证的原则

项目论证是在项目全生命周期对费用影响最大的阶段,项目论证对于整个项目的策划、实施、管理等工作起着决定性作用。在进行项目论证的过程中应遵循以下原则。

(1)站在咨询的立场上。

从咨询的中立立场上评价项目。一个项目往往涉及多方的利害关系,比如出资者、政府机关、金融机构、咨询机构、实施单位及受益者等方面,在项目论证时应以不同利益相关者的视角评价项目。咨询者在这个环节中应保持客观中立的立场,不能以自己的价值观来影响项目的论证。

(2)应提出多种替代方案。

论证的正确性只有通过对比才能做出判断,这是因为好与坏、优与劣都是相互比较而言的。如果没有多种可供实施的方案,也就不存在优化选择的必要,多种替代方案是我们进行评价选优的前提。

(3)对各种方案的经济分析。

每种方案产生的结果不同,项目论证的目的之一就是分析各种方案在不同情况下所产生的结果。通过对不同方案的投入、经营费用及收益等经济指标的综合分析与评价,可以对方案进行优劣排序。

(4)决定最佳投资时期和投资规模。

项目论证应从实际出发,比较多种方案,了解各种方案的特点,判断各种方案能否满足投资者的预期。借助各项经济指标预测分析,找出最优的投资时期和投资规模。

(5)提出可能实施的具体措施。

前期的项目论证阶段是对项目成本费用影响最大的阶段,在这个阶段中所提出的方案越具体,对项目的成本控制越准确、合理,所以应该尽力使项目可能实施的方案具体化。如果对于论证的项目没有提出具体的实施方案,那么对该项目的论证就没有任何价值。

(6)把资源的有效利用放在中心位置。

不同的资源有着不同的作用,同一资源在不同的情况下有不同的作用,所产生的效益也有所不同。在进行项目论证时应从全局的立场出发,运用线性规划等科学的方法对资源进行最优配置。

4.1.2 论证的阶段划分

(1)项目机会研究。

项目机会研究作为项目论证的第一个阶段,是对投资机会进行鉴定,根据项目所处的具体情况进行分析和研究,选择最有利的方案。项目机会研究是项目论证的首个阶段,因此其研究较为粗略,研究深度较浅。

机会研究可分为一般机会研究和特定项目机会研究。

一般机会研究是通过国家机关或公共机构进行的,目的是通过研究指明具体的投资建议,可以分为3种类型:地区研究、部门研究、资源研究。

特定项目机会研究是指对一般投资机会做出最初鉴别之后的进一步研究,并向潜在的投资者散发投资简介,实际上做这项工作的往往是未来的投资者或企业集团。其主要内容可分为市场研究、项目意向的外部环境分析、项目承办者优劣势分析。

(2) 初步项目论证。

初步项目论证必须在研究报告中详细阐述项目设想，它是介于项目机会研究和详细项目论证之间的一个阶段。详细项目论证是一项花费大量时间、金钱的工作，因此初步项目论证可以对项目设想进行初步估计。这一研究的主要目的是确定：①投资机会是否有前途，值不值得做进一步的详细项目论证；②项目概念的确定是否正确，有无必要通过项目论证进一步分析；③项目中有哪些关键性问题，是否需要通过市场调查、试验等方法做深入研究；④是否有充分的资料证明该项目设想可行，对投资者具有足够的吸引力。

初步项目论证的结构与详细项目论证基本相同，要包含以下内容：市场和工厂生产能力、原材料投入、工艺技术和设备选择、企业管理费、项目实施及经济评价等。

如果对投资可行性进行了项目机会研究或者对部门和资源的机会研究的项目数据足够多，那么项目的初步论证往往可以省去。但是如果项目的经济效果尚不明确，没有足够的数据进行参考，就要进行初步项目论证来确定项目是否可行。在初步项目论证中，除了依靠实际的报价单和以往的项目数据作为参考，也可以通过估计项目的主要投资支出和生产成本进行辅助论证。

(3) 详细项目论证。

详细项目论证是在项目决策前对项目有关的工程、技术、经济等各方面条件和情况进行系统全面的研究分析，对各种可能的建设方案和技术方案进行详细的比较论证，并对建成后的项目进行预测和评价的一种科学分析方法，是项目进行评估和决策的依据。它包含的主要内容有项目建设规模与产品方案、组织结构和人力资源配置、项目不确定性分析、风险分析、经济效益评价、国民经济评价、社会效益评价等，它是对项目进行的深入技术经济论证，可以为投资者提供最可靠的数据。在编制详细项目论证报告时应该从以下几个方面进行：①产品的生产与销售情况预测，包括产品名称、规格与性能、市场需求情况，生产规模的方案论证，产品销售方式、价格，内外销售比例等；②主要技术与设备的选择及其来源，包括所采用技术、工艺、设备的比较选择，技术、设备来源及其条件与责任；③选址方案，包括定点所具备条件（地理位置、气象、地质等自然条件，资源、能源、交通等现有条件及其具备的发展条件等）、所定厂址的优缺点及最后的选定结论；④企业组织的设置与人员培训计划，包括组织机构与定员、人员投入计划与来源、培训计划及要求；⑤环境保护内容，包括环境现状、预测项目建设对环境的影响、环保与三废治理方案；⑥资金概算及其来源，包括各方的投资比例、资本构成及资金投入计划；⑦项目实施的综合计划，包括项目实施进程及项目组织规划等；⑧经济指标的计算分析，包括静态的财务指标分析、敏感性分析和外汇平衡分析等；⑨国民经济评价，运用影子价格、影子汇率、影子工资和社会折现率等参数，计算项目对国民经济的净贡献；⑩社会效益评价，包括净资产收益率、销售净利率、成本费用利润率等给社会发展带来的影响和效果的指标。

4.1.3 论证阶段的比较

项目论证的目的是通过对技术先进程度、经济合理性和条件可能性的分析论证，选择人力、物力、财力消耗最少，技术、经济、社会效益最好的实用方案。在项目投资前进行的项目机会研究、初步项目论证、详细项目论证这 3 个阶段，是帮助项目投资决策者决定是否应该投资和如何投资的主要依据,对项目建设、运营阶段有预测和评价的作用。但这3个阶段在研究重点、结构内容和层次深度的要求上存在一些差异,具体见表4.1。

表4.1 项目论证阶段比较

论证阶段	项目机会研究	初步项目论证	详细项目论证
所处阶段	项目设想	项目初选	项目拟定
主要内容	寻求有价值的投资机会,对项目进行粗略估计	对项目方案进行进一步技术经济论证,对项目是否可行做初步判断	对项目方案进行详尽全面的技术经济论证,是投资者做出决策的最终依据
必要性	必要	非必要	必要
估算精度	±30%	±20%	±10%
所需时间	1~3个月	4~6个月	1~2年
所占投资费用百分比	0.2%~1.0%	0.25%~1.5%	0.2%~1.0%

4.1.4 项目论证的基本程序

项目论证的目的是为投资论证提供技术、经济和财务依据,因而要分析各有关方面的因素,选择最佳方案并论证其可行性。项目论证一般有以下7个阶段,在各阶段中咨询单位和投资方应紧密合作。

(1)准备阶段。

准备阶段的主要任务是要明确所要解决的问题,包括确定论证研究的范围及雇主的目标,通过准备阶段为之后的项目论证做铺垫。

(2)资料收集与分析。

资料收集与分析包括实地调查、技术经济研究和市场机会研究。实地调查要对地质条件、交通状况、气候条件等情况进行调查;产品的需求量和价格、工业结构和竞争将决定市场机会;原材料、能源、工艺要求、运输、人力等因素影响工艺技术的选择。

(3)提出各种可行的技术方案。

项目论证的核心任务是从多种可实施的方案中选优,因此拟定多种合理的方案是项目论证的关键工作。在筛选方案时要仔细甄别,确保不漏掉任何一个可能的方案。总而言之,在建立各种可行的技术方案时,应当根据调查研究的结果和掌握的资料进行全面细致的考虑。

(4)方案分析阶段。

方案分析阶段是指分析可行方案在技术经济上的优缺点。在这个阶段,首先要对投资费用、经营费用、收益、投资回收期、投资收益率等技术经济指标进行计算,然后利用敏感性分析等方法对方案进行综合评价,最后根据评价结果选择最优方案。

(5)方案编制阶段。

在选择最优方案之后,要对方案的不足之处进行完善。完善的内容包括进一步的市场分析、方案实施的工艺流程、项目地址的选择及服务设施、劳动力培训、组织与经营管理、现金流量及经济财务分析、额外的效果等。

(6)编制项目论证报告。

项目论证报告的结构和内容通常有特定的要求,一般包括以下内容:项目基本情况,项目可行性论证(市场可行性、技术可行性、经济可行性)、项目实施计划(项目组织结构、项目实施步骤、项目进度计划)、项目风险评估与应对措施(风险识别、风险评估、风险应对)、项目效益分析(经济效益、社会效益)、结论。

(7)编制资金筹措计划。

项目的资金筹措计划是在项目论证报告中分年投资计划的基础上编制的,是对资金来源、资金筹措方式、融资结构和数量等情况做出的具体安排。项目的资金筹措计划主要由两部分构成:项目资金来源计划表以及总投资使用与资金筹措计划表,在编制资金筹措计划时应该满足项目投资资金的使用需求。

以上7个阶段是项目论证的一般程序。在实际工作中,可根据所研究问题的性质、条件、方法的不同,灵活地增减相应的阶段。

4.1.5 项目论证的作用

(1)验证项目的可行性。

项目论证能够对项目的可行性进行全面、客观的评价,包括市场需求、技术可行性、经济效益等方面。这有助于项目决策者判断项目是否具备足够的条件和潜力来实施,并避免盲目决策导致资源浪费。

(2)提供决策参考。

项目论证提供了数据和信息支持,为项目决策者提供了科学、合理的决策依据。通过对项目方案的分析和对比,可以帮助决策者从多个选项中选择最佳的方案,确保项目的成功实施。

(3)风险预警和优化。

项目论证不仅关注项目的潜在机会,还对项目可能面临的风险和挑战进行评估。通过认真分析和评估潜在风险,可以制订相应的风险应对措施,降低项目失败的风险。同时,项目论证还能帮助寻找并弥补项目执行过程中的不足之处,提出改进建议,提高项目成功的概率。

(4)提高决策透明度。

项目论证具有客观性和科学性的特点,其结果可以提高项目决策过程的透明度,使利益相关方了解项目的判断依据。这有助于增强决策的可信度和公正性,减少可能发生的纠纷,并提升项目实施的合法性。

4.2 项目论证的内容

项目论证包含项目财务评价、项目国民经济评价、项目环境影响评价、项目融资、项目方案遴选、可行性研究报告编制、项目评估等内容。

4.2.1 项目财务评价

项目财务评价是项目评价的重要组成部分,它是从企业的角度出发,依据国家现行财务制度、市场价格和有关法规,研究和预测投资项目在建成投产后所能给企业带来的经济效益,考察项目的盈利能力、偿债能力及外汇平衡等财务状况,并根据经济效益大小,判断项目的财务可行性。财务评价是投资项目财务分析的核心。

项目财务评价是企业进行投资决策、金融机构贷款和有关部门审批建设项目的重要依据,同时也为国民经济评价提供了基础。

4.2.2 项目国民经济评价

国民经济评价是指按照资源合理配置的原则,从国民经济的角度出发,利用货物影子价格、影子工资、影子汇率和社会折现率等参数,计算分析项目对国民经济的净贡献,以评价项目经济合理性的经济评价方法。国民经济评价是项目评估的重要组成部分,是投资决策的重要依据,国民经济评价的基本流程如图 4.1 所示。

图 4.1 国民经济评价的基本流程

1. 项目国民经济评价的原则

(1)政策导向与市场导向相结合原则。

投资者必须确保其投资与产业政策保持一致,符合国家产业政策。发展国民经济的战略是确定项目决策目标的依据,项目论证者必须认真领会相关政策和发展战略,这是保障项目论证乃至项目决策科学、正确的前提。此外,只有满足市场需求的投资项目,才能得到用户、市场和社会承认,并最终实现投资者的投资目的。可以说,市场是项目是否具有生命力的决定性因素,进行投资项目决策时不仅要考虑当前的市场需求,更要预测未来的市场需求。

(2)技术、经济、环保相结合原则。

评价方案的技术经济效益,要全面分析项目在技术上的先进性、经济上的合理性和环境保护上的可接受性。项目建设不仅要考虑经济效益,还要考虑社会和公众的需要,如保持生态平衡、改善社会环境方面的需要。有些项目即使经济效益欠佳,但若具有良好的社会效益,也应继续进行,当然在实施过程中要着力提高经济效益,力求经济效益和社会效益的统一。

(3)近期效益与远期效益相结合、微观效益与宏观效益相结合原则。

近期效益与远期效益相结合,实际上就是要正确处理当前利益和长期利益的关系。只有坚持科学发展观,将近期效益与远期效益相结合,才能保证国民经济持续、稳定、健康地发展。进行项目论证时,还必须坚持微观效益与宏观效益相结合原则。在对项目进行财务评价与国民经济效益评价时,投资者往往偏重于项目自身效益的大小,未考虑项目的社会效益。但项目论证应该站在客观立场,不仅要看项目本身获利多少、有无财务生存能力,还要考虑对国民经济的贡献。财务评价不可行而国民经济评价可行的项目,一般应采取经济优惠措施;财务评价可行而国民经济评价不可行的项目,应该否定或重新考虑方案。

2. 国民经济评价的作用

国民经济评价满足了宏观上合理配置国家有限资源和真实反映项目对国民经济净贡献的需要。同时,国民经济评价是各种建设项目经济评价的需要,可以帮助投资决策者引导投资方向、控制投资规模、提高投资质量等。

4.2.3 项目环境影响评价

环境影响评价是指对拟建项目可能造成的环境影响进行全面科学的评估。其目的是通过评估预测、识别和定量化分析项目可能对环境产生的直接及间接影响,以期在项目决策之前提供全面的环境信息和可行性分析,减少项目对环境的不利影响,并提出相应的环境保护措施和管理措施。其主要内容包括环境条件调查、环境影响因素分析、环境影响评价指标和环境保护措施。

环境条件调查主要包括:自然环境调查(调查项目所在地大气、水体、地貌、土壤等自然环境状况)、生态环境调查(调查项目所在地森林、草地、湿地、动物栖息、水土保持等生态环境状况)、社会环境调查(调查项目所在地居民生活、文化教育、卫生、风俗习惯等社会环境状况)和特殊环境调查(调查项目周围地区名胜古迹、风景区、自然保护区等环境状况)。

环境影响因素分析主要分析项目建设过程中破坏环境、生产运营过程中污染环境,导致环境质量恶化的主要因素。

环境影响评价指标是指在环境影响评价定量分析中,设置环境质量指数指标分析项目对各项污染物治理达到国家和地方规定标准的程度,从而全面反映项目对环境治理的效果。环境质量指数采用各项环境污染物治理指数的算术平均值。如果该项目对环境影响很大,则可以根据各项污染物对环境影响的程度不同给予不同的权重,然后再求平均值。

环境保护措施是在分析环境影响因素及其影响程度的基础上,根据国家环境保护法律法规提出的治理方案。

4.2.4 项目融资

项目融资是指贷款人向特定的项目提供贷款协议融资,对于该项目所产生的现金流量享有偿债请求权,并以该项目资产作为附属担保的融资类型。它是一种以项目的未来收益和资产作为偿还贷款的融资方式。常见的融资方式包括商业性银行贷款、政策性贷款、债券、股票、产权嫁接融资、外商直接投资、项目融资、境外投资基金融资和租赁融资等。

由于租赁融资在项目中应用较为广泛,本书主要介绍该融资方式。租赁融资按照租赁资产所有权有关风险和报酬的归属可分为经营租赁和资本租赁。它们的定义如下。

(1)经营租赁。

经营租赁是指出租人将自己拥有的资产、设备或财产权益,出租给承租人使用并收取相应的租金的经济活动。在租赁过程中出租人保留财产权,而承租人只享有使用权。

(2)资本租赁。

资本租赁是指租赁方为了让承租人能够获取特定资产并进行经营活动,将这些资产以租赁方式提供给承租人使用,并按照合同规定期限和金额收取租金的行为。在资本租赁中,承租人可以通过租赁来使用资产,而且在合同期满时,通常还可以选择购买租赁物。

这两种租赁方式的区别如下。

(1)承租人角色不同。

在经营租赁中,承租人通常为了满足自身业务需求租赁资产,其主要目的是使用租赁物并获得相关经济利益;而在资本租赁中,承租人除了使用租赁物,通常还有选择在合同期满时是否购买租赁物的权利。

(2)租赁期限不同。

经营租赁具有较短的租赁期限,通常在几个月到几年之间;相比之下,资本租赁往往具有更长的租赁期限,可以延续数年甚至更久。

(3)资产所有权不同。

在经营租赁中,租赁方持有租赁物的所有权,承租人只有使用权;而在资本租赁中,承租人在合同期满时通常有权购买租赁物。

(4)会计处理方式不同。

经营租赁一般作为租赁费用纳入承租人的利润表中;而资本租赁则需要将租赁物计入固定资产,并进行折旧或摊销。

4.2.5 方案遴选

在完成项目机会研究后,已经选定了多个可行的方案。此时的方案遴选需要通过绝对经济效果和相对经济效果共同检验前期确定的多个方案,并从中选取最优方案。

1. 方案遴选原则

在进行方案遴选时应遵循系统分析原理、机会比较原理、差异比较原理、可比性原理。

(1)系统分析原理。

系统分析通常用于解决复杂问题,通过识别系统中各个组成部分之间的相互作用和关系,并从整体上来理解和改进系统的运作方式。在进行方案比选时,可以运用线性规划、动态规划等方法进行各方案经济技术的比选,选取最优方案。

(2)机会比较原理。

通过对可行方案进行机会成本的计算,发掘各个方案的潜在效益,帮助决策者进行合理的资源配置,达到经济效益最大化的目标。

(3)差异比较原理。

对各个可行方案进行差异考虑,剔除经济效益等同的部分,只比较不同的因素。这样可以加快比选速度,提高方案遴选效率。

(4)可比性原理。

对于选定的可行性方案要满足时间上可比、收益与费用性质上可比、满足需要的程度可比等。

2. 方案遴选类型

项目方案遴选可分为独立型方案遴选、互斥型方案遴选、相关型方案遴选和混合型方案遴选。

(1)独立型方案遴选。

各个可行性方案之间相互独立,不具有相关性,任何一个方案的采用都不影响其他方案的经济效益。

(2)互斥型方案遴选。

方案之间存在着互不相容、互相排斥的关系,在进行比选时,在各个备选方案中只能选择一个,其余的必须放弃,即不能同时存在的方案。

(3)相关型方案遴选。

相关型方案指的是在进行方案选择时,如果接受(或拒绝)某个方案,会对其他方案的接受(或拒绝)、现金流量造成影响的方案。

(4)混合型方案遴选。

混合型方案指的是在可供选择的可行性方案之中,既有独立型方案,又有互斥型方案,则这些方案统一称为混合型方案。

3. 方案遴选方法

(1)寿命期相同的方案遴选。

寿命期相同的方案遴选可通过分析项目的整个寿命期进行比较,这样在寿命期相同的情况下利用资金等值原理进行经济效果评价才具有可比性。在进行方案的比选时,可以运用相对经济指标和绝对经济指标来进行经济效果的评价。这些方法通常包括净现值法、净现值率法、差额净现值和增量分析法等。

①净现值法。

净现值法是一种用于评估投资项目可行性的财务分析方法。它将项目的未来现金流折算成现值,来进行方案的比选。其计算公式为

$$\mathrm{NPV} = \sum_{t=0}^{n} (\mathrm{CI} - \mathrm{CO})_t \frac{1}{(1+i_c)^t} \tag{4.1}$$

式中　$(\mathrm{CI} - \mathrm{CO})_t$——第 t 年的净现金流量;

　　　n——投资方案的寿命期;

　　　i_c——基准收益率。

若 NPV < 0,则方案不能被采用;若 NPV > 0,要进行方案净现值的比较,选择净现值大的方案作为相对最优方案。

【例 4.1】　假设有 4 种投资方案可供选择,寿命期均为 10 年,每种方案的初始成本、预期转售价值和年净收益见表 4.2。假设不考虑所得税,不考虑通货膨胀,每种投资方案的收益率至少达到 15%。

表 4.2 投资方案　　　　　　　　　　　　　单位:万元

方案	A	B	C	D
初始成本	140	163	190	220
预计转售价值	125	138	155	175
年净收益	24	28	31	38

请分析:应该选择哪个方案?

解　$NPV_A = -140 + 24(P/A,15\%,10) + 125(P/F,15\%,10) = 11.4(万元)$
　　　$NPV_B = -163 + 28(P/A,15\%,10) + 138(P/F,15\%,10) = 11.7(万元)$
　　　$NPV_C = -190 + 31(P/A,15\%,10) + 155(P/F,15\%,10) = 4(万元)$
　　　$NPV_D = -220 + 38(P/A,15\%,10) + 175(P/F,15\%,10) = 14(万元)$

结论是选择 D 方案。对于方案的比选,要根据投资者不同的需求进行选择。如果投资者想要使该项目利润最大化,则可使用净现值、净年值进行比较;如果投资者要追求利润率最大化,则可使用内部收益率进行比较。上述例子最终选择了 D 方案,但是在实际情况中,由于比较的侧重点不同,得到的最优方案也有可能不同。

② 净现值率法。

净现值率法是项目净现值与项目全部投资现值之比,其经济含义是单位投资现值所能带来的净现值,是一个考察项目单位投资盈利能力的指标。

净现值不能直接考察(反映)项目投资额的大小,为了考察投资的利用效率,常用净现值率作为净现值的辅助评价指标。其公式为

$$NPVR = \frac{NPV}{KP} \qquad (4.2)$$

式中　KP——项目总投资的现值。

判断准则:NPVR ≥ 0 时,项目或方案可行;NPVR < 0 时,项目或方案不可行。

【**例 4.2**】　某项目建设期 3 年,第 1 年初投资 500 万元,第 2 年投资 300 万元,第 3 年投资 200 万元。建成当年投产并获得收益,每年的净收益为 400 万元,寿命期为 8 年。如年折现率为 5%,请用净现值指数判断方案的可行性。

解　该项目的净现值为

$NPV = 400(P/A,5\%,6)(P/F,5\%,2) - 200(P/F,5\%,2) - 300(P/F,5\%,1) - 500$
　　　$= 400 \times 5.075\ 7 \times 0.907 - 200 \times 0.907 - 300 \times 0.952 - 500$
　　　$= 1\ 841.46 - 181.4 - 285.6 - 500$
　　　$= 874.4(万元)$

$$NPVR = \frac{874.4}{200(1+5\%)^{-2} + 300(1+5\%)^{-1} + 500} = 0.904\ 1$$

该项目的 NPVR > 0,所以项目可行。

③ 差额净现值。

差额净现值是把不同时间点上两个方案的净收益之差用一个给定的折现率,统一折算成期初的现值之和。

若两个比较的方案为 A、B,则差额净现值的表达式为

$$\Delta \mathrm{NPV} = \sum_{t=0}^{N}(\mathrm{NB_A} - \mathrm{NB_B})(1+i_0)^{-t} \tag{4.3}$$

式中　　$\mathrm{NB_A}$、$\mathrm{NB_B}$——方案 A、B 的净收益,$\mathrm{NB_A} = \mathrm{CI_A} - \mathrm{CO_A}$,$\mathrm{NB_B} = \mathrm{CI_B} - \mathrm{CO_B}$;

　　　　N——两个比较方案的寿命周期;

　　　　i_0——基准折现率。

一般用 A 代表投资额大的方案,用 B 代表投资额小的方案,即用投资额大的方案减投资额小的方案。

判断准则是:$\Delta \mathrm{NPV} \geqslant 0$ 时,投资额大的方案优于投资额小的方案;

　　　　　　$\Delta \mathrm{NPV} < 0$ 时,投资额小的方案优于投资额大的方案。

实际上,上式可以变换为:$\Delta \mathrm{NPV} = \mathrm{NPV_A} - \mathrm{NPV_B}$。

【例 4.3】 某项目有 A_1、A_2 和 A_3 3 个投资方案,A_1 期初的投资额为 5 000 万元,每年的净收益为 1 400 万元;A_2 期初的投资额为 10 000 万元,每年的净收益为 2 500 万元;A_3 期初的投资额为 8 000 万元,每年的净收益为 1 900 万元;若年折现率为 15%,试比较方案的优劣。(寿命期都为 10 年)

解　先计算 A_1、A_2 的差额净现值

$\Delta \mathrm{NPV}_{A_2-A_1} = (2\ 500 - 1\ 400)(P/A, 15\%, 10) - (10\ 000 - 5\ 000) = 520.68(万元)$

投资额大的方案 A_2 优。

A_2、A_3 的差额净现值为

$\Delta \mathrm{NPV}_{A_2-A_3} = (2\ 500 - 1\ 900)(P/A, 15\%, 10) - (10\ 000 - 8\ 000) = 1\ 011.28(万元)$

投资额大的方案 A_2 优。

A_1、A_3 的差额净现值为

$\Delta \mathrm{NPV}_{A_3-A_1} = (1900 - 1400)(P/A, 15\%, 10) - (8\ 000 - 5\ 000) = -490.60(万元)$

投资额小的方案 A_1 优。

由此可见,3 个方案的优劣降序为:$A_2 > A_1 > A_3$,应首先选择 A_2 方案。

④ 增量分析法。

增量分析法是指在互相竞争的方案中,通过比较一个方案相对于另一个方案的差额成本与获得的差额收益,进行投资决策。

a. 差额投资回收期。其计算公式为

$$P_A = \frac{I_1 - I_2}{C_1 - C_2} = \frac{\Delta I}{\Delta C} \tag{4.4}$$

式中　　P_A——差额投资回收期;

　　　　I_1, I_2——两个方案投资;

　　　　C_1, C_2——两个方案生产成本。

若 $P_A > P_0$,则投资小的方案为优;若 $P_A < P_0$,则投资大的方案为优。

b. 差额内部收益率。一种在项目评估和投资决策中常用的财务指标。它用于比较不同投资方案或项目之间的收益率差异,以确定最优方案。其计算公式为

$$\sum_{t=0}^{N}(\Delta \mathrm{CI} - \Delta \mathrm{CO})_t(1+\Delta \mathrm{IRR})^{-t} = 0 \tag{4.5}$$

式中　ΔCI——差额现金流入；
　　　ΔCO——差额现金流出；
　　　ΔIRR——差额内部收益。

若 $\Delta\text{IRR} > I_0$，则投资大的方案为优；若 $\Delta\text{IRR} < I_0$，则投资小的方案为优。

【例 4.4】　现有 3 个互斥投资方案，其费用数据见表 4.3，试进行方案比较。（$I_0 = 15\%$）

表 4.3　互斥投资方案

年末	方案		
	A_1	A_2	A_3
0	−3 000	−8 000	−10 000
1—10	1 400	1 900	2 500

解　$\text{NPV}_{A_1} = -5\,000 + 1\,400(P/A, 15\%, 10) = 2\,026.32, \text{IRR}_{A_1} = 25.0\% > 15\%$

$\text{NPV}_{A_2-A_1} = -3\,000 + 500(P/A, 15\%, 10) = 490.6, \text{IRR}_{A_2-A_1} = 10.5\% < 15\%$

$\text{NPV}_{A_3-A_1} = -5\,000 + 1\,100(P/A, 15\%, 10) = 520.68, \text{IRR}_{A_3-A_1} = 17.6\% > 15\%$

故方案 A_3 为最优。

（2）寿命期不同的方案遴选。

寿命期不同的方案遴选与寿命期相同的方案遴选在原理上相似，唯一需要注意的是在寿命期不同的方案遴选中，其比较基数不同，因此无法进行直接比较。通常的做法为运用年值法、计算期最小公倍数法或研究期法统一基数后进行比较。

① 年值法。年值法是一种通过经济评价来选择不同方案的方法，用于比较不同寿命期的项目或投资。它将项目的所有现金流量转化为等效的年均价值，以便进行比较和决策。其计算公式为

$$\text{NAV} = \left[\sum_{t=0}^{N}(\Delta\text{CI} - \Delta\text{CO})_t(P/F, i_C, t)\right](P/F, i_C, t) \qquad (4.6)$$

② 计算期最小公倍数法。通过计算各个方案寿命期的最小公倍数来作为分析期，备选方案在分析期内可能按原方案重复若干次。

③ 研究期法。选择方案中寿命期最短的期限作为分析期进行计算的方法。

【例 4.5】　两个互斥投资方案的初始投资、年净收益及计算期见表 4.4。试在折现率 $i = 10\%$ 的条件下进行方案的比选。

表 4.4　互斥投资方案

方案	初始投资	年净收益	计算期
A	100 万元	40 万元	4 年
B	200 万元	53 万元	6 年

解　（1）取两个方案计算期的最小公倍数 12 年作为研究期进行计算。在此期间，A 方案共实施 3 次，B 方案共实施 2 次。

$$\text{NPV}_A = -100 - 100(P/F,10\%,4) - 100(P/F,10\%,8) + 40(P/A,10\%,12) = 57.6(万元)$$
$$\text{NPV}_B = -200 - 200(P/F,10\%,4) - 200(P/F,10\%,8) + 53(P/A,10\%,12) = 48.2(万元)$$

（2）选两个方案中较短的计算期作为研究期进行计算，此时研究期为 4 年。
$$\text{NPV}_A = -100 + 40(P/A,10\%,4) = 26.8(万元)$$
$$\text{NPV}_B = -200 + 53(P/A,10\%,4) = 22.4(万元)$$

（3）计算两个方案的净年值进行比较。
$$\text{NAV}_A = -100(A/P,10\%,4) + 40 = 8.45(万元)$$
$$\text{NAV}_B = -200(A/P,10\%,6) + 53 = 7.08(万元)$$

通过以上 3 种方法对方案的比选可以看出，A 方案优于 B 方案。

对于以上方案的选用应该注意各方法所做的假设。例如研究期法和计算期最小公倍数法在计算上可能较为简便，但在一定情况下使用会造成评价的错误。研究期法在面对所计算寿命期差异大的项目比选时会造成评价不符合实际；计算期最小公倍数法不适用于更新较快的产品方案的比较。因此，要根据项目的具体情况选择适当的方法进行经济效果的比选。

4.2.6 可行性研究报告编制

1. 可行性研究的依据

① 国家的长远发展计划和地方规划，以及政策、法规。
② 批准的项目建议书，或项目建议书批准后签订的意向协议等。
③ 国家批准的资源报告、国土开发整理规划、国家进出口贸易政策、关税政策等。
④ 当地建厂地址的自然、经济、社会、技术条件等资料。

2. 可行性研究的要求

作为投资决策的依据，可行性研究报告必须具有严格的科学性、正确性、完备性的特征；达到国家有关的深度要求，不能流于形式，这是最基本的要求。同时，可行性研究报告必须站在客观公正的立场上进行可行性研究，要保证有足够的时间和足够的资料，保证质量和科学性。

3. 可行性研究的内容

① 项目建设的必要性。
② 市场预测与调研。
③ 资源利用。
④ 建设项目的规模和产品方案。
⑤ 厂址选择。
⑥ 技术方案。
⑦ 原材料供应。
⑧ 总图布置与供应辅助项目。
⑨ 节能措施。
⑩ 节水措施。

⑪ 项目环境影响与评价。
⑫ 投资估算。
⑬ 融资方式。
⑭ 财务评价。
⑮ 国民经济评价。
⑯ 社会评价。
⑰ 风险分析、确定性与不确定性分析及防范措施。

4.2.7 项目评估

1. 项目评估的概念

由第三方如国家、银行或其他相关机构、利益方组织的对项目的可行性报告等文件进行的再次论证，称为项目评估。对于不同规模的项目，审批主体也有所不同。大、中型项目由各主管部门及各省、市、自治区或全国性专业公司负责预审，报科技部审批，或由国家发改委委托有关单位审批；重大项目和特殊项目的可行性研究报告，由国家发改委会同有关部门预审，报国务院审批；小型项目可行性研究报告，按隶属关系由各主管部门及各省、市、自治区或全国性专业公司负责审批。

2. 项目评估的程序

① 组织准备。
② 评估小组。
③ 评估计划、指标、重点。
④ 调查、收集资料，与可行性报告对比。
⑤ 评判是否可行。

3. 项目评估的内容

开展项目评估工作，不同的委托主体，对评估内容及侧重点的要求不同。政府部门委托的评估项目，一般侧重于项目的经济、社会、环境影响的评价，分析论证资源配置的合理性；银行等金融机构委托的评估项目，主要侧重于融资主体的清偿能力评价；个人或机构投资者委托的评估项目，将重点评估项目本身的盈利能力、资金的流动性和财务风险。

4. 项目评估的目的

项目评估可以提高投资项目的决策水平，为投资主体和投资管理部门提供决策依据；并且项目评估可以提高投资效益，避免决策失误带来损失；同时，项目评估可提高项目咨询前期的工作质量与效率，避免重复返工造成资源浪费；此外，项目评估可以帮助明确项目目标，确保项目与组织目标一致；最后，项目评估可以识别项目管理中存在的问题，针对性地提出改进建议，促进项目管理的持续改进。

4.3 项目论证的方法

项目的一般论证方法有:投资、生产成本、折旧与利税的计算;静态评价方法;动态评价方法;不确定性与风险分析法。

4.3.1 投资、生产成本、折旧与利税的计算

1. 投资

项目投资是指项目实施和项目投产以后在生产过程中所需投入的资金,包括花费在项目建设上的全部活化劳动和物化劳动的消耗总和。项目投资由静态投资和动态投资构成。

(1) 静态投资。

静态投资是以某一基准年、月项目花费的价格为依据所计算出的项目投资的瞬时值。如建筑工程项目的建筑安装工程费用、设备和工器具购置费用、工程建设其他费用、预备费中的基本预备费等构成静态投资。建设项目的投资组成如图 4.2 所示。

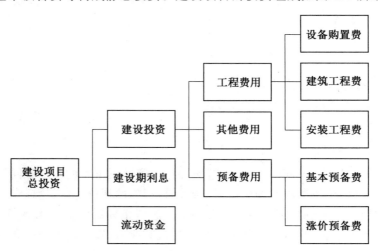

图 4.2 建设项目的投资组成

(2) 动态投资。

动态投资是指为完成一个项目,预计投资需要量的总和。在静态投资的基础上,再加上项目资金贷款利息、固定资产投资方向调节税和经营性项目铺底流动资金等费用即构成动态投资。

2. 生产成本

生产成本是指原料及辅助资料费、生产工人工资及附加工资、公用工程费用(水、电、气等)、维修费用、车间折旧费、车间管理费、工厂折旧费、企业管理费和销售费用、设备购

置费等,表 4.5 是总成本费用估算表。

表 4.5　总成本费用估算表　　　　　　　单位:万元

序号	项目	计算方法
1	原材料,包装材料	单位产品消耗量×单价×年产量
2	燃料,动力消耗	单位产品消耗量×单价×年产量
3	直接人工费	平均月工资×12 个月×每班人数×班数
4	其他直接支出(福利费)	直接生产工人工资总额×规定比例(14%)
5	车间维修费	固定资产原值(直接用于生产)×百分比率
6	车间折旧费	固定资产原值(直接用于生产)×年折旧率
7	车间管理费	(1+2+3+4+5+6)×百分比率(如 5%)
8	生产成本	1+2+3+4+5+6+7
9	管理费用	生产成本×百分比率(如 3%)
10	销售费用	产品销售收入×百分比率(如 1%~3%)
11	财务费用	借款利息净支出+汇兑净损失+手续费
12	总成本费用	8+9+10+11

生产成本可分为以下几种。

(1) 固定成本。

固定成本指在一定生产规模限度内不随产品产量而变动的费用,如固定资产折旧费、行政管理费、管理人员工资费用及实行固定基本工资制的生产工人的工资等。固定成本并非永远不变。

(2) 可变成本。

可变成本指产品成本中随产量变动而变动的费用,如构成产品实体的原材料、燃料、动力、计件工资等。

(3) 沉没成本。

沉没成本指过去已支出而现在无法得到补偿的成本。例如,已使用多年的设备,其沉没成本是指设备的账面净值与其现时市场价值之差。

(4) 机会成本。

机会成本又称经济成本,是将一种具有多种用途的稀缺资源置于特定用途所放弃的最大收益。

(5) 平均成本。

平均成本指产品总成本费用与产品总产量之比,即平均单位产品成本费用,常取平均成本作为单位产品成本。

(6) 边际成本。

边际成本指每增加单位产品产量所增加的成本。当平均成本等于边际成本时,平均成本最低。边际成本通常包括直接变动成本和间接变动成本。它不依靠估计、假定和预测来计算单位成本。与完全成本法相比,边际成本的销售量与利润直接相关,更能准确反映实际利润的多少,由于固定成本与产量增减无关,在现有固定成本最大产量范围内进行增减产决策时,边际成本不必考虑固定成本因素,对决策者的决策活动有很大的帮助,以边际成本法计算的成本及所编制的会计报告比用完全成本法更容易理解。

3. 折旧

折旧是指固定资产由于损耗逐渐将其价值转移到产品中的费用。常用的折旧方法有平均年限法、工作量法、双倍余额递减折旧法和年数总和法。

(1)平均年限法。

平均年限法又称直线法,它把固定资产折旧均衡地分摊到各期(年或月),适用于各时期内消耗程度相近的固定资产。其计算公式为

$$年折旧额 = 固定资产原值 \times 年折旧率 \quad (4.7)$$

$$年折旧率 = \frac{1 - 残值率}{折旧年限} \times 100\% \quad (4.8)$$

在上述公式中,预计净残值率取 3%~5%;对于项目的经济评价,税法中对固定资产计提折旧的最低年限也进行了具体界定,企业可在固定资产折旧过程中加以参照,并与自身情况相结合,以此预判固定资产年限。

【例 4.6】 甲企业某项固定资产原价为 50 000 元,预计使用年限为 10 年,预计残值收入 3 000 元,预计清理费用 1 000 元,则固定资产年折旧额为多少?

解 固定资产年折旧额 $= \dfrac{50\,000 - 3\,000 + 1\,000}{10} = 4\,800 (元/年)$

(2)工作量法。

工作量法是根据实际工作量计提折旧额的方法。工作量法一般适用于使用期间内工作强度变化较大的固定资产,也适用于经济效益不均衡的固定资产。工作量的单位可视实际情况而定,分为行驶里程、工作小时数、工作台数等。

① 按照行驶里程计算折旧的公式为

$$年折旧率 = \frac{原值 \times (1 - 残值率)}{行程里程} \times 100\% \quad (4.9)$$

$$年折旧额 = 单位里程折旧额 \times 年行驶里程 \quad (4.10)$$

② 按照工作小时计算折旧的公式为

$$年折旧额 = 每工作小时折旧额 \times 年工作小时 \quad (4.11)$$

【例 4.7】 某公司有货运卡车一辆,原价为 150 000 元,预计净残值率为 5%,预计总行驶里程数为 300 000 km,当月行驶 5 000 km,则该项固定资产月折旧额计算如下。

解 单程里程折旧额 $= \dfrac{150\,000 \times (1 - 5\%)}{300\,000} = 0.475(元/km)$

本月折旧额 $= 5\,000 \times 0.475 = 2\,375(元)$

(3)双倍余额递减折旧法。

双倍余额递减折旧法根据每期期初固定资产账面余额和双倍分直线法折旧率计算固定资产折旧,适用于对国民经济中具有重要地位、技术进步快的电子生产企业、船舶工业企业、汽车制造企业、化工生产企业和医药生产企业以及其他经财政部批准的特殊行业的

企业。

$$年折旧率 f = \frac{折旧年限 n}{2} \times 100\% \tag{4.12}$$

$$年折旧额 D_t = 固定资产账面净值 P_t \times 年折旧率 f \tag{4.13}$$

当固定资产折旧年限到期以前两年内,将固定资产净值扣除预计净残值后的净额平均摊销。

【例 4.8】 某电子生产企业进口一条生产线,安装完毕后固定资产原价为 300 000 元,预计残值为 8 000 元,预计使用年限为 5 年,该生产线按双倍余额递减折旧法计算的各年折旧额如下:

解 双倍直线折旧率 $= \frac{2}{5} \times 100\% = 40\%$

第一年应提折旧 $= 300\,000 \times 40\% = 120\,000$(元)

第二年应提折旧 $= (300\,000 - 120\,000) \times 40\% = 72\,000$(元)

第三年应提折旧 $= (300\,000 - 120\,000 - 72\,000) \times 40\% = 43\,200$(元)

第四、五年应提折旧 $= \dfrac{300\,000 - 120\,000 - 72\,000 - 43\,200 - 8\,000}{2} = 28\,400$(元)

(4) 年数总和法。

年数总和法又称合计年限法,即将固定资产原值减去预计净残值后的余额乘以一个逐年递减的年折旧率来计算年折旧额,适用于技术更新换代较快的产品。

$$当年折旧率 = \frac{折旧年限 - 固定资产已使用年限}{\dfrac{折旧年限 \times (折旧年限 - 1)}{2}} \times 100\% \tag{4.14}$$

$$年折旧额 = 固定资产原值 \times (1 - 净残值率) \times 当年折旧率 \tag{4.15}$$

【例 4.9】 某公司购置一台设备,当月投入使用。该设备的原值为 158 000 元,预计使用年限为 5 年,预计残值为 8 000 元。

第一年年折旧额 $= \dfrac{(158\,000 - 8\,000) \times 5}{25} = 50\,000$(元)

第二年年折旧额 $= \dfrac{(158\,000 - 8\,000) \times 4}{25} = 40\,000$(元)

第三年年折旧额 $= \dfrac{(158\,000 - 8\,000) \times 3}{25} = 30\,000$(元)

第四年年折旧额 $= \dfrac{(158\,000 - 8\,000) \times 2}{25} = 20\,000$(元)

第五年年折旧额 $= \dfrac{(158\,000 - 8\,000) \times 1}{25} = 10\,000$(元)

4. 利税

利税是利润和税收的合称,反映的是项目的经济效益和对国家税收方面的贡献,包括销售收入、企业利润、税金。

(1) 销售收入。

销售收入也称营业收入,按比重和业务的主次及经常性情况,一般可分为主营业务收入和其他业务收入。销售收入等于销售数量乘产品单价。

销售收入包括企业商品产品销售和其他销售所取得的收入。前者的销售收入包括产成品、代制品、代修品、自制半成品和工业性劳务销售收入等。后者的销售收入包括除商品产品销售收入以外的其他销售和其他业务收入,如材料销售收入、包装物出租收入及运输等非工业性劳务收入。企业专项工程、福利事业单位使用本企业的商品产品,视同对外销售。

销售收入的计算公式为

$$S = \sum_{i=1}^{n} p_i x_i \qquad (4.16)$$

式中　　S——销售收入;

　　　　p_i——第 i 种产品单位售价;

　　　　x_i——第 i 种产品销售量。

根据项目的市场调查和预测分析估算产品年销售量和产品销售价格。

(2) 企业利润。

企业利润是指企业在一定时期内生产经营的财务成果,其数值等于销售产品的总收益与生产商品的总成本两者之间的差额,包括营业利润、投资收益和营业外收支净额。具体来讲,企业利润是指存在着利息的情况下产业利润和商业利润的总称,它在数量上就是平均利润和利息的差额。企业利润的计算公式如下。

① 主营业务利润＝主营业务收入－主营业务成本－主营业务税金及附加

② 其他业务利润＝其他业务收入－其他业务支出

③ 营业利润＝主营业务利润＋其他业务利润－营业费用－管理费用－财务费用

④ 利润总额＝营业利润＋投资收益＋补贴收入＋营业外收入－营业外支出

⑤ 净利润＝利润总额－所得税

(3) 税金。

税金是指企业发生的除企业所得税和允许抵扣的增值税以外的各项税金及其附加。税金通常包括纳税人按规定缴纳的消费税、营业税、城市维护建设税、资源税、教育费附加等,以及发生的土地使用税、车船税、房产税、印花税等。建筑安装工程费中的税金包括营业税、城市维护建设税和教育费附加。

在税金的实际计算过程中通常是 3 种税金一并计算,又由于在计算税金时,往往已知条件是税前造价,因此税金的计算公式可以表达为

应纳税额＝(直接费＋间接费＋利润)×税率(%)

税率的计算因纳税地点所在地的不同而不同,教材中的税率是经推导换算后的综合税率。推导过程如下(以市区为例):

总税率 i ＝营业税税率×(1＋城市维护建设税税率＋教育附加税税率)

设 A ＝直接费＋间接费＋利润。

注意,"直接费＋间接费＋利润"并没有包含应纳入建筑工程总造价的 3 种税金,而国家对于这 3 种税金的征收是以包含这 3 种税金在内的销售额为基础计算的。所以,应将 A 折算为销售额

$$销售额 = \frac{直接费 + 间接费 + 利润}{1 - 总税率 i} = \frac{A}{1-i}$$

$$税金额 = 销售税 \times 总税率 i$$
$$= \frac{A}{1-i} \times i = A \times \frac{i}{1-i} = A \times \frac{1-1+i}{1-i} = A \times \left(\frac{1}{1-i} - 1\right)$$

将 A 与 i 代入得税金额：销售额 $\times \left(\dfrac{1}{1 - 营业税税率 \times (1 + 城市维护建设税税率 + 教育附加税税率)} - 1\right)$

这样就可以直接以"直接费 + 间接费 + 利润"作为销售额进行直接计算，将"$\dfrac{1}{1 - 营业税税率 \times (1 + 城市维护建设税税率 + 教育附加税税率)} - 1$"称作"综合税率"。

4.3.2 静态评价方法

静态评价方法是在项目评价时，为达到分析计算盈利能力目标而采取的一种简化分析方法。静态评价方法简单易行，在进行项目初期决策时，可为决策者提供简单、经济的评述意见，此法在世界各国普遍采用。

静态评价方法的特点如下。

(1) 在评价项目投资的经济效果时，不考虑资金的时间因素。

(2) 不考虑项目寿命期内各年项目的获利能力，只考虑代表年份（正常生产年份）的净现金流量或平均值。静态评价主要采用静态投资回收期法、投资收益率法、追加投资回收期及年计算费用等方法。

1. 静态投资回收期法

静态投资回收期法是指从项目的投建之日起，用项目每年的净收益来回收期初的全部投资所需要的时间长度，使得下面公式成立的 P_t 即为静态投资回收期。

(1) 若项目建成投产后各年的净现金流量均相同。

计算公式为

$$P_t = \frac{K}{A} \tag{4.17}$$

【**例 4.10**】 某项目期初投资 1 000 万元，两年建成投产。投产后每年的净收益为 150 万元。则该项目的投资回收期为多少？

解 该投资项目每年的净收益相等，可以直接用公式计算其投资回收期。

$$P_t = \frac{总投资}{年净收益} + 建设期 = \frac{1\,000}{150} + 2 = 8.67$$

评价准则：将计算出的静态投资回收期与基准投资回收期 P_c 进行比较：若 $P_t < P_c$，表明项目投资能在规定的时间内收回，方案可以考虑接受；若 $P_t \geqslant P_c$，则方案是不可行的。

(2) 若项目建成投产后各年的净现金流量均不同。

计算公式为

$$P_t = (累计净现金流量出现正值的年份 - 1) + \frac{上年累计净现金流量的绝对值}{出现正值年份的净现金流量}$$
$$= (T-1) + \frac{第(T-1)年的累计净现金流量的绝对值}{第 T 年净现金流量} \tag{4.18}$$

式中　　T——项目各年累计净现金流量首次出现正值或 0 的年份。

评价准则：设 P_c 为基准投资回收期，那么 $P_t \leqslant P_c$ 时，说明方案的经济效益好，方案可行；$P_t > P_c$ 时，说明方案的经济效益不好，方案不可行。

【例 4.11】　某投资方案的净现金流量见表 4.6，计算其静态投资回收期。

表 4.6　投资方案的净现金流量（计算静态投资回收期）

年	0	1	2	3	4	5	6
净现金流量	−100	−80	40	60	60	60	90
累计净现金流量	−100	−180	−140	−80	−20	40	130

解　$P_t = (5-1) + \left| \dfrac{-20}{60} \right| = 4.339$（年）

投资回收期的概念清晰、直观性强、计算简单，能反映项目的经济性和风险性。但是计算较粗糙，没有全面考虑投资方案整个寿命期内的现金流量发生的大小和时间，仅以投资的回收快慢作为决策的依据，没有考虑回收以后的情况。因此，在项目的经济效果分析中，投资回收期只能作为辅助性的评价指标。

2. 投资收益率法

(1) 基准收益率。

基准收益率也称基准折现率，是企业或行业或投资者以动态的观点所确定的、可接受的投资项目最低标准的收益水平。基准折现率如果定得太高，可能会使许多经济效益好的方案被拒绝；如果定得太低，则可能会使一些经济效益不好的方案被采纳。

基准收益率的确定：一般以行业的平均收益率为基础，同时综合考虑资金成本、投资风险、通货膨胀及资金限制等影响因素。对于政府投资项目，进行经济评价时使用的基准收益率是由国家组织测定并发布的行业基准收益率；非政府投资项目由投资者自行确定基准收益率，应考虑以下因素。

① 资金成本和机会成本。
② 预期利润。
③ 投资风险。
④ 通货膨胀。
⑤ 资金限制。

(2) 投资收益率。

投资收益率是指项目在正常年份的净收益与期初的投资总额的比值，其表达式为

$$R = \dfrac{\mathrm{NB}}{K} \tag{4.19}$$

式中　　K——投资总额；

　　　　NB——正常年份的净收益，根据不同的分析目的，NB 可以是税前利润、税后利润，也可以是年净现金流入等；

　　　　R——投资收益率。

设基准投资收益率为 R_b，当 $R \geqslant R_b$ 时，项目可行，可以考虑接受。当 $R < R_b$ 时，项目不可行，应予以拒绝。

【例 4.12】 某项目期初投资 2 000 万元,建设期为 3 年,投产前两年每年的收益为 200 万元,以后每年的收益为 400 万元。若基准投资收益率为 18%,问:该方案是否可行?

解 该方案正常年份的净收益为 400 万元,因此,投资收益率为

$$R = \frac{400}{200} \times 100\% = 20\%$$

该方案的投资收益率为 20%,大于基准投资收益率 18%,因此,该方案可行。如果项目每年的净收益不相等,一般用现金流量列表,并用下面的公式计算

$$P_t = T - 1 + \frac{\text{第}(T-1)\text{年的累计净现金流量现值的绝对值}}{\text{第 } T \text{ 年的净现金流量现值}} \tag{4.20}$$

评价准则:设基准动态投资回收期为 P_b,若 $P_t \leq P_b$ 时,说明方案的经济效益好,方案可行;$P_t > P_b$ 时,说明方案的经济效益不好,方案不可行。

【例 4.13】 某投资方案的净现金流量见表 4.7,计算其动态投资回收期。

表 4.7 投资方案的净现金流量(计算动态投资回收期)

项目	年						
	0	1	2	3	4	5	6
净现金流量	−100	−80	40	60	60	60	90
净现金流量现值	−100	−72.7	33.1	45.1	41.0	37.3	50.8
累计净现金流量现值	−100	−172.7	−139.6	−94.5	−53.5	−16.2	34.6

解
$$P_t = (6-1) + \frac{|-16.2|}{50.8} = 5.32(\text{年})$$

4.3.3 动态评价方法

动态评价是在评价投资项目经济效益时,对项目所涉及的各年现金流(所有支出和收入),除计算它们本身的原值外,还把资金的时间价值计算进去的一种评价方法。动态评价是考虑了资金的时间价值因素对投资方案进行分析评估的方法。

1. 净现值法

(1)概念及计算。

净现值是反映投资方案在计算期内获利能力的动态评价指标。投资方案的净现值是指用基准的折现率,分别把整个计算期间各年所发生的净现金流量都折现到建设期初(第 0 年即第 1 年年初)的现值的代数和,是评价项目盈利能力的绝对指标。其计算公式为

$$\text{NPV} = \sum_{t=0}^{n} (\text{CI} - \text{CO})_t \times \frac{1}{(1+i_c)^t} \tag{4.21}$$

式中 $(\text{CI}-\text{CO})_t$——第 t 年的净现金流量;
n——投资方案的寿命期;
i_c——基准收益率。

(2) 评价标准。

当 NPV≥0 时，可以接受，否则予以否定，因为 NPV＞0 时，收益超过预先确定的收益水平 i_c，NPV＝0 时，收益刚好达到预先确定的收益水平 i_c，NPV＜0 时，收益未达到预先确定的收益水平 i_c。

(3) 净现值的优缺点。

净现值考虑了资金的时间价值在整个计算期间的情况，它以金额表示投资收益的大小，比较直观。但是净现值的计算需首先确定一个符合经济现实的基准收益率，而确定基准收益率是比较困难的；同时净现值不能说明在项目运营期间各年的经营成果，也不能直接反映项目投资中单位投资的使用效率。

在计算净现值指标时，利率 i 是一个重要的参数。在方案评价和选择中所用的这种利率被称为基准贴现率、最低期望收益率等，是决策者对技术方案投资的资金的时间价值的估算或行业的平均收益率水平，是行业或主管部门重要的经济参考数，由国家公布。如果在给定的基准贴现率下算出某投资方案的净现值等指标为负值，那表示该方案并没有达到该部门和行业的最低可以达到的经济效果水平。因此，基准贴现率也可以理解为一种资金的机会费用。

基准贴现率定得太高，可能会使经济效益好的方案被拒绝；如果定得太低，则可能会有过多的可行方案，其中一些方案的效益并不能达到要求。基准贴现率不同于贷款利率，通常要求：基准贴现率大于贷款利率。

折现率 i 的选取：① $i=i_c$（行业基准收益率），是常用的参数；② $i=i_0$（计算折现率）；③ $i=i_s$（社会折现率），若 ①② 都不能取时才用此标准。

社会折现率（i_s）代表社会资金被占用应获得的最低收益率，并用作不同年份资金价值换算的折现率，可根据国民经济发展多种因素综合测定。根据对我国国民经济运行的实际情况、投资收益水平、资金供求状况、资金机会成本及国家宏观调控等因素的综合分析，目前社会折现率取值为 10%。

【例 4.14】 有一个现金流量，其收入和支出的情况见表 4.8，$i_c=10\%$，其净现值为多少？

表 4.8 现金流量表　　　　　　　　　　　　　　　　　　　　单位：元

年末	收入(CI)	支出(CO)	$F_{jt}=(CI-CO)$
0	0	−5 000	−5 000
1	4 000	−2 000	2 000
2	5 000	−1 000	4 000
3	0	−1 000	−1 000
4	7 000	0	7 000

解 图 4.3 为现金流量图。

表 4.9 为现金流量表。

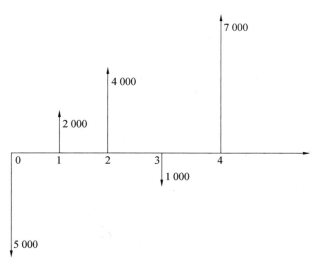

图 4.3 现金流量图

表 4.9 现金流量表 单位:元

年末	收入 A	支出 B	净收益 A－B	折现系数 D	现值 E＝C×D
0	0	－5 000	－5 000	1	－5 000
1	4 000	－2 000	2 000	0.909	1818
2	5 000	－1 000	4 000	0.826	3304
3	0	－1 000	－1 000	0.751	－751
4	7 000	0	7 000	0.683	4 781
合计					4 152

$$\text{NPV} = -5\,000 + 2\,000(P/F,10\%,1) + 4\,000(P/F,10\%,2) - \\ 1\,000(P/F,10\%,3) + 7\,000(P/F,10\%,4) = 4\,152(元)$$

NPV＝4 152 元＞0,所以,该方案是可取的。

【例 4.15】 某项目有 3 个供气方案 A、B、C,均能满足同样的需要,其费用数据见表 4.10。若基准折现率为 5%,试用费用现值比较方案的优劣。

表 4.10 3 个供气方案的费用数据表(试用费用现值) 单位:万元

方案	年		
	第 0 年投资	第 3～5 年运营费	第 6～10 年运营费
A	1 000	40	50
B	1 200	30	40
C	900	50	60

解 3 个方案的费用现值分别为

$$PC_A = 50(P/A,5\%,5)(P/F,5\%,5) + 40(P/A,5\%,3)(P/F,5\%,2) + 1\,000 = 1\,268.41(万元)$$
$$PC_B = 40(P/A,5\%,5)(P/F,5\%,5) + 30(P/A,5\%,3)(P/F,5\%,2) + 1\,200 = 1\,409.77(万元)$$
$$PC_C = 60(P/A,5\%,5)(P/F,5\%,5) + 50(P/A,5\%,3)(P/F,5\%,2) + 900 = 1\,227.02(万元)$$

从计算结果看，C 方案的费用现值最小，因此 C 方案最优。

2. 净年值法

净年值法是指通过资金等值换算，将项目的净现值或将来值分摊到寿命期内各年的等额年值，其表达式为

$$NAV = NPV(A/P, i_0, n) = \sum_{t=0}^{n}(CI_t - CO_t)(1 + i_0)^{-t}(A/P, i_0, n) \quad (4.22)$$

式中　NAV——净年值；

$(A/P, i_0, n)$——等额支付资本回收系数。

评价准则：NAV ≥ 0 时，项目或方案可行；NAV < 0 时，项目或方案不可行。

【例 4.16】 某项目的期初投资为 1 000 万元，投资后一年建成并获益。每年的销售收入为 400 万元，经营成本为 200 万元，该项目的寿命期为 10 年。若基准折现率为 5%，请用净年值指标判断该项目是否可行。

解　$NAV = [(400 - 200)(P/A, 5\%, 10) - 1\,000](A/P, 5\%, 10) = 70.5(万元)$

NAV = 70.5(万元) > 0，所以该项目可行。

3. 费用年值法

费用年值法是指通过资金等值换算，将项目的费用现值分摊到寿命期内各年的等额年值，其表达式为

$$AC = \sum_{t=0}^{n}[CO_t(1 + i_0)^{-t}](A/P, i_0, n) = PC(A/P, i_0, n) \quad (4.23)$$

式中　AC——项目或方案的费用年值；

$(A/P, i_0, n)$——等额支付资本回收系数。

其他符号同 PC 表达式。

费用现值和费用年值的判断效果是等价的。判断准则也是费用年值最小的方案最优。

【例 4.17】 某项目有 3 个供气方案 A、B、C，均能满足同样的需要，其费用数据见表 4.11。若基准折现率为 5%，试用费用年值比较方案的优劣。

表 4.11　3 个供气方案的费用数据表(试用费用年值)　　　　　单位：万元

方案	年		
	第 0 年投资	第 3～5 年运营费	第 6～10 年运营费
A	1 000	40	50
B	1 200	30	40
C	900	50	60

解　3 个方案的费用年值分别为

$$AC_A = PC_A(A/P,i,n) = 1\,268.41(A/P,5\%,10) = 164.26(万元)$$
$$AC_B = PC_B(A/P,i,n) = 1\,409.77(A/P,5\%,10) = 182.57(万元)$$
$$AC_C = PC_C(A/P,i,n) = 1\,227.02(A/P,5\%,10) = 158.9(万元)$$

从费用年值的计算结果看,也是 C 方案最优。

4. 内部收益率法

内部收益率是指项目投资实际能达到的最大收益率,反映了项目所占用的资金盈利率,是考察项目盈利能力的主要动态指标。

内部收益率法又称贴现法,通过求出内部收益率(IRR),使项目使用期内现金流量的现值合计等于 0,即

$$NPV = 0$$

内部收益率的评价准则:当标准折现率为 i_0 时,若 IRR $\geqslant i_0$,则投资项目可以接受;若 IRR $< i_0$,项目就是不经济的。对两个投资相等的方案进行比较时,IRR 大的方案较 IRR 小的方案可取。

【**例 4.18**】 假定一个工厂用 1 000 元购买了一套设备,寿命为 4 年,各年的现金流量如图 4.4 所示。按公式求得内部收益率 $i_r = 10\%$。这表示尚未恢复的(即仍在占用)资金在 10% 利率的情况下,项目方案在寿命终了时可以使占用资金全部恢复。

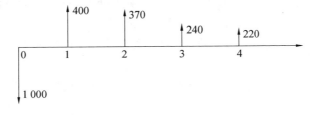

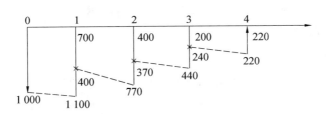

图 4.4 资金恢复过程

如果第 4 年年末的现金流入不是 220 元,而是 260 元,那么按 10% 的利率,到期末除全部恢复占用的资金外,还有 40 元的富裕。为使期末刚好使资金全部恢复,利率还可高于 10%,内部收益率也随之升高。因此,内部收益率可以理解为项目对占用资金的一种恢复能力,其值越高,方案的经济性越好。

内部收益率的求解法:插值法又称"内插法",是利用函数 $f(x)$ 在某区间中插入若干点的函数值,得出适当的特定函数,在这些点上取已知值,在区间的其他点上用这特定函数的值作为函数 $f(x)$ 的近似值,这种方法称为插值法。如果特定函数是多项式,就称它为插值多项式。插值法如图 4.5 所示。

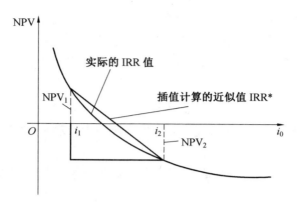

图 4.5　插值法

当 i_1 与 i_2 足够靠近时，可以认为：$\text{IRR} \approx \text{IRR}^*$，明显

$$\frac{|\text{NPV}_1|}{|\text{NPV}_2|-|\text{NPV}_1|} = \frac{\text{IRR}^* - i_i}{i_2 - i_1} \tag{4.24}$$

5. 外部收益率法

外部收益率法与内部收益率法相似，所不同的是要假设投资过程每年的收入都以相当于标准折现率的收益率进行再投资，到了项目有效期末必有一笔本利和，这是投资过程的收入，然而投资过程的每一年都有一笔投资支出，把这些支出按某一利率折算到项目有效期末，若其本利和等于投资收入本利和，则投资过程对该过程投资的折算利率来说是不盈不亏的，这个利率就叫投资过程的外部收益率（ERR）。

外部收益率（ERR）是指假设项目各年的净收益按 i_0 再投资（即投资于项目外部），即

$$\sum_{t=0}^{n}(\text{NB}_t)(1+i_0)^{n-t} = \sum_{t=0}^{n}(K_t)(1+\text{ERR})^{n-t} \tag{4.25}$$

外部收益率的评价准则：当标准折现率为 i_0 时，若 $\text{ERR} \geq i_0$，则投资项目可以接受，若 $\text{ERR} < i_0$，项目就是不经济的。

6. 动态投资回收期

动态投资回收期是指在考虑货币时间价值的条件下，以投资项目净现金流量的现值抵偿原始投资现值所需要的全部时间，即动态投资回收期是项目从投资开场起，到累计折现现金流量等于 0 时所需的时间。求出的动态投资回收期要与行业标准动态投资回收期或行业平均动态投资回收期进展比拟，低于相应的标准认为项目可行。

投资者一般都十分关心投资的回收速度，为了减少投资风险，都希望越早收回投资越好。动态投资回收期是一个常用的经济评价指标，弥补了静态投资回收期没有考虑资金的时间价值这一缺点，使其更符合实际情况。动态投资回收期的表达式为

$$\sum_{t=0}^{P_t}(\text{CI}-\text{CO})_t(1+i_c)^{-t} = 0 \tag{4.26}$$

式中　i_c——基准收益率；

　　　P_t——动态投资回收期。

$$P_t = (累计折现值出现正值的年数 - 1) \times \frac{上年累计折现值的绝对值}{当年净现金流量的折现值} \quad (4.27)$$

设基准动态回收期为 P_c，如果 $P_t \leqslant P_c$，那么项目可行；如果 $P_t > P_c$，那么项目不可行。投资回收期是反映项目在财务上的偿还能力的重要经济指标，除特别强调项目偿还能力的情况外，一般只作为方案选择的辅助指标。

【例4.19】 某项目有关数据见表4.12。基准收益率 $i_c = 10\%$，基准动态投资回收期 $P_c = 8$ 年，试计算动态投资回收期。

表4.12　现金流量表　　　　　　　　　　　　　　　　单位：元

指标	年										
	0	1	2	3	4	5	6	7	8	9	10
投资支出	20	500	100								
其他支出				350	450	450	450	450	450	450	450
收入				450	700	700	700	700	700	700	700
净现金流量	-20	-500	-100	150	250	250	250	250	250	250	250
累计现金流量	-20	-520	-620	-470	-220	39	280	530	780	1 030	1 280
折现值	-20	-454	-82	1 112	170	155	141	128	116	106	96.4
累计折现值	-20	-474	-557	-445	-273	-118	22.6	150	267	373	469

解　根据动态投资回收期的计算公式计算各年累计折现值。动态投资回收期就是累计折现值为0的年限。

$$P_t = (累计折现值出现正值的年数 - 1) + \frac{上年累计折现值的绝对值}{当年净现金流量的折现值}$$

$$= 6 - 1 + \frac{118}{141.6} = 5.84(年)$$

由于 P_t 小于 P_c（8年），该项目通过了本指标的检验。本指标除考虑了资金的时间价值外，还具有静态投资回收期的同样特征，通常只宜用于辅助评价。

4.3.4　不确定性与风险分析法

不确定性与风险分析就是分析项目在实施过程中存在的不确定性因素对项目经济效果的影响，预测项目承担和抵御风险的能力，考查项目在经济上的合理性，以避免项目实施后产生损失。

不确定性分析与风险分析有一定的区别。不确定性分析是指不知道未来可能发生的结果，或者不知道各种结果发生的可能性，由此产生的问题称为不确定性问题。风险分析是指知道未来可能发生结果的概率，由此产生的问题称为风险问题。不确定性因素可分为两种类型。一种是完全不确定型，也就是不可测定的不确定性，一般是指不但方案实施可能出现的结果是不确定的，而且结果出现的概率分布也全然不知；另一种是风险型，也叫可测定的不确定性，是指虽然方案实施后的结果是不确定的，但这些结果可能的概率分布是已知或是可估计的。对这两种因素的分析统称为不确定性分析。

具体应用时,要根据项目具体情况和不同的分析目的来选择。在一般情况下,常用的风险分析法主要有决策树分析法和蒙特卡罗方法;常用的不确定性分析法主要有敏感性分析、情景分析、盈亏平衡分析。

1. 风险分析 —— 决策树分析法

很多投资项目是分几个阶段完成的,而每一个阶段的决策取决于前一个阶段决策的结果,同时后一个阶段的决策也是前一个阶段决策的继续。对于这一类型的投资项目通常采用的方法是决策树分析法。

【例 4.20】 某工厂研制出一种新产品,准备进行试生产和营销试验,需要 20 万元的投资。试验成功的概率为 50%。如果一年后试验成功,工厂将继续从事这一产品的生产;如果试验失败,工厂将停止这一项目的工作。与此同时,即使试验成功,工厂对这一新产品的需求情况也没有把握,估计生产后有 30% 的可能需求疲软。这时决策者面临的问题:是使用既有的一个小车间,还是新建一个大车间进行该产品的生产?若新建大车间,费用为 100 万元,而使用既有的小车间只需再花费 15 万元。工厂的资本成本为 10%,其他相关信息如决策树所示(图 4.6)。

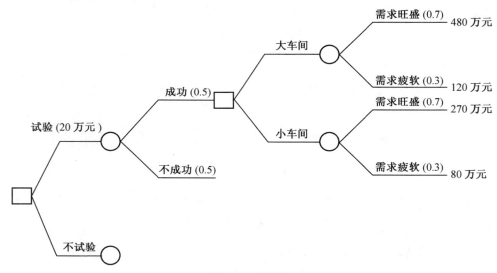

图 4.6 决策树

图中"□"代表决策点,每一决策点引出两条或两条以上的线段分支,每条分支代表不同的决策方案,"○"代表事件点,每一事件点引出的分支代表可能发生的事件。

解 工厂从最左端的决策点出发,第一个决策:是否进行试验?如果决定进行试验,就走向下一个事件点:试验是否成功(概率为 0.5)?如果试验成功,工厂走向第二个决策点:新建一个大车间,还是使用既有的小车间?决策涉及两个阶段,要分别进行分析。

利用决策树进行决策的顺序是从右向左,即从枝向根进行,根据各事件的损益值及事件发生的概率,计算出该事件损益的期望值,然后对这些期望值进行比较,选择最佳方案。

第二个决策点的决策是应该新建一个大车间,还是使用既有的小车间。

如果新建大车间,损益的期望值为
$$480 \times 0.7 + 120 \times 0.3 = 372$$
$$\text{NPV} = \frac{372}{1+10\%} - 100 = 238.18(万元)$$

如果使用既有的小车间,损益的期望值为
$$270 \times 0.7 + 80 \times 0.3 = 213(万元)$$
$$\text{NPV} = \frac{213}{1+10\%} - 15 = 178.64(万元)$$

显然,新建大车间获得的净现值更高,应选择新建大车间。

确定了第二个决策点的结果之后,再向前决定试验还是不试验。如果决定试验,那么净现值为
$$\text{NPV} = \left(\frac{238.18}{1+10\%} - 20\right) \times 0.5 + (0 - 20) \times 0.5 = 88.26(万元)$$

如果不试验,净现值为 0。进行试验的期望收益高于不试验,因此,应选择试验。

决策树分析法是进行决策时的有效工具,但对项目的信息量要求较高,它要求项目能明确地分为几个阶段,各阶段发生的事件、事件的概率及对现金流的影响可预测。如果这些信息无法获得,就不适宜使用决策树分析法进行分析。

2. 风险分析 —— 蒙特卡罗方法

蒙特卡罗方法又称随机模拟法,它是根据随机数对投入变量值的概率分布进行随机抽样取值,计算每次取值时项目的经济评价指标。经过反复取值可以获得多种数据,由这些数据可以得出经济评价指标的概率分布,抽样取值的次数越多,得到的分布就越接近于真实的分布,根据概率分布就可以估计投资项目的风险。

蒙特卡罗方法的步骤如下:

(1) 确定经济评价指标(如净现值、内部收益率等)及对项目评价指标有重要影响的变量。

(2) 确定变量的概率分布,根据概率分布为各个变量随机抽样取值,并以抽样值作为计算评价指标的基础数据,计算经济评价指标的数值。

(3) 重复上一个步骤,直到达到预定的模拟次数。

(4) 根据模拟结果绘制累计概率图,并计算项目由可行变为不可行的概率。

3. 不确定性分析 —— 敏感性分析

在进行项目的经济效果评价时,通常假定影响未来现金流大小的一系列因素处于预期状态,这些因素包括投资额、销售量、销售价格、成本和折现率等。在实际生活中,实际值与预期值偏离的情况经常发生。敏感性分析就是研究项目的评价结果对影响项目的各种因素变动敏感性的一种分析方法。敏感性分析是指在保持其他因素不变的情况下,考察某个因素,计算该因素的变动对项目经济评价指标产生的影响。例如,当销售量、价格、成本等发生变动时,项目的净现值和内部收益率会发生不同程度的变化。因素敏感性分析的步骤如下。

(1) 选取不确定性因素。

一般来说,投资额、产品价格、产品产量、经营成本、项目寿命期、折现率和原材料价格等因素经常会被作为影响财务评价指标的不确定性因素。

(2) 设定不确定性因素的变化程度。

选取不确定性因素变化的百分率,通常选择±5%、±10%、±15%、±20%等。对于不便于用百分数表示的因素,如项目寿命期,可采用延长一段时间(如延长1年)表示。

(3) 选取分析指标。

敏感性分析指标就是确定要考察其不确定性的经济评价指标,一般的分析指标有净现值、内部收益率和投资回收期等。敏感性分析指标应当与确定性分析中使用的指标一致。当确定性分析中使用的指标较多时,可选取其中最重要的一个或几个指标进行。

(4) 计算敏感性指标。

① 敏感度系数。敏感度系数是反映项目效益对因素敏感程度的指标。敏感度系数越高,敏感程度越高。计算公式为

$$E = \frac{\Delta A}{\Delta F}$$

式中　　E——经济评价指标 A 对不确定因素 F 的敏感度系数;

　　　　ΔF——不确定因素 F 的变化量;

　　　　F——不确定因素的原值;

　　　　ΔA——经济评价指标的变化量;

　　　　A——经济评价指标的原值。

② 临界点。临界点是指项目允许不确定性因素向不利方向变化的极限点。临界点可以用临界值或临界点百分率表示。当某一因素向不利方向变化达到该临界值或临界百分率时,该项目由可行变为不可行。临界点可用敏感性分析图求得近似值,也可通过函数方法求解。

(5) 绘制敏感性分析表和敏感性分析图。

(6) 对敏感性分析结果进行分析。

通过对敏感性分析结果的分析,找出最敏感的一个或几个因素,粗略估计项目可能存在的风险。

【例 4.21】 G 公司有一投资项目,其敏感性分析的基本数据见表 4.13。假定投资额、年收入、折现率为主要的敏感性因素,试对该投资项目净现值指标进行单因素敏感性分析。

表 4.13　敏感性分析的基本数据

项目	投资额/元	运营年数	年收入/元	年费用/元	残值/元	折现率
数据	100 000	5	60 000	20 000	10 000	10%

解 (1) 在该例中,敏感性因素与分析指标已经给定,我们选取±5%、±10%作为不确定性因素的变化程度。

(2) 计算敏感性指标。

首先计算决策基本方案的 NPV;然后计算不同变化率下的 NPV,不确定性因素变化

后的取值见表 4.14 和表 4.15。

NPV = －100 000 ＋(60 000 －20 000)×(P/A,10%,5)＋10 000×(P/F,10%,5)＝ 57 840.68(元)

表 4.14　不确定性因素变化后的取值

不确定性因素的 变化程度	投资额 / 元	年收入 / 元	折现率 /%
－10%	90 000	54 000	9
－5%	95 000	57 000	9.5
0%	100 000	60 000	10
5%	105 000	63 000	10.5
10%	110 000	66 000	11

表 4.15　不确定性因素变化后 NPV 的值

项目	NPV				
变化率	－10%	－5%	0%	5%	10%
投资额	67 840.68	62 840.68	57 840.68	52 840.68	47 840.68
年收入	35 095.96	46 468.32	57 840.68	69 213.04	80 585.40
折现率	62 085.36	59 940.63	57 840.68	55 784.33	53 770.39

当投资额的变化率为 －10% 时(其他因素不变)

$$\Delta A = \frac{67\ 840.68 - 57\ 840.68}{57\ 840.68} = 17.3\%$$

$$E = \frac{\Delta A}{\Delta F} = \frac{17.3\%}{-10\%} = -1.73$$

(3) 计算临界值。

投资临界值：设投资额的临界值为 I，则

NPV ＝ －I ＋(60 000 －20 000)×(P/A,10%,5)＋10 000×(P/F,10%,5)＝ 0

得：I ＝ 157 840

收入临界值：设年收入的临界值为 R，则

NPV ＝ －100 000 ＋(R －20 000)×(P/A,10%,5)＋10 000×(P/F,10%,5)＝ 0

得：R ＝ 44 741.773

折现率临界值：设折现率的临界值为 i，则

NPV ＝ －100 000 ＋(60 000 －20 000)×(P/A,i,5)＋10 000×(P/F,i,5)＝ 0

得：i ＝ 30.058%

(4) 绘制敏感性分析表。

根据上述测算值，整理绘制敏感性分析表(表 4.16)。

表 4.16 敏感性分析表

序号	不确定性因素	变化率/%	净现值/元	敏感系数	临界值/元
	基本方案		57 840.68		
1	投资额	−10	67 840.68	−1.729	157 840
		−5	62 840.68	−1.729	
		+5	52 840.68	−1.729	
		+10	47 840.68	−1.729	
2	年收入	−10	35 095.96	3.932	44 741.77
		−5	46 468.32	3.932	
		+5	69 213.04	3.932	
		+10	80 585.4	3.932	
3	折现率	−10	62 085.36	−0.734	30.058
		−5	59 940.63	−0.726	
		+5	55 784.33	−0.711	
		+10	53 770.39	−0.704	

(5) 绘制敏感性分析图。

在敏感性分析图中,与横坐标相交角度最大的曲线对应的因素就是最敏感的因素,如图 4.7 所示。

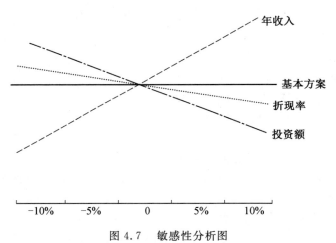

图 4.7 敏感性分析图

对于净现值指标而言,横坐标为临界曲线(NPV=0);对于内部收益率指标而言,以基本方案的内部收益率为 Y 值做出的水平线为基准收益率曲线(临界曲线)。各因素的变化曲线与临界曲线的交点就是其临界变化百分率。

(6) 分析评价。

从敏感性分析表和敏感性分析图可以看出,净现值指标对年收入的变化最敏感。

尽管敏感性分析是一种简便、易行且有效的不确定性分析方法,但其也有一定的局限性。敏感性分析可以找出项目收益对其较敏感的不确定性因素,但无法确定该因素变化的概率。另外,在敏感性分析中,分析某一因素的变化时,一般假定其他因素不变,而实际经济活动中各因素之间是相互影响的。

4. 不确定性分析 —— 情景分析

情景分析类似于敏感性分析,只是包含了各种变量在某种情景下的综合影响。情景分析一般设定3种情景:正常状况、最佳状况和最差状况。在不同的情景下,各变量的预期值随着情景的变化而变化。

【例4.22】 假设公司管理层希望进一步了解该项目在最糟糕的情况下会损失多少,以及在最有利的情况下能有多大收益。表4.17为不同情景下寿命期、年收入、残值的变化表。

解

表4.17 不同情景下寿命期、年收入、残值的变化表

状况	寿命期	年收入/元	残值/元
最佳	7	90 000	15 000
正常	5	60 000	10 000
最差	3	45 000	8 000

由此可以得到各种情景下项目的净现值,见表4.18。

表4.18 各种情景下项目的净现值　　　　　　　　　　　单位:元

NPV	最差	正常	最佳
	−31 818.18	57 840.68	248 486.69

从表4.18中可以看出,在最佳情景下,项目的净现值可以达到248 486.69元,而在最差的情景下,项目的净现值是 −31 818.18元。当最糟糕的情况出现时,项目变得不可行。

情景分析虽然提供了很多有用的信息,但也有其缺点:它认为未来的情况可以明确地分为几种状态,而现实中这些状态一般不能截然分开。

5. 不确定性分析 —— 盈亏平衡分析

盈亏平衡分析是在一定的市场、生产能力和经营管理条件下,研究项目成本与收益平衡关系的方法。随着相关因素变化到一定程度,企业由盈利转为亏损,这个转折点称为盈亏平衡点,在这一点上销售收入与成本费用正好相互抵消。盈亏平衡点越低,说明项目适应市场变化的能力越强,抵抗风险的能力也越强。

盈亏平衡点有多种表达形式,可以用产量、单位产品价格、单位产品可变成本及年固定成本等绝对量表示,也可以用生产能力利用率等相对量表示。在项目不确定性分析中,盈亏平衡点通常用产量和生产能力利用率表示。

(1) 盈亏平衡分析的假设条件。

① 产量等于销售量,即当年生产的产品在当年全部销售出去。

② 销售成本是产量的线性函数,即产量变化时,单位可变成本不变。

③ 销售收入是销售量的线性函数,即销售量变化时,单位产品价格不变。

④ 只生产一种产品,或当生产多种产品时,换算成单一产品,不同产品之间的销售比

例保持不变。

（2）盈亏平衡分析的基本方法。

盈亏平衡分析可以采用图解法，也可以采用代数法。

① 图解法。根据收入与产量、成本与产量的关系，分别画出销售收入（扣除税收）曲线和销售成本曲线。销售收入曲线与销售成本曲线的交点就是盈亏平衡点。盈亏平衡点所表示的产量是保本产量，如图4.8所示。

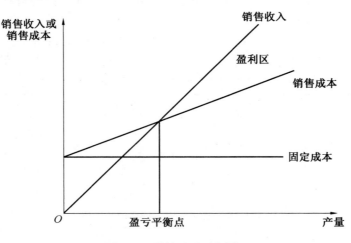

图4.8　线性盈亏平衡图

② 代数法。代数法的核心内容为：

a. 保本点产量，即项目达到盈亏平衡时所必须达到的生产量。

$$C = F + V = F + v \times N \tag{4.29}$$

$$S = (p - t) \times N \tag{4.30}$$

式中　C——销售成本；

　　　F——固定成本；

　　　V——可变成本；

　　　v——单位可变成本；

　　　N——产量；

　　　S——销售收入；

　　　t——单位产品销售税金及附加；

　　　p——单位产品价格。

盈亏平衡时销售收入等于销售成本，即 $C = S$

$$F + V \times N = (p - t) \tag{4.31}$$

$$N^* = \frac{F}{P - V - t} \tag{4.32}$$

式中　N^*——保本点产量（BEP）。

b. 保本点生产能力利用率，即项目达到盈亏平衡时所必须达到的生产能力的百分比。

$$\text{保本点生产能力利用率} = \frac{\text{BEF}(\text{产量})}{N_0} = \frac{F}{P-V-t} \quad (4.33)$$

式中 N_0——设计生产能力。

【例 4.23】 H 工厂某项目年产 20 000 t 化肥,固定成本为 1 202 000 元,单位可变成本为 335 元,单位产品销售税金及附加为 90 元,单位产品售价为 650 元/t。求项目投产后的盈亏平衡点。

解 保本点产量 $= \dfrac{1\,202\,000}{650 - 335 - 90} = 5\,342.22(\text{元})$

$$\text{保本点生产能力利用率} = \frac{5\,342.22}{20\,000} = 26.71\%$$

【例 4.24】 I 公司项目达产第一年的销售收入为 4 520 000 元,固定成本为 1 120 000 元,可变成本为 1 090 000 元,销售税金及附加为 26 000 元,该项目设计生产能力为 10 000 件,求盈亏平衡点。

解 保本点生产能力利用率 $= \dfrac{1\,120\,000}{4\,520\,000 - 1\,090\,000 - 26\,000} = 32.9\%$

保本点产量 $= 10\,000 \times 32.9\% = 3\,290(\text{件})$

或

保本点产量 $= \dfrac{1\,120\,000}{4\,520\,000/10\,000 - 1\,090\,000/10\,000 - 26\,000/10\,000} = 3\,290(\text{件})$

4.4 项目评价基本报表

项目评价基本报表有 4 种,分别是现金流量表、损益和利润分配表、资金来源与运用表及资产负债表。

现金流量表是反映一定时期内(如月度、季度或年度)企业经营活动、投资活动和筹资活动对其现金及现金等价物所产生影响的财务报表。作为项目财务分析的工具,现金流量表的主要作用是决定公司短期生存能力,特别是缴付账单的能力。

损益和利润分配表是一定时期内(通常是 1 年或 1 季度内)企业经营成果的反映,是反映收益和损耗情况的财务报表。利润分配表是反映企业在一定的会计期间实现利润的分配情况或企业亏损的弥补情况,以及期末分配利润结余情况的会计报表。利润分配表是企业 3 张主要会计报表的附表。利润分配表应在企业编制损益表的基础上,根据企业实现利润的实际分配情况进行编制。

资金来源与运用表是用于展示一个组织或企业在特定期间资金的来源和运用情况的财务报表。资金来源与运用表实质上是企业财务状况变化的证明。把资金来源与运用表连同预测资产负债表结合使用,可以表明企业在未来预算期结束时,预期财务状况和本期财务状况不同的原因。

资产负债表是用于展示一个组织或企业在特定日期财务状况的财务报表。该表分为两个主要部分:资产和负债。在这个表格中,资产表示企业拥有的资源和权益,而负债表示企业对外部债权人和股东的义务和承诺。

通过资产负债表所列报的信息,可以帮助信息使用者分析预测企业的偿债能力。偿债能力一般分为短期偿债能力和长期偿债能力。短期偿债能力的强弱取决于企业可以及时变现的流动资产的多少;长期偿债能力的强弱主要取决于企业的资本结构和盈利能力。

4.4.1 现金流量表

计算指标:项目财务内部收益率、项目财务净现值、投资回收期,具体见表4.19和表4.20。

表 4.19 财务现金流量表　　　　　　　　　　　　　　单位:万元

序号	项目	合计	计算期					
			1	2	3	4	…	n
1	现金流入							
1.1	销售(营业)收入							
1.2	回收固定资产余值							
1.3	回收流动资金							
1.4	其他现金流入							
2	现金流出							
2.1	建设投资(不含建设期利息)							
2.2	流动资金							
2.3	经营成本							
2.4	增值税及附加							
2.5	所得税							
2.6	其他现金流出							
3	净现金流量(1-2)							
4	累计现金流量							

表 4.20 资本金现金流量表　　　　　　　　　　　　　　单位:万元

序号	项目	合计	计算期					
			1	2	3	4	…	n
1	现金流入							
1.1	销售(营业)收入							
1.2	回收固定资产余值							
1.3	回收流动资金							
1.4	其他现金流入							
2	现金流出							
2.1	项目资本金							
2.2	借款本金偿还							
2.3	借款利息支付							

续表4.20

序号	项目	合计	计算期					
			1	2	3	4	…	n
2.4	经营成本							
2.5	增值税及附加							
2.6	所得税							
2.7	其他现金流出							
3	净现金流量（1－2）							

4.4.2 损益和利润分配表

计算指标：资本金收益率，具体见表4.21。

表 4.21　损益和利润分配表　　　　　　　　　　　　单位：万元

序号	项目	合计	计算期					
			1	2	3	4	…	n
1	销售（营业）收入（税前）							
2	增值税及附加							
3	总成本费用							
4	利润总额（1－2－3）							
5	弥补以前年度亏损							
6	应纳税所得额（4－5）							
7	所得税							
8	税后利润（4－7）							
9	提取法定盈余公积金（储备基金）							
10	提取公益金（职工奖励与福利基金）							
11	提取任意盈余公积金（企业发展基金）							
12	可供分配利润（8－9－10－11）							
13	应付利润（股利分配）							
14	未分配利润（12－13）							
15	累计未分配利润							

4.4.3 资产负债表

计算资产负债率、流动比率、速动比率，具体见表4.22。

表 4.22 资产负债表 单位:万元

序号	项目	合计	计算期					
			1	2	3	4	…	n
1	资产							
1.1	流动资产总额							
1.1.1	应收账款							
1.1.2	存货							
1.1.3	现金							
1.1.4	累计盈余资金							
1.2	在建项目							
1.3	固定资产净值							
1.4	无形及递延资产净值							
2	负债及所有者权益							
2.1	流动负债总额							
2.1.1	应付账款							
2.1.2	流动资金借款							
2.1.3	其他短期借款							
2.2	长期借款							
2.3	所有者权益							
2.3.1	资本金							
2.3.2	累计盈余公积金							
2.3.3	累计未分配利润							

4.4.4 财务计划现金流量表

表 4.23 反映的是项目计算期内各年的资金盈余或短缺情况,用于选择资金筹措方案,制订适宜的借款及偿还计划,并为编制资产负债表提供依据。

表 4.23 财务计划现金流量表

	项 目	计算期					
		1	2	3	4	…	n
1	经营活动净现金流(1.1－1.2)						
1.1	现金流入						
1.1.1	营业收入						
1.1.2	增值税销项税额						
1.1.3	补贴收入						
1.2	现金流出						
1.2.1	经营成本						
1.2.2	增值税进项税额						
1.2.3	营业税及附加						
1.2.4	增值税						
1.2.5	所得税						

续表4.23

	项 目	计算期					
		1	2	3	4	…	n
2	投资活动净现金流(2.1－2.2)						
2.1	现金流入						
2.2	现金流出						
2.2.1	建设投资						
2.2.2	流动资金						
3	融资活动净现金流(3.1－3.2)						
3.1	现金流入						
3.1.1	项目资本金						
3.1.2	建设投资借款						
3.1.3	流动资金借款						
3.1.4	债券						
3.1.5	短期借款						
3.2	现金流出						
3.2.1	各种利息支付						
3.2.2	借款本金偿还						
3.2.3	应付利润(股利分配)						
4	净现金流量(1＋2＋3)						
5	累积盈余资金						

4.5 项目论证报告书形式

项目论证报告(示例)见表4.24。

表 4.24 项目论证报告(示例)

项目名称：
项目单位：
项目承担单位：
论证方式： 专家论证 □　中介机构论证 □
论证日期： ＿＿＿年＿＿＿月＿＿＿日

一、项目基本情况	
项目名称	
项目单位	

续表4.24

项目类型	① 科学普及活动类项目 □　② 学术交流活动类项目 □ ③ 国际交流与合作类项目 □　④ 科技服务平台类项目 □ ⑤ 信息资源建设类项目 □　⑥ 其他类项目 □		
项目属性	① 延续项目 □　② 新增项目 □		
项目开始时间		项目完成时间	
项目材料及法定手续的完备性			
二、项目可行性论证			
立项依据的充分性	内容:项目与科协行政工作或事业发展计划的关联性,项目立项的必要性、紧迫性等		
目标设置的合理性	内容:项目总体目标、阶段性目标的合理性,目标实现的可能性,目标的可考核性等。		
组织实施能力与条件	内容:项目单位及其合作单位的能力与条件,组织实施条件的充分性,进度安排的合理性及环境支撑条件等。		
预期社会经济效益	内容:项目预期社会效益、经济效益、效益持续力、主要受益者等。		
三、项目预算论证			
资金筹措情况	内容:项目预算资金来源的筹措情况、可靠性等。		
预算支出的合理性	内容:预算支出内容、额度和标准的经济合理性,依据的充分性,不合理预算所涉及的金额等。		
四、项目风险与不确定性因素			

续表4.24

风险与不确定性因素	内容:项目的风险和不确定性因素、项目单位对风险的认识、应对措施的有效性等。
五、论证总体结论	
论证意见	
建议	1.优先选择 □ 2.可选择 □ 3.慎重选择 □
论证机构	论证机构名称： 机构负责人(签字)：　　　　　　　　　　　　　　　　　　（公章）
论证专家组	论证专家组名单 | 编号	姓名	单位	职称/职务	签名
---	---	---	---	---
					  论证专家组组长(签字)： 论证日期：　　　　　　　　　　　　　　　　年　　月　　日

课后习题

1.简述项目论证的主要作用。

2. 简述项目论证的主要内容。

3. 假设一个企业某年的年销售收入为 100 万元,年销售成本为 70 万元,企业所得税税率为 30%,年折旧费为 20 万元,请计算该企业的年净现金流量。

4. 假设某项目的现金流量见表 4.25,如果该行业的标准投资收益率为 12%,试分析:该项目的投资是否可行?

表 4.25 现金流量表

年	0	1	2	3	4
年净现金流量 / 万元	−5 000	500	1 000	2 000	4 000

5. 某项目的各年现金流量如图 4.9 所示,试用净现值指标判断项目的经济性。

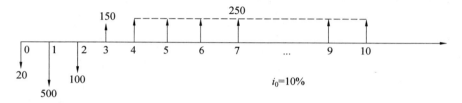

图 4.9 现金流量图

6. 某项目净现金流量见表 4.26。当基准折现率 $i_0=10\%$ 时,试用内部收益率指标判断该项目在经济效果上是否可以接受。

表 4.26 净现金流量表

年	0	1	2	3	4
年净现金流量 / 万元	−4 500	600	800	2 400	3 000

7. 某企业拟生产某种产品,今有 A、B 两个方案可供选择(不考虑资金的时间价值)。

A 方案:新建一条全自动生产线,其投资为 140 万元,第 4 年年末的残值为 20 万元,生产每件产品的运行费用为 420 元,每年预计的维修费为 12 万元。因设备全自动化,无须专人看管。

B 方案:建一条半自动生产线,其投资为 55 万元,使用寿命为 4 年,无残值,生产每件产品的运行费用为 210 元,平均每生产一件产品的维护费为 75 元,每件产品的人工成本费为 400 元。

试判断 A、B 两个方案的优劣。

8. 已知某投资项目的各估算因素见表 4.27。

表 4.27 因素估算表

因素	投资额 / 万元	年收入 / 万元	年支出 / 万元	残值 / 万元	寿命 / 年	折现率 / %
预测值	170	35	3	20	10	12

年收入、年支出、残值、寿命 4 个因素分别按 ±10%、±20%、±30% 变化,分析对该项目的净现值的影响。

第 5 章 项目进度管理

在项目实施过程中,对各阶段的进展程度和项目最终完成的期限所进行的管理即项目进度管理,其目的是保证项目能在满足其时间约束的前提下实现其总体目标。项目进度管理包括两大部分内容,即项目进度计划的制订和项目进度控制。

5.1 项目进度计划

5.1.1 项目进度计划的内容与作用

1. 项目进度计划的内容

项目进度计划包含合同期限、工作量、技术条件、资源条件,这 4 个方面是相互联系的。工作量与合同期限的比例越大,即单位时间完成的工作量越大,对资源和技术条件的要求就越高。技术条件和资源条件包括硬件技术条件和软件技术条件,硬件技术条件是指机械设备的性能、质量和数量,软件技术条件主要是指项目组织(包括编制项目进度计划)、项目计划和实施方法。只有全面考虑上述因素,才能制订出切实可行的项目进度计划。从业主的角度出发,一个项目的合同工期必须与基本价格相协调,并且和项目对机械设备的要求一致,一些保证项目质量和项目进度的关键机械设备,必须在投标文件中明确体现;从承包人的角度出发,在合同工期后对某一项目做出承诺,配置投标时必须明确考虑所需要的资源。

2. 项目进度计划的作用

(1) 为项目实施过程中的进度控制提供依据。
(2) 为项目实施过程中的劳动力和各种资源的配置提供依据。
(3) 为项目实施有关各方在时间上的协调配合提供依据。
(4) 为在规定期限内保质、高效地完成项目提供保障。

5.1.2 项目进度计划的主要形式

1. 甘特图

甘特图是由亨利·甘特(Henry Gantt)于 1910 年开发的,它通过条状图来显示项目活动的进度、内在关系和随时间进展的情况。

图 5.1 的甘特图中,横轴表示时间,纵轴表示活动(项目)。线条表示在整个期间计划和实际的活动完成情况。甘特图可以直观地表明任务计划在什么时候进行,以及实际进展与计划要求的对比。管理者由此可以清晰地知道每一项任务(项目)的剩余工作内容,

并可评估工作是提前还是滞后,抑或正常进行。除此以外,甘特图还有简单、醒目和便于编制等特点。

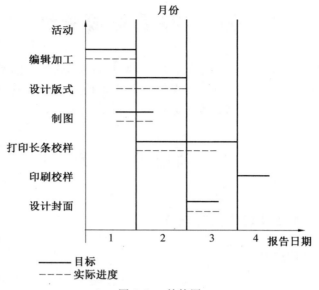

图 5.1　甘特图

所以,甘特图对于项目管理是一种理想的控制工具。

(1) 甘特图的含义。

① 以图形或表格的形式显示活动。

② 现在是一种通用的显示进度的方法。

③ 构造时应包括实际日历天数和持续时间,并且不要将周末和节假日算在进度之内。

(2) 甘特图的优点。

① 图形化概要,技术通用,易于理解。

② 中小型项目一般不超过 30 项活动。

③ 有专业软件支持,无须担心复杂计算和分析。

(3) 甘特图的局限。

① 甘特图事实上仅仅部分地反映了项目管理的三重约束(时间、成本和范围),因为它主要关注进度管理(时间)。

② 软件的不足。尽管能够通过项目管理软件描绘出项目活动的内在关系,但是如果关系过多,纷繁芜杂的线图必将增加甘特图的阅读难度。

2. 网络图

网络图是以箭线和节点组成的网状结构图直观地表示各项工作的开始和结束时间,并能充分反映项目各项工作的逻辑关系及项目的关键工作。网络图表示的进度计划能全面、准确地反映出各项工作之间的相互制约关系,有单代号网络图和双代号网络图,图 5.2 为单代号网络图。

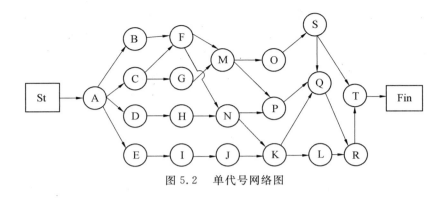

图 5.2　单代号网络图

5.2　网络计划技术

5.2.1　网络计划技术的产生及应用

1. 关键线路法和计划评审技术

网络计划技术主要有关键路线法和计划评审技术两种形式。

关键路线法（CPM）于 1956 年由杜邦公司独立开发出来，于 1959 年公之于世。

计划评审技术（PERT）出现于 1958 年，是美国海军在研究开发北极星（Polaris）号潜艇远程导弹的项目中开发出来的。

CPM 和 PERT 的基本原理 CPM 又称关键路径法，是一种根据项目活动的网络结构图与各活动时间安排情况确定下来的进度计划编制方法，它具有高效、简洁、灵活的特点，目前被广泛应用于企业项目进度管理领域，并取得了显著成效。在确定项目进度计划关键路线时，项目管理人员通常采用顺推法和逆推法相结合的方式进行计算，他们利用现代计算方法综合分析整个项目活动，最终准确计算出整个项目活动的最早和最晚开始时间以及结束时间。在此基础上，项目管理人员坚持经济性原则，选出总时差最小的项目进度计划编制路径，以有效提升项目进度计划编制的效率和质量，实现计划编制的最优化，提高企业经济效益。

PERT 又称计划评审技术，它主要适用于项目进度管理中项目活动持续时间不确定的情况。当项目管理中某项活动的开始和结束时间难以确定时，项目管理人员即采用概率统计法计算出项目活动的平均期望时间，并将其作为活动持续时间输入网络图中，实现项目活动从不确定到确定的转变，最后得出项目进度计划的时间参数，以保证整个项目进度管理的正常和稳定进行。CPM 和 PERT 作为两种传统的项目进度计划编制方法，有效地保证了项目活动进度管理的高效进行，因此被广泛应用于企业项目进度管理活动中。

CPM 和 PERT 特点对比分析：CPM 和 PERT 作为两种常见的项目进度计划编制方法，有其各自的优势与不足。本书在综合项目管理人员管理经验的基础上，对 CPM 和 PERT 的特点进行了分析与对比。详见表 5.1。

表 5.1　CPM 和 PERT 的特点对比

比较项目	关键路线法（CPM）	计划评审技术（PERT）
类型	肯定型	概率型
活动流向	所有活动均由始点流向终点，无回路	所有活动均由始点流向终点，无回路
活动时间	确定	服从概率分布，用平均值来表示
网络基础	箭线图或双代号网络图	箭线图或双代号网络图
进度控制基础	关键路径	关键路径
虚活动	允许	允许
安全时间	隐藏于各活动中	隐藏于各活动中
项目开工时间	尽早开工	尽早开工
逻辑关系	所有的活动都必须实现	一般的活动必须实现，但条件变化时可预测概率

(1) CPM 和 PERT 的不同点。

① 计算标准不同。CPM 将项目活动持续时间的估算值作为项目进度计划编制标准，它表示的是项目活动可能持续的时间，并不是确定的持续时间值。而 PERT 则将 3 种活动持续时间，即最可能时间、乐观时间、悲观时间的加权值作为项目进度计划的编制标准，它表示的是项目活动的平均持续时间。

② 坚持的计算原则不同。CPM 的计算原则是单一的时间估算论，其本质为必然论，即计算出来的是一个必然的结果。而 PERT 的计算原则是综合性的时间计算论，其本质为或然论，即计算出来的是一个可能的结果，并不一定与实际情况相符。每个项目活动是基于 beta 分布的，最终得出的预期时间期限是呈正态分布的。

③ 适应项目不同。CPM 是一种精确的时间预算方式，它主要适用于一些对资源依赖性较强的建筑项目。而 PERT 是一种粗略的时间预算方式，所得出的结果是可能出现的结果，并不唯一，它主要适用于一些时间变动较大的、管理风险系数较高的研发项目。

(2) CPM 和 PERT 的相同点。

① 都给定了项目活动的期望平均时间。虽然二者的时间计算方式不同，但在实际计算过程中，它们都计算了给定项目活动的期望平均时间，保证了项目进度计划编制的科学性和有效性。

② 网络计算相同。CPM 和 PERT 的网络计算相同。无论是顺推法还是逆推法都得到了项目进展的可能时间，这在一定程度上为项目活动的顺利开展提供了坚实基础。

③ 都可以通过虚拟活动来展示其逻辑性。

④ 安全活动时间不直接表现出来，而是隐藏于各个活动时间当中。

⑤ 均要求在无资源约束和制约的环境下尽早开工。

5.2.2 网络图的绘制步骤

1. 基本概念

(1) 网络图。

完成一项计划(或项目),需进行许多工作(或项目实施过程)。用一个箭杆表示一项工作,工作的名称写在箭杆上方,工作的持续时间写在箭杆下方,箭尾表示工作开始,箭头表示工作结束。箭头、箭尾衔接处画圆圈并编号,用箭尾、箭头的号码作为这项工作的代号,这种表示方法称为双代号法。将所有工作(或项目实施过程)按顺序及相互关系从左向右画成网络状图形,称为网络图。

(2) 工作。

工作(或项目实施过程)的划分根据需要可粗可细。根据资源及时间的消耗,工作可分为:

工作 —— 消耗时间,消耗资源。如扎筋、立模、浇混凝土等;

间歇 —— 只消耗时间,不消耗资源,包括工艺间歇及组织间歇,如混凝土养护、油漆干燥、测量放样等。

虚工作 —— 不消耗时间,也不消耗资源,仅为了表示工作间的逻辑关系而引入,用虚箭杆表示。箭杆的长度一般可不按比例绘制(除时间坐标网络图外),方向也可任意,但为了整齐,箭头通常向右向下。

(3) 事件(节点)。

表示(计划)工作开始、结束或连接关系,用圆圈表示,节点又分:

原始节点 —— 表示一项计划开始;

结束节点 —— 表示一项计划结束;

起点节点 —— 表示一项工作开始;

终点节点 —— 表示一项工作结束;

中间节点 —— 一项计划中,除原始、结束节点外都是中间节点,它既是紧前工作的终点节点,又是紧后工作的起点节点。

(4) 线路。

图 5.3 中,从原始节点至结束节点经过的通道称为线路,一个网络计划有若干条线路。其中持续时间最长的线路为关键线路,关键线路上的工作为关键工作。

图中有几条路线:

第一条:1—2—3—7—9—10 持续时间为 10 d;

第二条:1—2—3—5—6—7—9—10 持续时间为 11 d;

第三条:1—2—3—5—6—8—9—10 持续时间为 10 d;

第四条:1—2—4—5—6—7—9—10 持续时间为 10 d;

第五条:1—2—4—5—6—8—9—10 持续时间为 9 d;

第六条:1—2—4—8—10 持续时间为 7 d。

其中第二条的持续时间最长,为 11 d,可作为该项目的计划周期,该路线上的工作拖

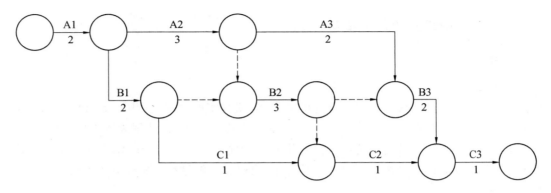

图 5.3　线路图

延或提前,整个项目的完成时间将发生变化,故称为"关键线路",其余为非关键线路。

2. 网络图的绘制

逻辑关系即各工作在工艺上的先后顺序及项目组织中各工作间相互制约、相互依赖的关系。常见逻辑表示方式见表 5.2。

表 5.2　常见逻辑表示方式

序号	工作间的逻辑关系	表示方法
1	A、B、C 无紧前工作,即 A、B、C 均为计划的第一项工作,且平行进行	
2	A 完成后,B、C、D 才能开始	
3	A、B、C 均完成后,D 才能开始	

续表5.2

序号	工作间的逻辑关系	表示方法
4	A、B均完成后,C、D才能开始	
5	A完成后,D才能开始,A、B均完成后,E才能开始,A、B、C均完成后,F才能开始	
6	A与D同时开始,B为A的紧后工作,C是B、D的紧后工作	
7	A、B均完成后,D才开始,A、B、C均完成后,E才能开始,D、E完成后,F才能开始	
8	A结束后,B、C、D才能开始,B、C、D结束后,E才能开始	

续表5.2

序号	工作间的逻辑关系	表示方法
9	A、B 完成后,D 才能开始,B、C 完成后,E 才能开始	
10	工作 A、B 分 3 个施工段,分段流水作业,a1 完成后进行 a2、b1,a2、b1 完成后进行 a3、b2,a3、b2 完成后进行 b3	
11	A、B 均完成后,C 才能开始,A、B 各分为 a1、a2、a3 和 b1、b2、b3 3 个施工段,C 分为 c1、c2、c3,A、B、C 分 3 段交叉施工	

续表5.2

序号	工作间的逻辑关系	表示方法
12	A、B、C为最后3项工作,即A、B、C无紧后工作	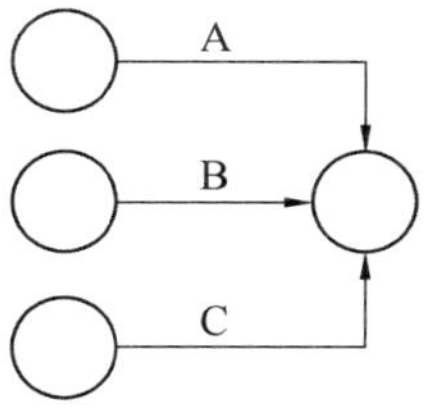 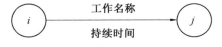

5.2.3 网络图的绘制规则

要正确绘制出网络图,除保证各工作间逻辑关系的正确外,还须遵循下述规则:网络图是有方向的,不允许出现回路;直接连接两个相邻节点之间的活动只能有一个;一个作业不能在两处出现;箭线首尾必有节点,不能从箭线中间引出另一条箭线;网络图必须只有一个网络始点和一个终点;各项活动之间的衔接必须按逻辑关系进行;工作或事件的字母代号或数字编号,在同一网络图中不允许重复使用,每条箭线箭头节点的编号(J)必须大于其箭尾节点的编号(I);尽量避免箭线交叉(采用过桥法或指向处理法);标注出各项工作的历时;网络图中不允许出现无头箭线和双头箭线。

5.3 双代号网络计划

5.3.1 双代号网络图

双代号网络图是以箭线及其两端节点的编号表示工作的网络图,双代号网络图由箭线、节点、线路3个基本要素组成。

1. 基本要素

(1)箭线。

① 在双代号网络图中,每一条箭线表示一项工作。图5.4中箭线的箭尾节点表示该工作的开始,箭头节点表示该工作的结束。工作的名称标注在箭线的上方,完成该项工作所需要的持续时间标注在箭线的下方。由于一项工作需用一条箭线及其箭尾箭头处两个圆圈中的号码来表示,故称为双代号表示法。

图 5.4 双代号表示法

② 在双代号网络图中,任意一条实箭线都要占用时间、消耗资源(有时只占用时间,不消耗资源)。在建筑工程中,一条箭线表示项目中的一个施工过程,它可以是一道工序、一个分项工程、一个分部工程或一个单位工程,其粗细程度、大小范围的划分根据计划任务的需要来确定。

③ 在双代号网络图中,为了正确地表达工作之间的逻辑关系,往往需要应用虚箭线,图 5.5 中用虚箭线来表示工作之间的逻辑关系。

图 5.5　双代号虚线表示法

虚箭线是实际工作中并不存在的一项虚拟工作,故它们既不占用时间,也不消耗资源,一般起着工作之间的联系、区分和断路 3 个作用。联系作用是指应用虚箭线正确表达工作之间相互依存的关系;区分作用是指双代号网络图中每一项工作都必须用一条箭线和两个代号表示,若两项工作的代号相同,应使用虚工作加以区分;断路作用是用虚箭线断掉多余联系(即在网络图中把无联系的工作连接上时,应加上虚工作将其断开)。

④ 在无时间坐标限制的网络图中,箭线的长度原则上可以任意画,其占用的时间以下方标注的时间参数为准。箭线可以为直线、折线或斜线,但其行进方向均应从左向右,在有时间坐标限制的网络图中,箭线的长度必须根据完成该工作所需持续时间的大小按比例绘制。图 5.6 为箭线的表达形式。

图 5.6　箭线的表达形式

⑤ 在双代号网络图中,通常将被研究的对象称为本工作,用 $i-j$ 工作表示,紧排在本工作之前的工作称为紧前工作,紧排在本工作之后的工作称为紧后工作,与之平行进行的工作称为平行工作。

(2) 节点。

节点是网络图中箭线之间的连接点。在双代号网络图中,节点既不占用时间、也不消耗资源,是个瞬时值,即它只表示工作的开始或结束的瞬间,起着承上启下的衔接作用。图 5.7 表达了网络图中 3 种类型的节点。

① 起点节点。

网络图的第一个节点叫"起点节点",它只有外向箭线,一般表示一项任务或一个项目的开始。

② 中间节点。

网络图中既有内向箭线,又有外向箭线的节点称为中间节点。

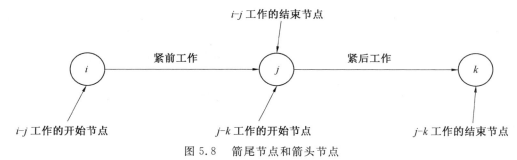

(a) 起点节点　　　　　　(b) 中间节点　　　　　　(c) 终点节点

图 5.7　节点类型示意图

③ 终点节点。

网络图的最后一个节点叫"终点节点",它只有内向箭线,一般表示一项任务或一个项目的完成。

在双代号网络图中,节点应用圆圈表示,并在圆圈内编号。一项工作应当只有唯一的一条箭线和相应的一对节点,且要求箭尾节点的编号小于其箭头节点的编号。例如在图 5.8 中,应有:$i<j<k$。网络图节点的编号顺序应从小到大,可不连续,但不允许重复。

图 5.8　箭尾节点和箭头节点

(3) 线路。

网络图中从起点节点开始,沿箭头方向通过一系列箭线与节点,最后达到终点节点的通路称为线路。线路上各项工作持续时间的总和称为该线路的计算工期。一般网络图有多条线路,可依次用该线路上的节点代号来记述,其中最长的一条线路叫作"关键线路",位于关键线路上的工作叫作"关键工作"。

2. 逻辑关系

网络图中工作之间相互制约或相互依赖的关系称为逻辑关系,它包括工艺关系和组织关系,在网络中均应表现为工作之间的先后顺序。

(1) 工艺关系。

生产性工作之间由工艺过程决定的、非生产性工作之间由工作程序决定的先后顺序叫工艺关系。

(2) 组织关系。

工作之间由于组织安排需要或资源(人力、材料、机械设备和资金等)调配需要而规定的先后顺序关系叫组织关系。

网络图必须正确地表达整个项目或任务的工艺流程和各工作开展的先后顺序,以及它们之间相互依赖、相互制约的逻辑关系,因此,绘制网络图时必须遵循一定的基本规则和要求。

3. 绘图规则

(1) 双代号网络图必须正确表达一定的逻辑关系。

(2) 双代号网络图中,严禁出现循环线路。

图 5.9 为循环线路示意图,是指从网络图中的某一个节点出发,顺着箭线方向又回到了原来出发点的线路。

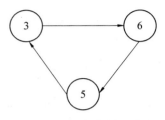

图 5.9 循环线路示意图

(3) 双代号网络图中,在节点之间严禁出现带双向箭头或无箭头的连线。

(4) 双代号网络图中,严禁出现没有箭头节点或没有箭尾节点的箭线。

(5) 图 5.10 为母线的表示方法,当双代号网络图的某些节点有多条外向箭线或多条内向箭线时,为使图形简洁,可使用母线法绘制(但应满足一项工作用一条箭线和相应的一对节点表示)。

(6) 图 5.11 为箭线交叉时的表示方法,绘制网络图时,箭线不宜交叉,当交叉不可避免时,可用过桥法或指向法。

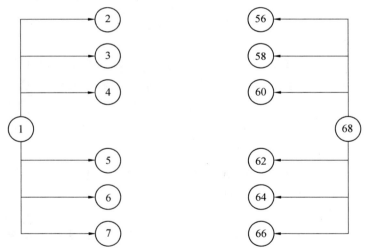

图 5.10 母线的表示方法

(7) 双代号网络图中,应只有一个起点节点和一个终点节点(多目标网络计划除外);而其他所有节点均应是中间节点。

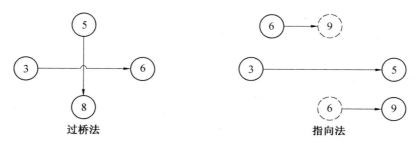

图 5.11 箭线交叉时的表示方法

5.3.2 双代号网络计划时间参数的计算

双代号网络计划时间参数计算的目的在于通过计算各项工作的时间参数,确定网络计划的关键工作、关键线路和工期,为网络计划的优化、调整和执行提供明确的时间参数。双代号网络计划时间参数的计算方法很多,一般常用的有:按工作计算法和按节点计算法进行计算;在计算方式上又有分析计算法、表上计算法、图上计算法、矩阵计算法和电算法等。本节只介绍按工作计算法在图上进行计算的方法。

1. 时间参数的概念及其符号

(1) 工作持续时间(D_{i-j})。

工作持续时间是对一项工作规定的从开始到完成的时间。在双代号网络计划中,工作 $i-j$ 的持续时间用 D_{i-j} 表示。

(2) 工期(T)。

工期泛指完成任务所需要的时间,一般有以下 3 种。

① 计算工期:根据网络计划时间参数计算出来的工期,用 T_c 表示。

② 要求工期:任务委托人所要求的工期,用 T_r 表示。

③ 计划工期:在要求工期和计算工期的基础上综合考虑需要和可能而确定的工期,用 T_p 表示。网络计划的计划工期 T_p 应按下列情况分别确定。

a. 当已规定了要求工期 T_r 时

$$T_p \leqslant T_r \tag{5.1}$$

b. 当未规定要求工期时,可令计划工期等于计算工期

$$T_p = T_c \tag{5.2}$$

(3) 网络计划中工作的 6 个时间参数。

① 最早开始时间(ES_{i-j}):指在各紧前工作全部完成后,本工作有可能开始的最早时刻。工作 $i-j$ 的最早开始时间用 ES_{i-j} 表示。

② 最早完成时间(EF_{i-j}):指在各紧前工作全部完成后,本工作有可能完成的最早时刻。工作 $i-j$ 的最早完成时间用 EF_{i-j} 表示。

③ 最迟开始时间(LS_{i-j}):指在不影响整个任务按期完成的前提下,工作必须开始的最迟时刻。工作 $i-j$ 的最迟开始时间用 LS_{i-j} 表示。

④ 最迟完成时间(LF_{i-j}):指在不影响整个任务按期完成的前提下,工作必须完成的

最迟时刻。工作 $i-j$ 的最迟完成时间用 LF_{i-j} 表示。

⑤ 总时差(TF_{i-j}):指在不影响总工期的前提下,本工作可以利用的机动时间。工作 $i-j$ 的总时差用 TF_{i-j} 表示。

⑥ 自由时差(FF_{i-j}):指在不影响紧后工作最早开始的前提下,本工作可以利用的机动时间。工作 $i-j$ 的自由时差用 FF_{i-j} 表示。

图 5.12 为网络计划图的参数标注,按工作计算法计算网络计划中各时间参数,其计算结果应标注在箭线之上。

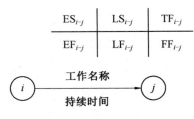

图 5.12 参数标注

2. 双代号网络计划时间参数计算

按工作计算法在网络图上计算 6 个工作时间参数,必须在清楚计算顺序和计算步骤的基础上,列出必要的公式,以加深对时间参数计算的理解。时间参数的计算步骤为:

(1) 最早开始时间和最早完成时间的计算。

如前所述,工作最早时间参数受到紧前工作的约束,故其计算顺序应从起点节点开始,顺着箭线方向依次逐项计算。

① 以网络计划的起点节点为开始节点的工作的最早开始时间为 0。如网络计划起点节点的编号为 1,则

$$ES_{i-j} = 0 (i=1) \tag{5.3}$$

② 顺着箭线方向依次计算各个工作的最早完成时间和最早开始时间。

a. 最早开始时间等于各紧前工作的最早完成时间 EF_{h-i} 的最大值

$$ES_{i-j} = \max[EF_{h-i}] \tag{5.4}$$

或

$$ES_{i-j} = \max[ES_{h-i} + D_{h-i}] \tag{5.5}$$

b. 最早完成时间等于最早开始时间加上其持续时间

$$EF_{i-j} = ES_{i-j} + D_{i-j} \tag{5.6}$$

(2) 确定计算工期 T_c。

计算工期等于以网络计划的终点节点为箭头节点的各个工作的最早完成时间的最大值。当网络计划终点节点的编号为 n 时,计算工期

$$T_c = \max[EF_{i-n}] \tag{5.7}$$

当无工期限制时,取计划工期等于计算工期,即取:$T_p = T_c$。

(3) 最迟开始时间和最迟完成时间的计算。

工作最迟时间参数受到紧后工作的约束,故其计算顺序应从终点节点起,逆着箭线方向依次逐项计算。

① 以网络计划的终点节点($j=n$)为箭头节点的工作的最迟完成时间等于计划工期 T_p，即

$$LF_{i-n} = T_p \tag{5.8}$$

② 逆着箭线方向依次计算各个工作的最迟开始时间和最迟完成时间。

a. 最迟完成时间等于各紧后工作的最迟开始时间 LS_{j-k} 的最小值

$$LF_{i-j} = \min[LS_{j-k}] \tag{5.9}$$

或

$$LF_{i-j} = \min[LF_{j-k} - D_{j-k}] \tag{5.10}$$

b. 最迟开始时间等于最迟完成时间减去其持续时间

$$LS_{i-j} = LF_{i-j} - D_{i-j} \tag{5.11}$$

(4) 计算工作总时差。

总时差等于其最迟开始时间减去最早开始时间，或等于最迟完成时间减去最早完成时间

$$TF_{i-j} = LS_{i-j} - ES_{i-j} \tag{5.12}$$

或

$$TF_{i-j} = LF_{i-j} - EF_{i-j} \tag{5.13}$$

(5) 计算工作自由时差。

当工作 $i-j$ 有紧后工作 $j-k$ 时，其自由时差应为

$$FF_{i-j} = ES_{j-k} - EF_{i-j} \tag{5.14}$$

或

$$FF_{i-j} = ES_{j-k} - ES_{i-j} - D_{i-j} \tag{5.15}$$

以网络计划的终点节点($j=n$)为箭头节点的工作，其自由时差 FF_{i-n} 应按网络计划的计划工期 T_p 确定，即

$$FF_{i-n} = T_p - EF_{i-n} \tag{5.16}$$

5.3.3 关键工作和关键线路的确定

【例 5.1】 已知网络计划的资料见表 5.3，试绘制双代号网络计划；若计划工期等于计算工期，试计算各项工作的 6 个时间参数并确定关键线路，标注在网络计划上。

表 5.3 网络计划的资料表(试绘制双代号网络计划)

工作名称	A	B	C	D	E	F	G	H
紧前工作	—	—	B	B	A、C	A、C	D、E、F	D、F
持续时间 /d	4	2	3	3	5	6	3	5

解 根据表 5.3 中网络计划的有关资料，计算各项工作的时间参数如下。

(1) 以网络计划起点节点为开始节点的各项工作的最早开始时间为 0。

$$ES_{1-2} = ES_{1-3} = 0$$

(2) 计算各项工作的最早开始和最早完成时间。

$$EF_{1-2} = ES_{1-2} + D_{1-2} = 0 + 2 = 2$$

$$EF_{1-3} = ES_{1-3} + D_{1-3} = 0 + 4 = 4$$
$$ES_{2-3} = ES_{2-3} = EF_{1-2} = 2$$
$$EF_{2-3} = ES_{2-3} + D_{2-3} = 2 + 3 = 5$$
$$EF_{2-4} = ES_{2-4} + D_{2-3} = 2 + 3 = 5$$
$$ES_{3-4} = ES_{3-5} = \max[EF_{1-3}, EF_{2-3}] = \max[4,5] = 5$$
$$EF_{3-4} = ES_{3-4} + D_{3-4} = 5 + 6 = 11$$
$$EF_{3-5} = ES_{3-5} + D_{3-5} = 5 + 5 = 10$$
$$ES_{4-6} = ES_{4-5} = \max[EF_{3-4}, EF_{2-4}] = \max[11,5] = 11$$
$$EF_{4-6} = ES_{4-6} + D_{4-6} = 11 + 5 = 16$$
$$EF_{4-5} = 11 + 0 = 11$$
$$ES_{15-6} = \max[EF_{3-5}, EF_{4-5}] = \max[10,11] = 11$$
$$ES_{5-6} = 11 + 3 = 14$$

(3) 确定计算工期 T_c 及计划工期 T_p。
$$T_c = \max[EF_{5-6}, EF_{4-6}] = \max[14,16] = 16$$

已知计划工期等于计算工期
$$T_p = T_c = 16$$

(4) 计算各项工作的最迟开始时间和最迟完成时间。

从终点节点（⑥ 节点）开始逆着箭线方向依次逐项计算到起点节点（① 节点）。
$$LF_{4-6} = LF_{5-6} = 16$$
$$LS_{4-6} = LF_{4-6} - D_{4-6} = 16 - 5 = 11$$
$$LS_{5-6} = LF_{5-6} - D_{5-6} = 16 - 3 = 13$$
$$LF_{3-5} = LF_{4-5} = LS_{5-6} = 13$$
$$LS_{3-5} = LF_{3-5} - D_{3-5} = 13 - 5 = 8$$
$$LS_{4-5} = LF_{4-5} - D_{4-5} = 13 - 0 = 13$$
$$LF_{2-4} = LF_{3-4} = \min[LS_{4-5}, LS_{4-6}] = \min[13,11] = 11$$
$$LS_{2-4} = LF_{2-4} - D_{2-4} = 11 - 3 = 8$$
$$LS_{3-4} = LF_{3-4} - D_{3-4} = 11 - 6 = 5$$
$$LF_{1-3} = LF_{2-3} = \min[LS_{3-4}, LS_{3-5}] = \min[5,8] = 5$$
$$LS_{1-3} = LF_{1-3} - D_{1-3} = 5 - 4 = 1$$
$$LS_{2-3} = LF_{2-3} - D_{2-3} = 5 - 3 = 2$$
$$LF_{1-2} = \min[LS_{2-3}, LS_{2-4}] = \min[2,8] = 2$$
$$LS_{1-2} = LF_{1-2} - D_{1-2} = 2 - 2 = 0$$

(5) 计算各项工作的总时差 TF_{i-j}。

可以用工作的最迟开始时间减去最早开始时间或用工作的最迟完成时间减去最早完成时间
$$TF_{1-2} = LS_{1-2} - ES_{1-2} = 0 - 0 = 0 \text{ 或 } TF_{1-2} = LF_{1-2} - EF_{1-2} = 2 - 2 = 0$$
$$TF_{1-3} = LS_{1-3} - ES_{1-3} = 1 - 0 = 1$$
$$TF_{2-3} = LS_{2-3} - ES_{2-3} = 2 - 2 = 0$$

$$TF_{2-4} = LS_{2-4} - ES_{2-4} = 8 - 2 = 6$$
$$TF_{3-4} = LS_{3-4} - ES_{3-4} = 5 - 5 = 0$$
$$TF_{3-5} = LS_{3-5} - ES_{3-5} = 8 - 5 = 3$$
$$TF_{4-6} = LS_{4-6} - ES_{4-6} = 11 - 11 = 0$$
$$TF_{5-6} = LS_{5-6} - ES_{5-6} = 13 - 11 = 2$$

(6) 计算各项工作的自由时差 TF_{i-j}。
$$FF_{1-2} = ES_{2-3} - EF_{1-2} = 2 - 2 = 0$$
$$FF_{1-3} = ES_{3-4} - EF_{1-3} = 5 - 4 = 1$$
$$FF_{2-3} = ES_{3-5} - EF_{2-3} = 5 - 5 = 0$$
$$FF_{2-4} = ES_{4-6} - EF_{2-4} = 11 - 5 = 6$$
$$FF_{3-4} = ES_{4-6} - EF_{3-4} = 11 - 11 = 0$$
$$FF_{3-5} = ES_{5-6} - EF_{3-5} = 11 - 10 = 1$$
$$FF_{4-6} = T_p - EF_{4-6} = 16 - 16 = 0$$
$$FF_{5-6} = T_p - EF_{5-6} = 16 - 14 = 2$$

(7) 确定关键工作及关键线路。

在本例中,最小的总时差是 0,所以,凡是总时差为 0 的工作均为关键工作。该例中的关键工作是 ①—②;②—③;③—④;④—⑥(或关键工作是 B、C、F、H)。故本例中,自始至终全由关键工作组成的关键线路是 ①—②—③—④—⑥。图 5.13 为该双代号网络计划图。

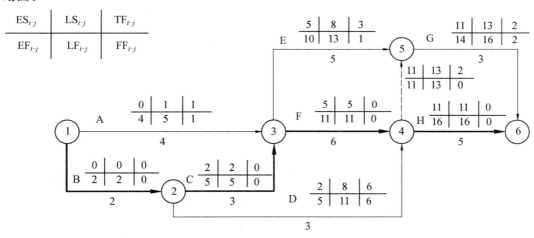

图 5.13 双代号网络计划图

5.3.4 双代号时标网络计划

1. 双代号时标网络计划的特点

双代号时标网络计划是以水平时间坐标为尺度编制的双代号网络计划,其主要特点如下。

(1) 时标网络计划兼有网络计划与横道计划的优点,它能够清楚地表明计划的时间进程,使用方便。

(2)时标网络计划能在图上直接显示出各项工作的开始与完成时间,以及工作的自由时差及关键线路。

(3)在时标网络计划中可以统计每一个单位时间对资源的需要量,以便进行资源优化和调整。

(4)由于箭线受到时间坐标的限制,当情况发生变化时,对网络计划的修改比较麻烦,往往要重新绘图。但在使用计算机以后,这一问题已较容易解决。

2. 双代号时标网络计划的一般规定

(1)时间坐标的时间单位应根据需要在编制网络计划之前确定,可为:季、月、周、天等。

(2)时标网络计划应以实箭线表示工作,以虚箭线表示虚工作,以波形线表示工作的自由时差。

(3)时标网络计划中所有符号在时间坐标上的水平投影位置,都必须与其时间参数相对应。节点中心必须对准相应的时标位置。

(4)虚工作必须以垂直方向的虚箭线表示,有自由时差时加波形线表示。

3. 时标网络计划的编制

时标网络计划宜按各个工作的最早开始时间编制。在编制时标网络计划之前,应先按已确定的时间单位绘制出时标计划表(表 5.4)。

表 5.4　时标计划表

日历												
(时间单位)							0	1	2	3	4	5	6
网络计划												
(时间单位)												

双代号时标网络计划的编制方法有两种。

(1)间接法绘制。

先绘制出时标网络计划,计算各项工作的最早时间参数,再根据最早时间参数在时标计划表上确定节点位置,连线完成,某些工作箭线长度不足以到达该工作的完成节点时,用波形线补足。

(2)直接法绘制。

根据网络计划中工作之间的逻辑关系及各工作的持续时间,直接在时标计划表上绘制时标网络计划。绘制步骤如下。

① 将起点节点定位在时标计划表的起始刻度线上。

② 按工作持续时间在时标计划表上绘制起点节点的外向箭线。

③ 其他工作的开始节点必须在其所有紧前工作都绘制出以后,定位在这些紧前工作最早完成时间最大值的时间刻度上,某些工作的箭线长度不足以到达该节点时,用波形线补足,箭头画在波形线与节点连接处。

④ 用上述方法从左至右依次确定其他节点位置,直至网络计划终点节点定位,绘图完成。

【例 5.2】 已知网络计划的资料见表 5.5,试用直接法绘制双代号时标网络计划。

表 5.5 网络计划的资料表(试绘制双代号时标网络计划)

工作名称	A	B	C	D	E	F	G	H	I
紧前工作	—	—	—	A	A、B	D	C、E	C	D、G
持续时间 /d	3	4	7	5	2	5	3	5	4

【解】 根据上表中网络计划的有关资料,按照时标网络计划的绘图规则,绘制双代号时标网络计划,如图 5.14 所示。

(1) 将网络计划的起点节点定位在时标表的起始刻度线的位置上,起点节点的编号为 1。

(2) 画节点 ① 的外向箭线,即按各工作的持续时间,画出无紧前工作的 A、B、C 工作,并确定节点 ②、③、④ 的位置。

(3) 依次画出节点 ②、③、④ 的外向箭线工作 D、E、H,并确定节点 ⑤、⑥ 的位置。节点 ⑥ 的位置定位在其两条内向箭线的最早完成时间的最大值处,即定位在时标值 7 的位置,工作 E 的箭线长度达不到 ⑥ 节点,则用波形线补足。

(4) 按上述步骤,直到画出全部工作,确定出终点节点 ⑧ 的位置,时标网络计划绘制完毕。

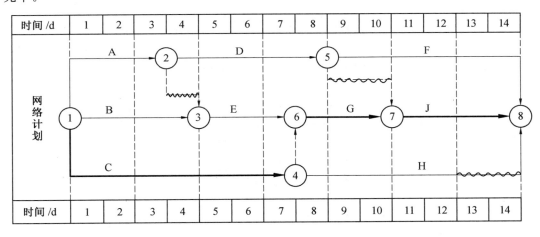

图 5.14 双代号时标网络计划

4. 关键线路和计算工期的确定

(1) 时标网络计划关键线路的确定,应自终点节点逆箭线方向朝起点节点逐次进行判定:从终点到起点不出现波形线的线路即为关键线路。

(2) 时标网络计划的计算工期,应是终点节点与起点节点所在位置之差。

5. 时标网络计划时间参数的确定

在时标网络计划中,6 个工作时间参数的确定步骤如下。

(1) 最早时间参数的确定。

按最早开始时间绘制时标网络计划，最早时间参数可直接确定。

(2) 最早开始时间 ES_{i-j}。

每条实箭线左端箭尾节点（i 节点）中心所对应的时标值，即为该工作的最早开始时间。

(3) 最早完成时间 EF_{i-j}。

如箭线右端无波形线，则该箭线右端节点（j 节点）中心所对应的时标值为该工作的最早完成时间；如箭线右端有波形线，则实箭线右端末所对应的时标值即为该工作的最早完成时间。

(4) 自由时差的确定。

时标网络计划中各工作的自由时差值应为表示该工作的箭线中波形线部分在坐标轴上的水平投影长度。

6. 总时差的确定

时标网络计划中工作的总时差的计算应自右向左进行，且符合下列规定。

(1) 以终点节点（$j=n$）为箭头节点的工作的总时差 TF_{i-n} 应按网络计划的计划工期 T_p 计算确定，即

$$TF_{i-n} = T_p - EF_{i-n} \tag{5.17}$$

(2) 其他工作的总时差等于其紧后工作 $j-k$ 总时差的最小值与本工作的自由时差之和，即

$$TF_{i-j} = \min[TF_{j-k}] + FF_{i-j} \tag{5.18}$$

(3) 最迟时间参数的确定。

时标网络计划中工作的最迟开始时间和最迟完成时间可按下式计算

$$LS_{i-j} = ES_{i-j} + TF_{i-j} \tag{5.19}$$

$$LF_{i-j} = EF_{i-j} + TF_{i-j} \tag{5.20}$$

由此类推，可计算出各项工作的最迟开始时间和最迟完成时间。

5.4 单代号网络计划

5.4.1 单代号网络概念

前导图法（precedence diagramming method，PDM），也称之为紧前关系绘图法，是用于编制项目进度网络图的一种方法，它使用方框（称之为节点）代表活动，节点之间用箭头连接，以显示节点之间的逻辑关系。这种网络图也被称作单代号网络图（只有节点需要编号）或活动节点图（active on node，AON）。

前导图法所包括的活动之间存在 4 种类型的依赖关系，分别是：

(1) 结束－开始的关系(F－S型)。

前序活动结束后，后续活动才能开始。例如：只有比赛(紧前活动)结束，颁奖典礼(紧后活动)才能开始。

(2) 结束－结束的关系(F－F型)。

前序活动结束后，后续活动才能结束。例如：只有完成了文件的编写(紧前活动)，才能完成文件的编辑(紧后活动)。

(3) 开始－开始的关系(S－S型)。

前序活动开始后，后续活动才能开始。例如：开始播放伴奏后(紧前活动)，才能开始演唱(紧后活动)。

(4) 开始－结束的关系(S－F型)。

前序活动开始后，后续活动才能结束。例如：只有新版本系统提供稳定服务后(紧前活动)，旧版本系统才能停止服务(紧后活动)。

5.4.2 双代号网络图与单代号网络图比较

1. 双代号网络图

① 两个节点一个箭杆代表一个施工过程。
② 箭杆反映消耗一定的资源。
③ 箭杆反映施工过程之间的逻辑关系。
④ 有时会出现虚箭杆。
⑤ 箭杆的长短不反映时间的长短。
⑥ 节点不需要消耗时间和资源。

2. 单代号网络图

① 一个节点代表一个施工过程。
② 箭杆不反映消耗一定的资源。
③ 箭杆反映施工过程之间的逻辑关系。
④ 不会出现虚箭杆。
⑤ 箭杆不表达时间。
⑥ 节点内消耗资源。

5.4.3 单代号网络图的基本符号

(1) 节点。

单代号网络图中的每一个节点表示一项工作，节点宜用圆圈或矩形表示。节点所表示的工作名称、持续时间和工作代号等应标注在节点内。单代号网络图中的节点必须编号。编号标注在节点内，其号码可间断，但严禁重复。箭线的箭尾节点编号应小于箭头节点的编号。一项工作必须有唯一的一个节点及相应的一个编号。

(2) 箭线。

箭线表示的是工序之间的逻辑关系。箭线一般用水平直线、折线或者斜线来表示，水平投影时的方向应自左向右,表示的是工作进行的方向。

(3) 线路。

在单代号网络图中,每条线路都应该用该线路上的节点编号,依照从小到大的顺序进行表述。

5.4.4 单代号网络图的绘图规则

① 单代号网络图必须正确表达一定的逻辑关系。
② 单代号网络图中,严禁出现循环回路。
③ 单代号网络图中,严禁出现双向箭头或无箭头的连线。
④ 单代号网络图中,严禁出现没有箭尾节点的箭线和没有箭头节点的箭线。
⑤ 绘制网络图时,箭线不宜交叉,当交叉不可避免时,可采用过桥法或指向法绘制。
⑥ 单代号网络图只应有一个起点节点和一个终点节点;当网络图中有多项起点节点或多项终点节点时,应在网络图的两端分别设置一项虚工作,作为该网络图的起点节点和终点节点。

5.4.5 单代号网络计划时间参数的计算步骤

单代号网络计划时间参数的计算应在确定各项工作的持续时间之后进行。时间参数的计算顺序和计算方法基本上与双代号网络计划时间参数的计算相同。图5.15为单代号网络计划时间参数的标注形式。

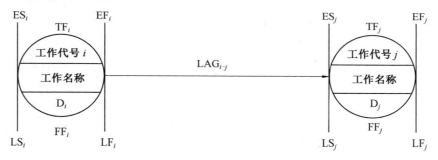

图 5.15 单代号网络计划时间参数的标注形式

(1) 计算最早开始时间和最早完成时间。

网络计划中各项工作的最早开始时间和最早完成时间的计算应从网络计划的起点节点开始,顺着箭线方向依次逐项计算。

① 网络计划的起点节点的最早开始时间为0。
$$ES_i = 0$$
② 工作的最早完成时间等于该工作的最早开始时间加上其持续时间
$$EF_i = ES_i + D_i \tag{5.21}$$
③ 工作的最早开始时间等于该工作的各项紧前工作的最早完成时间的最大值。如工作的紧前工作的代号为 i,则
$$ES_j = \max[EF_i]$$

或
$$ES_j = \max[ES_i + D_i]$$

(2) 网络计划的计算工期 T_c。

T_c 等于网络计划的终点节点 n 的最早完成时间 EF_n，即
$$T_c = EF_n$$

(3) 计算相邻两项工作之间的时间间隔 LAG_{i-j}。

相邻两项工作 i 和 j 之间的时间间隔，等于紧后工作 j 的最早开始时间 ES_j 和本工作的最早完成时间 EF_i 之差，即
$$LAG_{i-j} = ES_j - EF_i \tag{5.22}$$

(4) 计算工作总时差 TF_i。

工作的总时差 TF_i 应从网络计划的终点节点开始，逆着箭线方向依次逐项计算。

① 网络计划终点节点的总时差 TF_n，如计划工期等于计算工期，其值为 0，即
$$TF_n = 0$$

② 其他工作的总时差 TF_i 等于该工作的各项紧后工作 j 的总时差 TF_j 加该工作与其紧后工作之间的时间间隔 LAG_{i-j} 的最小值，即
$$TF_i = \min[TF_j + LAG_{i-j}]$$

(5) 计算工作自由时差 FF_i。

① 工作若无紧后工作，其自由时差 FF_i 等于计划工期 T_p 减该工作的最早完成时间 EF_n，即
$$FF_i = T_p - EF_n \tag{5.23}$$

② 当工作 i 有紧后工作 j 时，其自由时差 FF_j 等于该工作与其紧后工作之间的时间间隔 LAG_{i-j} 的最小值，即
$$FF_j = \min[LAG_{i-j}]$$

(6) 计算工作的最迟开始时间和最迟完成时间。

① 工作 i 的最迟开始时间 LS_i 等于该工作的最早开始时间 ES_i 与其总时差 TF_i 之和，即
$$LS_i = ES_i + TF_i \tag{5.24}$$

② 工作的最迟完成时间 LF_i 等于该工作的最早完成时间 EF_i 与其总时差 TF_i 之和，即
$$LF_i = EF_i + TF_i \tag{5.25}$$

(7) 关键工作和关键线路的确定。

① 关键工作：总时差最小的工作是关键工作。

② 关键线路的确定按以下规定：从起点节点开始到终点节点均为关键工作，且所有工作的时间间隔为 0 的线路为关键线路。

5.5 网络计划优化

5.5.1 概述

网络计划技术是一种科学的现代化管理和动态控制方法,以某项目的网络计划工期－费用优化为例,进行合理的工期－费用优化计算,得到了项目的最低成本和相应的最优工期,结果表明,在项目的建设中,工期－费用优化计算对资源的合理安排、进度计划的编制、优化和控制等有显著的效果。

首先,用网络图的形式表示项目计划中各个任务之间的关系和顺序关系;其次,通过计算找出影响工期的关键线路和关键工作;再次,通过不断调整网络计划,寻找最佳的解决方案并付诸实施;最后,在计划的实施过程中,采取有效的措施对其进行控制,使资源得到合理利用,使预定任务高效、高质量、低消耗地完成。它是一种科学的计划管理和动态控制方法。在一定的目标条件下,通过改进网络计划的初始方案,可以得到工期、工期－费用、工期－资源等相对较好的网络计划。以某项目的网络计划成本优化为例,通过合理的成本优化计算、不同持续时间与相应项目成本的比较,得到最小成本和相应的最优持续时间。工期费用优化后的工程其工期和费用有显著的变化。

5.5.2 工期－费用优化

1. 工期与费用的关系

工期与费用关系密切。项目总成本一般由直接费用和间接费用构成,缩短建设周期将导致直接费用的增加和间接费用的减少;施工期限的延长将导致直接费用的减少和间接费用的增加。在网络计划中,项目持续时间取决于关键线的持续时间,关键线通常由不同持续时间和成本的任务组成,一个项目或计划包括一个特定的工作或过程。每一项工作或工序的材料、方法、机械、完工时间都不一样。在各种因素和实际情况的影响下,一个项目或计划可以形成多种工艺方法。成本是影响最优组合方式的一个关键技术经济指标,但是在一定范围内,成本受工期的影响而上下波动,在工期与成本之间有一个最佳的平衡点,在一定的条件下,采用网络规划的方法分析成本与工期的关系。通过计算和比较不同的工期和相应的成本,可以得到相应的最优工期的工程费用。图 5.16 为工期与费用的关系,在一定范围内,直接费用与时间的关系成反比,而间接费用与时间的关系成正比。

图 5.17 中,A 点可以通过增加时间、班次的多班轮班作业,增加大量非熟练工人,增加多项费用的投入,如机械设备、材料和照明费等,达到项目实施时缩短时间的目标,但是也导致直接费用的增加,当直接费用的投入已经无法缩短工期的极限称为临界点,在临界点的时间称为最短工期,费用称为最短时间直接费用。反之,B 点,当延长工作时间,则可降低直接费用,当时间增加至某一极限,工期增加无法减少直接费用的极限称为正常点,

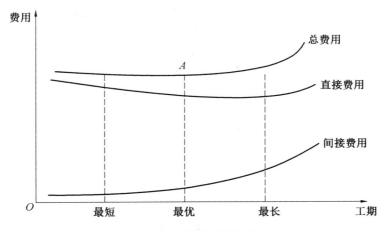

图 5.16 工期与费用的关系

在正常点的工期称为正常工期,费用称为最低费用或正常费用。

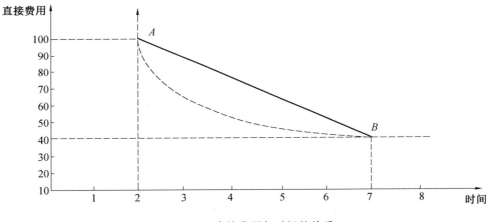

图 5.17 直接费用与时间的关系

2. 费用优化计算

费用优化的方法与步骤如下。

(1) 按工作正常持续时间画出网络计划,找出关键线路、工期、总费用。

(2) 计算各工作的直接费用率 ΔC_{i-j}。

(3) 压缩工期。

① 压缩关键工作的持续时间。② 不能把关键工作压缩成非关键工作。③ 选择直接费用率或其组合(同时压缩几项关键工作时)最低的关键工作进行压缩,且其值应≤间接费用率。

(4) 计算压缩后的总费用。

$$C^{T'} = C^T + \Delta C_{i-j} \times \Delta T_{i-j} - 直接费用率 \times \Delta T_{i-j} \tag{5.26}$$

(5) 重复(3)、(4)步骤,直至总费用最低。

【例 5.3】 已知某工程网络计划如图 5.18 所示,整个工程计划的间接费用率为

0.35万元/d,正常工期时的间接费为14.1万元。试对此计划进行费用优化,求出费用最少的相应工期。

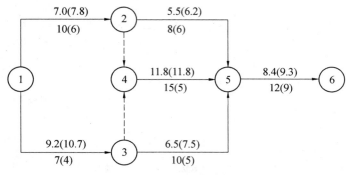

图5.18 工程网络计划图

解

(1) 按工作正常持续时间画出网络计划,找出关键线路、工期、总费用,如图5.19所示。

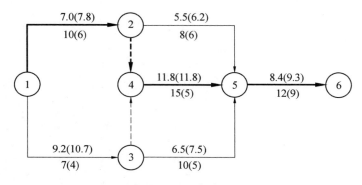

图5.19 工程网络计划图的关键线路

工期 $T = 37(d)$;

总费用 = 直接费用 + 间接费用 = (7.0+9.2+5.5+11.8+6.5+8.4)+14.1 = 62.5(万元)

(2) 计算各项工作的直接费用率 ΔC_{i-j},见表5.6。

表5.6 各项工作直接费用率

工作代号	正常持续时间/d	最短持续时间/d	正常时间直接费用/万元	最短时间直接费用/万元	直接费用率/(万元·d^{-1})
①—②	10	6	7.0	7.8	0.2
①—③	7	4	9.2	10.7	0.5
②—⑤	8	6	5.5	6.2	0.35
④—⑤	15	5	11.8	12.8	0.1
③—⑤	10	5	6.5	7.5	0.2
⑤—⑥	12	9	8.4	9.3	0.3

(3) 压缩工期。

第一次：选择工作④—⑤，压缩7 d，成为8 d，如图5.20所示，工期变为30 d，②—⑤也变为关键工作。

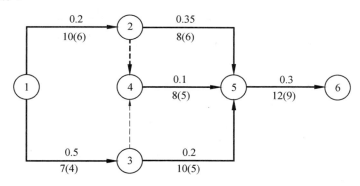

图5.20 第一次压缩工期后的工程网络计划图

计算第一次压缩后的总费用

$$C^{T'} = C^T + \Delta C_{i-j} \times \Delta T_{i-j} - 直接费用率 \times \Delta T_{i-j}$$
$$= 62.5 + 0.1 \times 7 - 0.35 \times 7 = 60.75 (万元)$$

第二次：选择工作①—②，压缩1 d，成为9 d，如图5.21所示，工期变为29 d，①—③、③—⑤也变为关键工作。

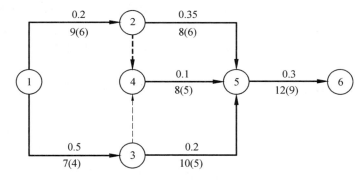

图5.21 第二次压缩工期后的工程网络计划图

计算第二次压缩后的总费用

$$C^{T'} = C^T + \Delta C_{i-j} \times \Delta T_{i-j} - 直接费用率 \times \Delta T_{i-j}$$
$$= 60.75 + 0.2 \times 1 - 0.35 \times 1 = 60.60 (万元)$$

第三次：选择工作⑤—⑥，压缩3 d，成为9 d，如图5.22所示，工期变为26 d，关键工作没有变化。

计算第三次压缩后的总费用

$$C^{T'} = C^T + \Delta C_{i-j} \times \Delta T_{i-j} - 直接费用率 \times \Delta T_{i-j}$$
$$= 60.60 + 0.3 \times 3 - 0.35 \times 3 = 60.45 (万元)$$

第四次：选择直接费用率最小的组合①—②和③—⑤，但其值为0.4万元/d，大于间接费用率0.35万元/d，再压缩会使总费用增加，故优化方案在第三次压缩后已经得到。

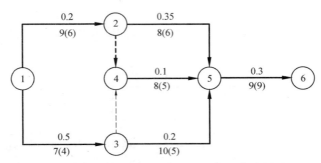

图 5.22　第三次压缩工期后的工程网络计划图

综上,最优工期为 26 d,其对应的总费用为 60.45 万元。

5.5.3　资源优化

网络计划应进行资源均衡优化,其优化主要分为两类:一是"资源有限,工期最短"优化,即在满足资源限制的条件下,使工期延长幅度达到最小;二是"工期固定,资源均衡"优化,即在保持工期不变的条件下,使资源需求量尽可能分布均衡。本书主要介绍第一类优化方法。

1. 资源有限、工期最短的优化方法

一个项目的计划完成时间总是以一定的资源条件为基础的。实施过程中,在一定时间内,由于各方面的原因,所能得到的资源总是有一定限度的。在初始网络计划中,如果某一阶段资源的需求量超出可能供给的限度,就必须调整网络计划以解决供求矛盾。解决方法有以下两种。

(1) 延长某些工序的持续时间,以降低某一时段资源需求强度,这要调整组织设计,属常规优化方法。

(2) 使该时段内部分工序让路,向后推迟,推迟的时间一旦超过总时差的范围,则要延长计划工期,通过优化方法使资源在有限情况下工期最短。

2. 资源安排法

在资源冲突时段,选定工序 i,j

$$\Delta T_{ij} = EF_i - LS_j \tag{5.27}$$

式中　　ΔT_{ij} —— 总工期增长值;

EF_i —— 工序 i 最早可能完成时间;

LS_j —— 工序 j 最迟必须开始时间。

显然要使总工期增长值 ΔT_{ij} 最小,就必须使 EF 最小的工序排在前面而使 LS 最大的工序接在其后。优化步骤:

(1) 绘制带有时间坐标的网络图和资源需要量的动态曲线(简称资源动态曲线),检查资源动态曲线,找出发生资源冲突的时段。

(2) 按从左到右的顺序在发生资源冲突的时段内安排引起资源矛盾的工序,每次安排两项,使 LS 最大的工序移到 EF 最小的工序后面进行。直到该时段内资源冲突得到解决为止。

(3) 安排完一个时段后,需调整网络计划的逻辑关系,重新计算时间参数,编制资源动态曲线。

(4) 将延长工期所受到的影响、损失与增加资源、不延长工期方案所增加的费用损失进行综合比较,最后选择经济、合理的方案。

3. 最小时差法

当某一时段的资源需要量超过资源供应量时,对在该时段内进行的工序,优先安排总时差最小的工序,若总时差相等,则优先安排资源需要量最大的工序,步骤如下。

(1) 计算初始网络计划中各工序的时间参数,画出相应各工序最早时间的带时间坐标的网络图和资源需要量动态曲线。

(2) 从起始时段(t_0,t_1)开始,若(t_0,t_1)资源需要强度未超过资源限量,则接着分析相邻的下一个时段,否则按下述原则对(t_0,t_1)段内进行的工序进行编号。

① 先按各工序总时差由小到大的顺序进行编号(关键工序总时差为0),其号码为$1,\cdots,n$。

② 对于总时差相等的非关键工序,按日资源需要量递增的顺序编号。

(3) 按编号由小到大的顺序,将各工序的日资源需要量进行累加,以不超过资源限量为准。余下的工序向后推至t_1时刻开始。

(4) 如在时段(t_k,t_{k+1})分析,该时段的工序,有在时间t_k前就开始的,也有在时间t_k才开始的;有在t_{k+1}就结束的,也有在t_{k+1}之后才结束的。如此时段出现资源有限情况,则按以下原则编号。

① 对于不允许中断的工序。首先对在t_k前就开始的工序,按照向后推移对总工期影响程度ΔT递减的顺序编号,对于工序$i-j$,$\Delta T = t_{k+1} - \text{ES}_{i-j} - \text{TF}_{i-j}$,$\Delta T$相等的工序,按日资源需要量递增的顺序编号。

② 对于允许中断的工序。对于在时间t_k前就开始的工序,从t_k开始当作一个独立的工序来处理,按(2)中所述原则进行编号。

(5) 编号后,按(3)中所述方法对(t_k,t_{k+1})时段内工序进行调整。

(6) 重复(4),继续对以后各时段的工序进行分析和调整,直至所有时段内的资源需要量均不超过资源限量为止。此时所得的网络计划方案即为最优方案。

根据最小时差法,还可以提出两种更简便的方法:① 以最小、最迟开始时间 LS 为准则的优化法(简称"最小 LS 法")。② 以最大、最早结束时间 EF 为准则的优化法(简称"最大 EF 法")。这3种方法均适用于解决多种资源的优化问题,但最小 LS 法和最大 EF 法,均不适用于资源供应量为变数的情形。

5.6 项目进度控制

5.6.1 进度计划与控制的基本概念

1. 进度

进度通常是指项目实施结果的进展情况,在项目实施过程中要消耗时间(工期)、劳动

项目管理概论

力、材料、成本等才能完成项目的任务。

(1) 计划进度。

计划进度是指项目按照招标文件所规定的内容、工期及目标等,经计划编制形成的计划进度。计划进度须经监理工程师批准后,才能形成进度计划。

(2) 进度计划。

进度计划是根据已审批的计划进度,将项目的建设进度做进一步的具体安排,包括施工进度计划、设计进度计划、物资设备供给进度计划。施工进度计划按实施阶段分解为逐年、逐季、逐月等不同阶段的进度计划,或按项目的结构分解为单位(单项)工程、分部分项工程的进度计划。

(3) 当前进度。

当前进度指项目建设按进度计划执行到某一时间状态下的实际进度,也称状态进度。

(4) 形象进度。

形象进度是采用图表的形式,表达某一时间状态下项目建设的实际进度。形象进度常用所完成的工作量、所消耗的资金和时间等指标来表示进度完成的情况。

(5) 项目总进度计划与单项进度计划。

项目总进度计划以群体项目或枢纽项目的进度作为编制计划的对象,包括物资设备采购进度、设计工作进度等内容。单项进度计划以组成建设项目中某一独立工程项目的建设进度作为编制计划的对象。

2. 进度动态控制的内涵

(1) 进度控制。

项目建设的进度控制是指对项目各建设阶段的工作内容、工作程序、持续时间和衔接关系编制计划并将该计划付诸实施,在实施的过程中经常检查实际进度是否按计划要求进行,对出现的偏差分析原因,采取纠正措施或调整、修改原计划,直至竣工,交付使用。进度控制的总目标是建设工期。

(2) 进度动态控制。

项目的进度受多种因素的影响。进度管理人员必须对各种因素进行调查、分析、预测,并在进度计划中予以表达。在项目实施阶段实施进度计划时要不断检查,将工作的实际情况与原计划进行比照,判断是否发生偏离,并查找原因,然后采取相应措施,调整进度计划。这种不断的计划、执行、检查、分析、调整的循环过程就是进度动态控制。

3. 进度动态控制的原理

(1) 控制与计划。

控制的前提条件和依据是计划(包括确定目标、任务、行动),计划与控制总是形成一个连续的不断的"循环链"。控制具有明显的动态性,计划也必然相应具有动态性。

(2) 控制与组织。

控制的保障是组织。施工企业必须建立组织机构与明确人员职责,确保控制的效果。

(3) 控制与信息。

信息是控制的生命之泉。控制需要全面的、及时的、准确的信息,既包括原始的,也包括实际的和加工处理后的信息。

(4) 控制的前馈原理。

前馈控制原理又称为主动控制,是一种面向未来的控制。在进度控制中,其实质是通过事先预测目标偏离的可能,进而采取预防性纠偏措施,从而达到有效控制的目标。

(5) 控制的反馈原理。

控制的反馈原理也称为被动控制原理,是一种面对现实的控制。在进度控制中,其实质是通过跟踪的方法,去发现目标的偏离,然后采取纠偏措施,力求使计划总目标得以实现。

最有效的控制是实现前馈控制与反馈控制的有机结合,因为上述两种控制都不能成为全面有效的控制(总是有干扰因素),只有两种控制有机结合起来才能产生最正确的效果。

5.6.2 影响施工进度的因素分析

由于项目的施工特点,特别是大中型建设项目,施工周期长,投资大,技术复杂,影响进度的因素很多,不确定性表现突出。因此,施工方必须弄清影响施工进度目标的各种因素,同时,要对这些因素进行风险分析,才能保证进度目标在控制之中。

1. 主观因素

(1) 设计变更。

设计变更是影响施工进度的首要因素。如在建设工程施工中,施工方发现原图纸有误,或者不合理等,此时必须经设计方加以更改。有时可能增加挡土墙,或者地下水特别大,或者地下地质异常,在施工之前如果没有考虑到这些情况,进度必然会受到影响,因为这些都可能涉及设计变更。

(2) 资金不到位。

合同应支付的资金不到位是目前施工过程中比较普遍存在的现象。资金的短缺使施工的顺利进行失去了保障。业主应该尽力保证资金的及时到位。当然,施工方需及时做好工程量的计算和签证,加强与业主或监理等各方面的沟通。

(3) 材料、设备供给不及时。

施工用的建材、机械设备,如果不能按期抵达现场或其各项经济技术指标不合要求,这势必影响施工进度。

(4) 施工技术的难度。

施工方如果低估了某些工程在技术上的困难,以及没有考虑到某些设计和施工问题的解决需要进行科研和实验的话,原先的进度计划必然要受到影响。如某银行的地下金库是一个壁厚达 3 m 的地下室,该施工队从未进行过"大体积"混凝土的浇筑,盲目浇筑,结果造成了墙体大面积开裂,因此而停工一个月。

(5) 施工组织不当。

施工现场情况复杂,如果劳动力和机械的调配不当,势必也影响进度。因此,进度管理人员应做好现场协调工作,防止各种干扰,保证施工的顺利进行。

(6) 相关单位的影响。

建设工程涉及的单位不仅有建设方、施工方、设计方、监理方、地勘方、检测方、质检站,还包括供水、供电、通信、运输、物资设备供给等单位,只要其中任一方卡住了,施工进度均会受到影响。

(7) 工程事故的影响。

施工方应杜绝工程事故特别是人身伤亡事故的发生,一旦发生,受损失的不仅是施工方自己,进度受影响就更不用说了。

2. 客观因素

(1) 自然灾害。

如果发生不可预料的自然灾害,施工肯定进行不下去。这种情况下要么做好补救工作,工期顺延,要么终止合同。

(2) 地质条件。

在施工中如遇到在地质勘查时没有发现的特异地质情况,如流沙、透水、断层、空穴、溶洞等,应立即与设计方、地勘及相关专家"会诊",研究对策,提出解决方案。

(3) 社会原因。

例如工人罢工、政治事件等。

5.6.3 进度计划的动态控制

完善的计划编制体系,需要有对应的完善的计划实施保证措施。为了保证施工项目进度计划的实施,并保证各进度目标的实现,应做好如下工作。

1. 做好计划交底工作

进度计划的实施是项目全体工作人员的共同的行为,因此要做好计划的分发与交底工作。在计划实施前的交底工作可以根据计划的范围召开项目部发动会或各级生产会议落实责任。总控计划一般不需要进行全面交底,但需要项目部高层管理人员熟知计划,并围绕计划安排或创造良好的内外部施工环境。月度计划是最为重要的施工控制计划,必须安排生产管理人员参加交底,让生产管理人员知悉计划并组织人员实施。各专业生产管理人员需要按照计划逐项进行人力和机械的加载,以确定本月度的人力和机械的需求情况。这个环节是保证工程计划顺利实施的最关键环节。周计划为各专业科室自定和审批的计划,各专业科室的管理人员必须召开计划交底会,并要求相关施工人员都明确各项计划的任务、目标。周计划的交底可以让施工人员有责任感和使命感,可以将计划实施变成全体职工的自觉行动,发挥广大职工的干劲和创造精神。日计划为班组工作安排计划或调试阶段的日实验计划或整改计划,通过任务小组的晨会进行布置和检查,及时明确和完成当天的任务。

2. 建立计划考核制度

计划执行必须具有高度的严肃性,否则计划将成为一纸空文。计划编制并下发后,必须有相应的管理制度——计划考核制作为它的保证措施。计划考核制可以分为3个层次。第一个层次为施工合同签订时,业主对施工进度控制在合同中的考核要求。一般均有奖励和处罚条款,要求施工项目承担者采取切实有效的措施来保证进度的实现而不拖延。第二个层次是项目部对专业科室的考核。项目部高层管理人员制订出计划考核方法,并下发到各专业科室。在考核方法中规定计划完成量对应的奖惩措施和奖惩额度。一经确定的计划考核制度,就必须严格执行。项目部对专业科室考核一般以月度考核为主,考核的依据是月度计划。在月度计划编制时,针对重要的施工项目制订出节点计划,月度考核时对照月度节点计划完成情况进行相应的奖惩。每个月度或计划周期结束时,通过计划进度和完成情况数据的比照,分析出未完成项目的原因,并按照计划考核方法进行奖惩。对于进度滞后的项目在月度生产会上给予通报批评。第三个层次是专业科室对施工班组的考核。针对月度计划或专项计划安排需要完成的工作量,专业科室应该与各施工班组之间签订施工合同。合同书中应明确规定完成某项施工的工作量、工期及奖惩方法。计划考核制度可以激励项目部全体职工群策群力,调动职工的积极性,确保计划的实现。

3. 做好现场调度和协调

项目实施过程中的调度工作是使施工进度计划顺利进行的重要手段。现场调度主要任务是利用现场有限的资源,协调解决施工中存在的问题,加强施工中的薄弱环节,确保工程的顺利进展,保证施工计划完成和进度目标实现。各个层次的项目进度控制针对不同的计划应由项目部设立调度员或协调部门。协调中发现进度计划需变更,必须与有关单位和部门及时沟通。调度人员必须每天在现场协调现场存在的各种矛盾,确保矛盾的迅速解决,保证施工的顺畅进行。调度人员也必须定期召开现场生产调度会议,并要求项目生产管理人员全部参加。在调度会上协调重大的施工问题,贯彻施工项目主管人员的决策,发布调度令。调度人员最好每天下午召开一次小范围的施工调度会,对第二天的主要事务进行安排,并指出当前项目进度存在的问题,并提出解决的方法。

4. 做好进度计划的检查

在实施进度计划的过程中应进行以下工作:跟踪检查,收集实际进度数据;将实际数据与进度计划进行比照;分析计划执行的情况;针对进度变化,采取相应措施进行纠正或调整计划,检查措施的落实情况;进度计划的变更必须与有关单位和部门及时沟通。在对进度目标实施监督与控制时,进度管理人员必须掌握以下几种常规的检查和比较的动态控制方法,以便及时评价进度计划执行状况或将来执行状况与计划目标的偏差,并经过分析,找出产生偏差的原因,制订纠偏措施,从而保证施工进度目标的实现。

对进度计划进行检查与调整,应依据进度计划的实施记录,跟踪检查,收集实际进度材料,进行统计整理和比照分析,确定实际进度与计划进度之间的关系。进度计划检查应按统计周期的规定进行定期检查,根据需要进行不定期检查。跟踪检查的时间和收集数据的质量,直接影响计划控制工作的质量和效果。现场的计划管理人员应该每天在现场对照月度计划检查完成情况。对于滞后的项目需要在每天下午的调度会上指出,并帮助解决存在的问题。对于应该开工而未开工的项目,计划管理人员需要给予提醒。

进度计划的检查应包括以下内容:工作量的完成情况;工作时间的执行情况;资源使

用以及与进度的匹配情况;上次检查所提出问题的处理情况。进度计划检查后应按以下内容编制进度报告,总体进度情况分析完成后,形成计划执行报告上报主管部门和项目部高层管理人员,便于其掌握动态和决策。进度报告的内容包括:进度执行情况的综合描述;实际进度与计划进度的比照资料;进度计划的实施问题及原因分析;进度执行情况对质量、安全和成本等的影响情况;采取的措施和对未来计划进度的预测。

5.6.4　进度计划的动态控制方法

1. 横道图比较法

横道图是一种最直观的工期计划方法,如前文所述,在国外又被称为甘特图,它以横坐标表示时间,工程活动在图的左侧纵向排列,以活动所对应的横道位置表示活动的起始时间,横道的长短表示持续时间的长短。它实质上是图和表的结合形式。

2. 网络技术

对于包括许多相互关联并连续活动的大型复杂的综合建设项目和对实施进度有特殊要求的项目,需要使用网络图,应用统筹方法对项目实施进度做出安排。网络的定义是一组节点(圆圈)用一组带方向弧所连接,关键路线法(critical path method,CPM)和计划评审技术(program evaluation and review technique,PERT)是应用网络图的两种方法,网络图多用于施工阶段的项目规划与控制。目前在可行性研究阶段,一些行业也有所应用。

关键路线法是计划中工作和工作时间之间的逻辑关系肯定,且对每项工作只估定一个肯定的持续时间的网络计划技术。而关键工作是指没有机动工作时间的工作,即总时差最小的工作。当计划工期等于计算工期时,总时差为 0 的工作就是关键工作。网络计划中自始至终全由关键工作组成的线路,位于该线路上的各工作总持续时间最长,这条线路叫关键线路。一个网络计划中,至少有一条关键线路,也可能有多条关键线路。

5.6.5　以 PDCA 循环为中心的进度管理思路

全面质量管理采用一套科学的、合乎认识论的办事程序,即 PDCA 循环法。PDCA 由英文单词计划(plan)、执行(do)、检查(check)、处理(action)的第一个字母组成,它反映了质量管理必须遵循的 4 个阶段。进度管理采用的科学的、合乎认识论的办事程序同样也是 PDCA 循环。

大环套小环,互相促进。PDCA 循环不仅适用于整个企业,而且适用于各个项目、专业、班组以至个人。根据企业总的方针目标,项目进度管理的各级各专业都有自己的目标和自己的 PDCA 循环。这样就形成了大环套小环,小环里面又套有更小的环的情况,各级进度管理责任单位、部门都有各自的 PDCA 循环,具体落实到每一个人上也有进度执行方面的 PDCA 循环。上一级的 PDCA 循环是下一级的 PDCA 循环的依据,下一级的 PDCA 循环又是上一级的 PDCA 循环的贯彻落实和具体化。通过循环把施工企业的各项工作有机地联系起来,彼此协同,互相促进,螺旋形上升循环。项目的进度管理通过 4 个阶段周而复始地循环,而每一次都有新的内容和目标,因而就会前进一步,解决一批问题,进度管理水平就会有新的提高。就如上楼梯一样,每经过一次循环,就登上一级新台阶,这样就一步一步地上升提高。

推动 PDCA 循环的关键在于 A 阶段。所谓处理,就是总结经验,肯定成绩,纠正错误,提出新的目标。这是 PDCA 循环之所以能上升、前进的关键。如果只有前 3 个阶段,没有将成功经验和失败教训纳入有关标准、制度和规定中,就不能稳固成绩,吸取教训,下一项目的进度管理中就要继续摸索,项目实施就要花更多的代价。因此推动 PDCA 循环,一定要抓好处理这个阶段。进度管理利用 PDCA 循环进行持续改良。为了提高管理水平,获得企业效益,在施工项目管理进度管理方面必须持续改良。

持续改良的主要步骤如下。

① 主题选择:可以是进度管理方法、管理软件的应用,也可以是方案或设备等对进度影响的研究,把要改善的目标确定,并在具体的项目中组织实施。

② 数据收集与分析:收集当前施工项目管理中的生产方法和生产力水平的数据并进行整理。

③ 原因分析:集合各方经验,利用头脑风暴法、因果分析图等分析每一个可能影响进度的因素和发生问题的原因。

④ 方案计划与实施:利用有经验的进度管理人员和技术人员,通过各种检验比较方法,找出各种解决措施,制订新的方案和计划。

⑤ 效果评估:通过数据收集、分析检查方案和计划是否有效和要达到什么效果。

⑥ 标准化:当方法证明有效后,制定工作守则或标准,如工期定额等。

⑦ 反映下一个项目:总结成效,并制订解决类似相关问题的方案,指导下一个项目。

5.6.6 项目进度控制的措施

1. 项目进度控制的组织措施

(1) 组织体系。

组织是目标能否实现的决定性因素,为实现项目的进度,应充分重视健全项目管理的组织体系。在项目组织结构中应有专门的部门和符合进度控制岗位资格的专人负责进度控制工作。

(2) 工作环节。

进度控制的主要工作环节包括进度目标的分析和论证、编制进度计划、定期跟踪进度计划的执行情况、采取纠偏措施,以及调整进度计划。这些工作任务和相应的管理职能应在项目管理组织设计的任务分工表和管理职能分工表中标示并落实。

(3) 工作流程。

应编制项目进度控制的工作流程,如:确定项目进度计划系统的组成;各类进度计划的编制程序、审批程序和计划调整程序等。

(4) 会议制度。

进度控制工作包含了大量的组织和协调工作,而会议是组织和协调的重要手段,应进行有关进度控制会议的组织设计,以明确会议的类型,各类会议的主持人以及参加单位和人员,各类会议的召开时间,各类会议文件的整理、分发和确认等。

2. 项目进度控制的管理措施

项目进度控制的管理措施涉及管理的理念、管理的方法、管理的手段、承发包模式、合同管理和风险管理等。在理顺组织的前提下,科学和严谨的管理显得十分重要。

(1) 树立先进的管理理念。

合理的进度计划应表达资源的合理使用、工作面的合理安排、有利于提高建设质量、有利于文明施工和有利于合理地缩短建设周期等管理理念。现阶段项目进度控制在管理观念方面需要克服的主要问题:缺乏进度计划系统的观念,分别编制各种独立而互不联系的计划,形成不了计划系统。缺乏动态控制观念,只重视计划的编制,而不重视及时进行计划的动态调整。缺乏进度计划多方案比较和选优的观念。

(2) 采用先进的管理方法。

编制项目进度计划应采用工程网络计划技术,应符合编制网络计划的最新国家标准和行业标准。用工程网络计划的方法编制项目进度计划必须很严谨地分析和考虑工作之间的逻辑关系,通过工程网络的计算可发现关键工作和关键路线,也可知道非关键工作可使用的时差,工程网络计划的方法有利于实现进度控制的科学化。

(3) 重视合同模式。

承发包模式的选择直接关系到项目实施的组织和协调。为了实现进度目标,应选择合理的合同结构,以防止过多的合同交界面而影响项目进展。项目物资的采购模式对进度也有直接的影响,对此应做比较分析。

(4) 加强风险管理。

为实现进度目标,不但应进行进度控制,还应注意分析影响项目进度的风险,并在分析的基础上采取风险管理措施,以减少进度失控的风险。常见的影响项目进度的风险包括:组织风险、管理风险、合同风险、资源(人力、物力和财力)风险和技术风险等。

(5) 采取有效的管理手段。

重视信息技术在进度控制中的应用。虽然信息技术对进度控制而言只是一种管理手段,但它的应用有利于提高进度信息处理的效率、增强进度信息的透明度、促进进度信息的交流和项目各参与方的协同工作。

3. 项目进度控制的经济措施

(1) 资源计划。

为确保进度目标实现,应编制与进度计划相适应的需求计划,包括资金需求计划和其他资源(人力和物力资源)需求计划,以反映项目实施的各时段所需要的资源。通过资源需求的分析,可发现所编制的进度计划实现的可能性,假设资源条件不具备,则应调整进度计划。

(2) 资金需求。

资金供给条件包括可能的资金总供给量、资金来源(自有资金和外来资金)及资金供给的时间。资金需求计划也是项目融资的重要依据。

(3) 经济激励。

在项目预算中应考虑加快项目进度所需要的资金,其中包括为实现进度目标将要采取的经济激励措施所需要的费用。

4. 项目进度控制的技术措施

施工项目进度控制的技术措施涉及对实现进度目标有利的设计技术和项目实施技术的选用。

（1）设计技术措施。

不同的设计理念、设计技术路线、设计方案会对项目进度产生不同的影响，在设计工作的前期，特别是在设计方案评审和选用时，应对设计技术与工程进度的关系进行分析比较。在项目进度受阻时，应分析是否存在设计技术的影响因素，并考虑为实现进度目标有无设计变更的可能性。

（2）项目实施技术措施。

项目实施方案对工程进度有直接的影响，在决策其选用时，不仅应分析技术的先进性和经济合理性，还应考虑其对进度的影响。在项目进度受阻时，应分析是否存在施工技术的影响因素，并思考为实现进度目标有无改变施工技术、施工方法和施工机械的可能性。

总之，项目进度控制贯穿于项目实施的全过程，从项目开始实施到项目完成每个环节都存在着项目实施进度的管理。加强项目的实施进度管理，合理确定和有效控制项目实施进度，是项目全过程管理的主要内容。项目的进度控制的中心任务是通过建立健全有效的施工进度监督工作体系来确保工程进度达到合同规定的标准和要求。施工企业只有在符合规定的施工质量标准和用户要求的前提下，满足质量、工期、成本等要求，才可能获得最正确的经济效益。施工进度控制是技术性要求较强的工作，不仅要求施工管理人员要掌握施工组织设计的编制，还要熟悉建筑施工、建筑工程劳动定额与工程预算定额、技术方案方面的知识，并熟悉相关专业的知识，另外还要求细心收集和整理有关设计变更、现场签证、自然灾害等资料。企业在项目实施的全过程中，要建立符合技术要求的工艺流程质量标准、操作规程，建立严格的考核制度，不断改良和提高施工技术和工艺水平，确保工程施工进度。作为充满风险的施工企业，必须坚持以人为控制核心，必须将施工进度控制工作作为一项具体而细致的工作，重点加以对待，要不断地分析、改良和克服在施工进度控制中所面临的困难和问题。

课后习题

1. 项目进度控制指什么？
2. 建设项目进度控制的要点包括哪几个方面？
3. 简述单代号网络图和双代号网络图的区别。
4. 影响项目进度的主观因素和客观因素有哪些？
5. 简述进度动态控制的原理。

第6章　项目费用管理

项目费用是指项目实施全过程中所消耗的各种资源价值的总和。项目费用管理是指为了保障项目实际发生的费用不超过项目预算所进行的项目资源计划制订、费用估算和费用控制等方面的管理活动。

项目的费用控制是每个投资者最关心的问题,也是项目成功与否的关键一环。在一个项目中,费用不仅仅存在于项目的某一阶段,而是贯穿于整个项目的始终,从项目构思、项目设计、招投标、实施阶段,到后期的项目验收、项目后评价等阶段。每个阶段都与项目费用有关,项目的费用涉及参与各方的实际利益。但是由于人们理性的有限性、信息掌握的不充分性、政策发展的多变性等因素的影响,项目费用往往是不确定的。这时通过项目费用管理方法对事前、事中及事后可能发生的费用做到科学合理的预测、安排和控制,就可以使项目在批准的预算内经济高效地完成既定目标,因此项目费用管理对所有项目来说都是十分必要的。

6.1　资源计划

项目资源计划是项目费用管理的基础。例如在进行一个项目时,项目经理应该熟悉当地的规范,了解当地劳动力、材料、机械的价格,根据项目的实际情况制订详细的资源方案,并通过不断调整资源方案,及时响应项目的需求和环境的变化,保证项目的顺利进行,达到最终的目标。因此,高质量的项目资源计划方案对于项目费用管理是十分必要的。

6.1.1　资源计划概述

项目资源计划是指通过分析和识别项目的资源需求,确定项目需要投入的资源种类(包括人力、设备、材料、资金等)、项目资源投入的数量和项目资源投入的时间,从而进行项目资源供应计划的项目费用管理活动。

1. 资源计划的分类

项目资源计划可以根据作用不同分为两种:其一是自主性的项目资源计划;其二是合同性的项目资源计划。两种不同的项目资源计划被应用于不同的场合,前者用于自我开发项目,后者用于业务承包项目。在自我开发项目中,项目业主和项目实施者是同一个经济实体,不存在任何合同义务问题,此时的项目资源计划可以是自主性的,在项目情况发生变化时可以自主调整项目的资源计划。但是在承发包的业务项目中,由于项目业主和项目实施者不是同一个经济实体,所以存在严格的项目合同义务问题,此时的项目资源计划就是合同核心内容之一。通常,自主性的项目资源计划相对比较粗略,而合同性的项目资源计划相对比较详细。

2. 资源计划的内容

项目资源计划的内容包括以下几个方面。

(1) 项目背景与目标。

项目所处的背景和项目的目标会影响项目资源计划的配置。项目背景要对项目的发起原因和关键驱动因素进行描述；项目的目标则需要说明项目的目的和预期达到的结果。通过项目背景与目标的描述，结合项目的特点对项目进行合理的资源配置，使资源配置更符合实际的情况。

(2) 项目范围和工作分解结构。

项目范围通过对项目整体管理、项目范围管理、项目时间管理、项目费用管理、项目质量管理、项目人力资源管理、项目沟通管理、项目风险管理和项目采购管理等进行合理规划，从而辅助项目资源计划的制订，同时通过工作分解结构（WBS）将整个项目分解为若干个可管理的部分，使资源配置更加高效。

(3) 资源需求的确定。

在进行资源计划的编制时，要详细列出项目所需的各类资源，包括人员、设备及材料等资源的需求，确定每种资源的数量和质量标准。资源需求并不是一成不变的，而是需要根据实际的情况动态调整，在合适的时机进行资源的增减，以实现最大的效益。

(4) 资源分配。

资源分配是指将现有的资源合理地分配给项目的各项工作，确保每项工作都能得到足够的资源支持。项目资源主要包括人力、物力、时间等。合理的资源分配可以使项目在有限的资源下完成更多的工作，从而提升项目的效率和质量。

项目资源分配是资源计划的重要环节，在进行资源分配时应遵循以下原则。

① 充分理解项目目标和优先级，保证资源的合理分配，满足项目需求。

② 人尽其才，合理安排人员。项目经理应根据项目的需求和人员能力，合理安排人员的工作和责任范围，充分发挥每个人的专业能力和优势，提高工作效率。

③ 合理分配时间和成本。在进行资源分配的活动时，要考虑时间和成本因素，以确保项目的按时交付。

④ 灵活应变，随时调整资源分配。资源的分配与资源需求的确定都需要根据项目的实际情况进行动态调整，这样才能确保项目的顺利实施。

⑤ 优先考虑关键线路上的工作。在项目资源分配的时候，要优先考虑关键线路上的工作，确保资源能够集中用于关键工作，使项目能够按时完成。

(5) 成本估算和预算。

项目的成本控制是项目能否成功的关键环节。在进行资源计划的制订时也要考虑成本和效益的关系，确保项目建设的经济性。通过成本的估算，对材料的种类、质量和数量有一定了解之后，项目资源计划的制订会更加合理。

(6) 风险管理计划。

资源计划中也要包含风险管理计划，通过风险管理计划识别可能影响项目的不确定性因素，制订应对计划来减少或者消除其中的风险。风险管理是每个项目都要进行的工作。通过风险管理可以让投资者清晰地了解到可能产生的效益和可能造成的损失，同时良好的风险管理方案可以在项目建设过程中减少利益相关方的纠纷,促进项目目标的实现。

3. 我国资源计划编制方法的问题

国际上项目资源计划编制方法多数是基于活动的项目资源计划方法,主要包括两种具体的技术方法:其一是项目资源测量的方法(或叫项目工料测量法);其二是项目资源统计的方法(或叫市场调查法)。我国的项目资源计划编制方法采用的是标准定额法,这种方法是根据国家或地方的统一定额或标准定额去确定项目的资源计划。这种国家或地方的统一定额包括两种:其一是项目所需资源数量的统一定额(量的定额);其二是项目资源单价的统一定额(价的定额)。

最新的研究证明,一个项目活动及其过程和方法是形成项目资源消耗的根本动因。人们要科学、正确地确定项目资源计划就应该首先从分析项目具体活动的内容、过程和方法入手,然后依据开展项目活动所用的技术方法及项目所处的具体环境条件去确定项目的资源消耗和占用数量,最终科学地编制出项目的资源计划,所以基于活动的资源计划编制方法才能反映出项目的具体需求。我国现有基于定额的项目资源计划编制方法存在下列几方面的问题。

(1) 项目的消耗性资源计划编制问题。

项目所需资源通常包括两种:其一是项目消耗的资源;其二是项目占用的资源。前者是指资源的全部价值都转移到项目之中的资源(如投入项目之中的原材料等),后者是指资源在项目实施的某个期间被占用而使其部分价值转移到项目之中的资源(如项目实施用的机器设备)。按照我国某些地方仍在使用的标准定额法编制项目的资源计划并不区分这二者,一律都是通过套用国家或地方统一编制的定额来确定项目的资源计划。由此造成的主要问题是,在消耗性资源的计划编制中没有考虑具体项目不同的实施技术水平、不同的项目实施技术方法、不同的项目实施约束、不同的项目实施现场条件等项目独特性所造成的项目资源需求的变化,只是以某种统一定额作为依据来编制项目的消耗性资源计划,从而造成了项目的消耗性资源计划严重脱离实际情况。

(2) 项目的占用性资源计划编制问题。

项目所需资源中的占用资源是在项目实施过程中的既定时间内被占用,从而使其部分价值转移到项目之中的一类独特资源。按照我国某些地方仍在使用的标准定额法编制项目资源计划时,这种资源多数并没有考虑其实际占用的时间长短和由此造成的实际资源占用需求,而是按照项目的实施时间长短来计算资源的占用时间。例如,一个活动按照我国现有资源计划办法是从项目开始那天一直计算到项目完工那天为止。实际上在项目实施过程中,一旦这种占用性资源的占用结束,就应该立刻设法为其寻找新的用途。所以对于项目的占用性资源一旦不再需要占用,就不应该继续算作是项目的占用性资源。

(3) 项目资源计划的不确定性问题。

我国现有的标准定额法的另一个主要问题是,在计划编制中不考虑或较少考虑项目的具体情况和发展变化,由此生成的项目资源计划是相对刚性和固定的。这种相对刚性和固定的项目资源计划对项目发展变化可能造成的资源需求变化考虑得不多(最多只是附加一个既定比例的资源变动系数),所以依此编制的项目资源计划很难全面考虑项目资源计划所存在的不确定性。但是实际上在项目实施中实际项目活动规模项目活动内容,以及项目实际所面临的环境和条件都会发生变化,所以由此编制的项目资源计划就无法满足项目的实际需要。

6.1.2 资源计划的编制依据

(1) 项目工作分解结构。

工作划分得越具体,所需资源越容易估计。工作分解结构是一种将项目或任务按照层级结构进行展开和细分的方法。它将整个工作项目或任务划分为多个有序的、可管理的部分,使团队更好地了解工作的范围、目标和相关的活动。通过使用工作分解结构,项目团队可以更好地理解项目的复杂性和范围,并将其转化为可管理和可追踪的工作包,以成功交付项目。

(2) 历史项目信息。

搜集先前类似项目的工作资源需求情况,这些资料的获得对于规划本项目所需的资源数量具有很好的辅助作用。在进行项目历史信息的筛选过程中,要尽可能选取类似的项目,例如规模相似、建设时间相近、建设地点及交通状况类似等,只有用满足一定条件的类似项目的历史信息与拟建项目进行比较分析,得出的结果才具有说服力。

(3) 项目范围。

项目范围决定了工作内容和项目目标。在项目范围确定前,一定要有范围说明书,因为范围说明书详细说明了为什么要进行这个项目,明确了项目的目标和主要的可交付成果,是项目班子和任务委托者之间签订协议的基础,也是未来项目实施的基础,并且随着项目的不断实施,需要对范围说明进行修改和细化,以反映项目本身和外部环境的变化。在实际的项目实施中,不管是对于项目还是子项目,项目管理人员都要编写其各自的项目范围说明书。详细的项目范围说明书应包含产品的范围描述、验收标准、可交付成果、项目的主要责任、制约因素、假设条件。

(4) 项目组织的管理政策。

在资源计划的编制过程中还要考虑人事组织、所提供设备的租赁和购买策略。比如项目中的工作人员是外包的还是本企业员工,设备是租赁还是购买,这些因素都在一定程度上影响了资源计划的制订。

(5) 时间表和进度计划。

在进行时间表和进度计划的编制时,要列出项目的关键里程碑和阶段性目标,明确每个任务或阶段的开始和结束时间,资源计划是围绕工作进度计划进行的,所需资源是根据计划确定的。

6.1.3 资源计划的编制方法

(1) 专家判断法。

在资源计划的制订过程中专家判断法是最为常用的方法。专家可以是任何具有特殊知识或经过特别培训的组织和个人,主要包括在履行组织的其他单位、顾问、职业或技术协会及工业组织等。专家判断法可以帮助项目快速找到项目资源计划制订的重点难点,保证了资源计划制订的专业性。

(2) 选择确认。

制订多种资源计划，以供专家选择确认。最常用的方法是头脑风暴法。头脑风暴法能在短时间内收集大量的想法和信息，是项目管理中常用的一种群策群力式的问题解决方式，它通过聚焦特定主题，鼓励大家尽可能多地贡献思路、创意和想法，最终形成可执行的方案。在资源计划制订的过程中，项目的管理人员应根据项目资源需求的实际情况结合自己的专业知识与经验尽可能多地发表观点，这个环节中主要看中所提出方案的数量，最后再从众多资源计划方案中选择最优的方案。头脑风暴法极大地调动了参会人员的积极性，加快了资源计划的产生。

(3) 数学模型法。

为了使编制的资源计划具有科学性、可行性，在资源计划的编制过程中，往往借助于某些数学模型，如资源分配模型、资源均衡模型等。资源分配模型是一种用于规划和管理资源的框架或方法。这种模型的目标是有效地分配可用资源，以满足特定的需求或目标。资源可以包括人力、财务、物资、时间等。资源分配模型通过合理使用和分配资源，可以促进资源计划的编制。资源均衡模型是一种经济理论模型，用于分析资源的分配和利用。该模型假设市场经济中存在有限的资源，企业和个人在追求自身利益的同时会考虑资源的有效配置。在进行资源计划的制订时，采用这种模型可以更好地分析各种资源的供求关系，适时地控制资源的采购数量。

(4) 资料统计法。

资料统计法是使用历史项目的统计数据资料，计算和确定项目资源计划的方法。在进行历史项目选择时，应该寻找特点相近的类似项目，只有这样的项目产生的统计数据资料才对拟建项目有参考性。通过将本项目与类似项目进行对比，选择合适的统计资料，项目计划的制订才能更加合理，符合实际。但是由于每个工程项目都具有自己的特点，因此历史资料只能作为参考，并不能作为唯一的依据。

(5) 项目管理软件法。

项目管理软件是专门用来帮助计划和控制项目资源、费用与进度的计算机应用程序，主要用于收集、综合和分发项目管理过程的输入和输出。通过项目管理软件可以进行时间进度计划、费用控制、资源调度等工作。

6.1.4 资源计划的编制工具

项目资源计划的编制工具包括资源计划矩阵、资源数据表、资源甘特图、资源负荷图或资源需求曲线等。通过这些图表可以清晰地了解项目劳动力、原材料等资源的供需关系，更好地辅助资源计划的制订。

(1) 资源计划矩阵。

资源计划矩阵是一种项目管理工具，用于帮助项目团队规划和管理所需的各种资源。它通常表示为一个矩阵，将不同的资源类型列在一侧，将项目活动或任务列在另一侧。通过填写矩阵中的单元格，可以指定每个任务所需的资源类型和数量，见表 6.1。

表 6.1 资源计划矩阵

任务	方法学家	课程专家	评估员	科学专家	教学专家	印刷设备	计算机主机
识别需求	S	P					
建立需求		P					
设计预备课程	S	P		S	S		
评价设计	S	S	P				
开发科学课程		S		P			
开发数学课程		S			P		
测试综合课程	S	S	P				S
印刷与分销		S				P	

注：S—次要；P—主要。

资源计划矩阵有以下优点。

① 可视化。资源计划矩阵以矩阵形式展示，直观易懂，可以清晰地呈现不同资源在项目或任务中的分配情况。

② 有利于信息整合。资源计划矩阵能够将各种资源的相关信息集中起来，便于比较和分析，让决策者更好地了解和掌握资源的利用情况。

③ 有利于资源分配。通过资源计划矩阵，决策者可以清楚地看到每种资源的使用情况，合理、公平地分配和安排资源，在项目或任务中达到最佳的资源利用效果。

④ 调整灵活。当项目或任务发生变化时，资源计划矩阵可以轻松地进行调整和修改，使得资源的分配能够及时回应新的要求，提高项目或任务的执行效率。

(2) 资源数据表。

资源数据表是存储和管理各种资源信息的数据表格或数据库，见表6.2。它通常用于记录资源的相关属性，如名称、描述、类型、状态、位置等。资源数据表可以包含不同类型的资源，如设备、物料、人力资源、财务资源等。通过对资源数据进行有效的组织和管理，可以帮助企业或组织更好地了解和利用其可用资源，提高工作效率和资源利用率。

表 6.2 资源数据表

需求资源种类	需求资源总量	项目进度阶段（时间）					备注
		1	2	3	…	n	
资源1							
资源2							
资源3							
资源4							

(3) 资源甘特图。

资源甘特图是一种项目管理工具，用于展示项目中各项任务的时间安排和资源分配情况，一般常用于中小型建设项目，如图6.1所示。它结合了甘特图和资源管理的概念，可以有效地监控项目进度和资源利用。同时资源甘特图容易制作,便于理解,对于需要的资源显示得非常直观,能够很清晰地显示出每一项任务的起始时间与结束时间,可以运用于WBS的任何层次,包括进度控制、资源优化、资源计划和费用计划编制等方面。

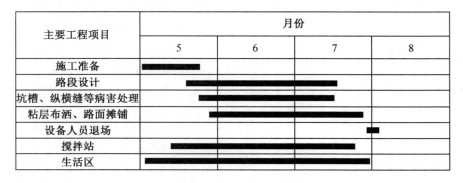

图6.1 资源甘特图

(4)资源负荷图。

资源负荷图用于描述在特定时间段内某个资源的使用情况,例如人员分配计划图,如图6.2所示。它通常以时间为横轴,以资源占用量为纵轴,通过绘制资源占用量随时间的变化曲线,展示资源负荷的分布和变化趋势。

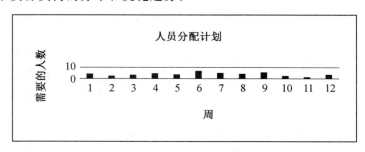

图6.2 人员分配计划图

6.1.5 资源计划的结果

项目资源计划的结果主要分为以下两个方面。

(1)项目资源计划书。

项目资源计划书是对完成项目所需资源的计划安排,它是项目费用管理文件中的重要组成部分。项目资源计划书要对项目活动中所需的资源种类、资源数量、资源的使用方式(消耗或占用)及资源投入的时间进行必要说明,包括对项目所需人力资源、物料资源、设备和其他资源计划的全面规定。另外,这一文件还要描述项目资源的不确定性和风险性等方面的内容。项目资源计划书中的主要指标是实物量指标(工时或工日)和劳动量指标(t、kg、m等),同时为了便于项目的资源投入也需要使用其他的一些指标对项目资源计划进行必要的描述。例如项目资源计划书也需要使用价值量等指标,甚至在某些情况下还需要采用多种度量指标进行描述,以便开展项目资源的计划管理。

(2) 相关支持细节文件。

这是对项目资源计划文件的依据和细节进行说明的文件,一般这一文件作为项目资源计划的附件使用。文件的主要内容包括项目资源计划的依据说明,因为资源计划的依据是直接影响项目资源计划编制的关键因素;项目资源计划的编制方法说明,因为采用不同的编制项目资源计划的方法产生的结果不同;项目资源计划的各种假设条件说明,包括项目资源计划编制中使用的各种假定项目所需资源水平和项目资源定额等方面的说明;项目资源计划可能出现的变动范围说明,包括在各种项目资源计划假设条件、基础与依据发生变化后,项目资源计划可能会发生变化的说明。

6.2 费用估计与预算

项目费用估算是指根据项目的资源计划和各种项目资源的价格信息,通过估计和预算得到项目各种活动成本和项目总成本的工作。如果项目是按照承发包合同实施的,还需要仔细地区分项目业主、顾客的费用估算和项目承包商、分包商费用估算的概念,因为二者的范畴和内容有所不同。另外,对于某些小项目,其费用估计和费用预算可以合并在一起进行。

6.2.1 费用估计

费用估计指的是根据项目的资源需求和计划以及各种资源的价格信息,估计项目各种活动和整个项目总费用的管理过程。费用估计包括的内容有:① 识别各种项目费用的构成科目。② 估计和确定各种费用的数额大小。③ 分析和考虑不同项目实施方案的费用。

1. 项目成本估算的依据

进行项目的成本估算,要考虑很多因素。因此项目成本估算的依据包括工作分解结构、资源需求计划、进度计划、历史信息和经济环境。

(1) 工作分解结构。

工作分解结构是编制资源计划的基础,也可以用于成本估算并确保所有识别的工作已被估算。

(2) 资源需求计划。

资源需求计划界定了项目所需资源的种类、数量和质量标准,是成本估算的主要依据。

(3) 进度计划。

从项目进度管理中得到项目活动的进度安排,主要对项目活动时间和所需的资源进行基本估计。

(4) 历史信息。

许多资源类别成本方面的信息可以从一些历史的信息中获得,比如相关的项目文件、商业成本估算数据库、项目组成员利用以往的经验知识等。

(5) 经济环境。

经济环境包括通货膨胀、各种税率和汇率等的变化,进行项目估算时,要考虑到这些因素的影响。当可能涉及重大的不确定性因素时,应考虑适当的应急备用金。

2. 费用估计的方法

项目估算指的是根据项目的资源计划和材料的价格信息对项目总费用进行预估的项目费用管理活动。项目费用估算的目的是帮助决策者在规划和执行项目时制订预算,确保项目能够在规定的成本内按时高质量地实施。一般来说,对于大型项目的费用估算可分为初步项目费用估算、技术设计后的费用估算和详细设计后的费用估算,项目的费用估算随着项目的建设逐渐精确化。

(1) 自上而下的项目成本估算方法。

自上而下的项目成本估算方法主要包括类比估算法和参数估计法等。这种方法的优点是利于快速估算,可以在项目初期迅速提供总体估计,帮助决策者做出初步规划,也有助于获得对项目整体规模的把握。该方法也存在一定的缺陷,首先这种费用估计方法容易导致费用细节缺失,由于是从总体到细节进行费用估计,可能在估算过程中忽略一些重要的细节。其次该方法容易导致数据不准确,下层人员的估算是根据上层人员提供的数据,如果上层人员估算的费用有误,会直接导致整个项目估算的准确性下降。

① 类比估算法。这是在项目成本估算精确度要求不高的情况下,通过对比已完成的类似项目实际成本,估算给出新项目成本的方法。类比估算法比其他方法简便易行、费用低,但其精确度也低,有统计资料显示其精确度一般在 ±30% 左右。有两种情况可以使用这种方法:其一是以前完成过类似的项目;其二是项目成本估算专家具有类比的技能。这种方法的局限性是人们很难找到类似项目的成本数据,项目的独特性和一次性使得多数项目不具备可比性。但这种方法是基于实际经验和数据进行估算的,所以具有较高的可信度。

这种方法的操作步骤:首先,项目的上层管理人员收集以往类似项目的有关历史资料,以过去类似项目的参数值(持续时间、预算、规模、重量和复杂性等)为基础,并且依据自己的经验和判断,估算当前(未来)相同项目的总成本和各分项目的成本;然后,将估算结果传递给下一层管理人员,并责成他们对组成项目和子项目的任务和子任务的成本进行估算,并继续向下传送其结果,直到项目组的最基层人员。

② 参数估计法。这是利用项目特性参数建立一定的数学模型来估算项目成本的方法。例如,工业项目可以使用项目生产能力作为参数,民用住宅项目可以使用每平方米单价等作为参数去估算项目的成本。参数估计法需要使用项目费用的参数估算关系式进行估算,所以参数估计法的关键在于参数的确定上。这种方法不考虑项目成本的细节,只是针对不同项目成本的参数和元素进行估算。有统计资料显示这种项目成本估算方法的精确度在 ±20% 左右,但是如果不经校验则参数估计法的精确度会较低。

(2) 自下而上的项目成本估算方法。

自下而上的项目成本估算方法主要包括工料清单法、标准定额法、统计资料法。该方法在子任务级别上更为精确,关键在于要保证所涉及的所有任务均要被考虑到,这一点比进行自上而下的费用估算更为困难。比起高层管理人员,直接参与项目建设的人员更为清楚项目涉及活动所需要的资源量;由于费用出自日后要参与项目实际工作的人员之手,因而可以避免引起争执和不满;但由于其自身特点,这种估算方法非常费时,估算本身的费用较大,且可能出现虚报夸大成本的现象。

① 专家判断法。专家判断法是以专家为索取信息的对象,组织专家运用其项目管理理论及经验对项目成本进行估算的方法。该方法适用于项目成本估算精确度要求不高的情况,通常,专家判断法有两种组织形式,一是成立项目专家小组共同探讨估算;二是专家们互不见面、互不知名,而由一名协调者汇集专家意见并整理、编制项目成本估算。它通常比其他技术和方法花费要少一些,但是其准确性也较低。当历史项目与当前的项目不仅在形式上,而且在实质上相同时,专家判断法可能提供更可靠和实用的项目成本估算结果。

② 工料清单法。工料清单法又称自下而上法,是根据项目的工作分解结构,将较小的相对独立的工作包负责人的估算成本加总计算出整个项目的估算成本的方法。它通常首先估算各项独立工作的费用,然后再从下往上汇总估算出整个项目费用。工料清单法的优点是在子任务级别上对费用的估算更为精确,并能尽可能精确地对整个项目费用加以确定。比起高层管理人员来讲,直接参与项目建设的人员更为清楚项目涉及活动所需要的资源量,因此工料清单法的关键是组织项目最基层的工作包负责人参加成本估算并正确地对其估算结果加以汇总。

③ 标准定额法。标准定额法是一种计划经济体制下使用的国家或政府统一配置资源(平调)的方法,但是这并不代表所有的标准定额法都是不对的或不好的。实际上如果人们不是使用国家或地方的统一定额或标准定额,而是使用企业或行业的统一定额去估算项目成本还是比较科学的方法。这种项目成本估算方法使用企业自己通过积累和不断更新所获得的各种统一定额(工时定额、材料定额、费用定额等)去估算项目的成本,也是一种科学的自下而上的项目成本估算方法。

④ 统计资料法。这种方法包括两类:其一是使用企业自己的历史项目统计资料进行项目成本估算的方法;其二是使用市场上商业数据库的统计资料进行项目成本估算的方法。这两种方法都必须给出具有统计意义的项目资源消耗或占用的平均水平和先进水平,同时还应该给出项目所需资源的市场价格及价格信息等数据,这样人们就可以使用这些数据去做出项目成本的估算了。

3. 费用估计的结果

项目成本估算给出的结果一般是用某种货币单位表述(一般使用本币)的项目各种资源价值所构成的估算书,以便人们进一步根据这种项目成本估算书去进行项目方案的比较并开展项目成本预算。有的时候项目成本工程师或估算师(我国也叫造价工程师)也需要使用其他度量单位或综合单价去给出项目的成本估算。项目成本估算书的内容包括项目单项活动成本的估算(这是一个项目活动所需占用和消耗的资源数量、价格的总体测算)和整个项目成本的估算(这是一个项目所有活动成本估算的累计)。

项目成本估算的另一个结果是给出项目估算的各种依据和基础信息,这主要有两个方面:其一是项目资源计划的信息;其二是项目所需资源的价格信息(包括项目所需资源的市场价格和未来发展变化趋势的信息)。所有项目所需的人力资源、物力资源、设备资源、信息资源、财力资源的这方面信息,各种市场通货膨胀情况和不可预见情况等所需的项目风险储备等信息都属于这个范畴。

6.2.2 费用预算

项目费用预算是根据项目成本多少和投入时间的计划来安排的,一般有两种不同的情况:其一是当项目由业主组织自行实施时,根据项目成本估算等方面信息为项目各项具体活动确定的预算和整个项目的总预算;其二是当项目由专门承包商组织实施时,项目承包商和项目业主各自的项目中各项具体活动的预算和整个项目的总预算。因此,项目费用预算工作的具体内容包括根据项目成本估算信息及项目承发包过程等为项目各项具体工作或活动确定预算,然后制定项目成本控制标准(或基线),并确定项目不可预见费等。项目费用预算是一种项目成本的计划安排,所以它必须留有一定的余地,要有相应比例的项目成本管理储备以备急需时使用。

1. 费用预算的内容

项目费用预算的主要工作是编制给出呈 S 形曲线的项目成本基线,由图 6.3 可以看出,项目的成本预算的结果包括两个因素:其一是项目成本预算额的多少;其二是项目预算的投入时间。需要特别注意的是,项目费用预算并不是越低越好,因为成本预算过低会造成预备金或管理储备不足,从而无法应对项目实施过程中出现的各种突发事件,最终给项目造成损失。例如,建设工程项目出现的烂尾工程,信息系统集成项目的半途而废等。所以,项目费用预算编制工作必须留有足够的计划余量,为此项目成本预算必须很好地完成如下工作。

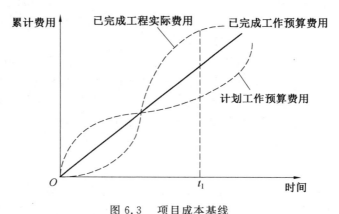

图 6.3 项目成本基线

(1) 确定项目预算中的风险储备。

根据项目风险信息和项目估算结果,首先需要制订出项目的不可预见费以及项目的管理储备等各方面的比例额度,然后才能根据这些项目风险的成本储备,计划和确定项目成本的总预算。

(2) 确定项目成本的总预算。

根据项目成本估算项目不可预见费及项目管理储备等方面的信息,按照"留有余地"的基本原则,就可以确定出项目成本的总预算,这种项目的总预算是确定项目各项工作和活动预算的依据之一。

(3) 确定项目活动的预算。

根据项目总预算、项目不可预见费及项目各项活动的不确定性情况,可以分析和确定项目各项活动的成本预算。这实际上是一种自上而下确定项目活动预算的方法,也可以使用自下而上的方法去确定项目活动的预算。

(4) 确定项目各项活动预算的投入时间。

根据项目具体活动的预算及项目进度计划安排,就可以确定项目各项具体活动预算的投入时间,从而给出项目具体活动预算的投入时间和累计的项目预算成本。

(5) 确定给出项目成本预算的S形曲线。

根据项目各具体活动的预算额、投入时间,以及项目进度计划和项目预算的累计数据采用两个坐标(累计费用和时间)找点连线的方法画出项目成本预算的S形曲线。

2. 费用预算的依据

工程项目预算费用分配的主要依据有费用估计、工作分解结构、项目进度安排、其他项目计划文件和项目资源日历、其他方面的各种信息等。

(1) 费用估计。

通过费用估计,可以大体确定项目的总费用。费用预算是以费用估计所得到的数据为基础进行进一步划分的。在确定了项目的总费用后,通过与计划费用的比较,对费用的大体结构和发生时间有初步的了解,在此基础上对费用进行增减就有了明确的方向。结合费用估计进行的费用预算,可以减少后期的项目变更和签证环节,达到利益相关方共赢的局面。

(2) 工作分解结构。

工作分解结构不仅是费用估计的依据,也是费用预算的依据。通过分解项目的各项工作,可以对费用有更有效的控制。工作分解结构通过对项目的分解,将整个项目分解成若干项任务,再将任务分解为若干项工作,并通过工作安排将工作融入员工的日常劳动中去,来促进项目目标的完成。工作分解结构将项目细化,管理人员通过工作分解结构对所要达成的目标了解得更加清晰,降低了开展管理工作的难度;基层员工通过工作分解结构对所要完成的工作和需要达到的效果有了更深刻的认识,从而提高了劳动的效率,使项目预算更加具有目的性和可控性,促进项目的成功。

(3) 项目进度安排。

费用的分配和安排应该是与进度计划相适应的,根据项目进度的安排将项目费用分摊到活动周期的各个阶段。项目费用的控制穿插于项目全生命周期之中,项目的进度安排影响着费用控制,合理安排项目进度可以充分利用资金,减少因项目进度未完成所造成的贷款利息和机械人员闲置费用。

(4) 其他项目计划文件和项目资源日历。

在编制项目成本预算时还应考虑项目集成计划、项目成本管理计划和其他各种项目专项计划等项目计划文件。另外,项目资源日历也是制订项目成本预算的重要依据。参与各方需要根据这些方面的信息去编制项目预算书。

(5) 其他方面的各种信息。

各种信息包括项目各种已识别风险的相关信息、项目的事业环境因素信息、组织的过程资产信息、社会化的商业数据库信息及各种社会化统计资料等。另外，项目管理团队的知识和经验等也都是项目成本估算中可供使用的信息。

3. 费用预算的特点

项目费用预算是一种根据既定的费用控制标准进行的费用管理活动，它又可以称为制订费用计划。项目费用预算是按时间分布的，用于测量和监控费用的实施情况。项目费用预算主要有以下特点。

(1) 计划性。

项目预算的实质是在一定时间内，对项目费用的分配所制订的计划，同时也对资源的投入数量进行了规定。项目费用预算通过一系列调查和预算，梳理流程之间的先后关系和重要程度，以达到最优的经济效益。在进行费用预算时，要对工程项目有一定的了解，并结合实际需要使费用和资源计划达到最优，使所用资源尽可能不浪费，使项目的质量达到预期的标准。

项目的费用预算一般都是项目开始前制订的，在后续实施过程中有可能受到例如自然灾害、政策管控等不可抗力的影响，导致后续的计划无法顺利进行，项目负责人需要根据所处的形势对环境进行评估，制订新的费用计划。因此，在制订费用计划的过程中通常会留出 10%～15% 的额外费用来应对意外情况。

(2) 约束性。

项目费用预算所涉及的人员只能在约束范围内进行一系列活动。项目的各级人员要遵循项目规定的额度去完成任务，一般不能越级或超范围处理任务。

(3) 控制性。

项目的费用预算最主要的作用就是加强对后期项目实施过程费用的控制。在后期项目实施过程中，通过将实际的费用与先前的费用预算进行比较，从而节约资源，加快效率，获得最大的经济效益。同时，在项目实施的实际过程中很大程度上会出现实际费用与预算费用不相符的情况，这时项目相应的管理者需要了解其中的原因，探究其对项目实施有无影响，并总结经验避免错误的多次积累导致项目失败或经济效益低下的结果。

项目费用预算对项目实施和管理有着重要作用，它可以判断项目是否会陷入危机。在实施过程中通过收集实时数据，可以判断资金是否充足，确保项目不会由于资金不足而停工，从而更好地帮助管理者对项目进行控制。

4. 费用预算的方法

工程项目费用估算的方法也适用于项目的费用预算。一般情况下，将项目估算费用按项目工作结构和项目团队组织进行分解，形成便于在项目执行过程中进行费用控制的费用分解结构。

项目费用分解结构给出了项目各工作单元的预算费用，这是编制项目预算的基础，按照项目工作分解结构确定费用分配计划。利用网络进度计划给出项目各工作单元的起始时刻，从而确定各工作单元需要各类资源的时间，进而可以得出项目费用在项目工期内各工作单元所消耗的时间和费用的分布状况。对于具有较多工序或活动的大型项目,可使用项目管理软件来辅助进行预算。

5. 费用预算的结果

(1) 项目预算文件。

项目预算文件的主要内容由费用基线、项目规模的确定、预算计划安排、项目不可预见费计划安排等构成,其中费用基线将作为度量和监控项目实施过程中费用支出的依据。费用曲线通常是随时间而变化的一条 S 形曲线,主要表现形式有费用预算表、费用负荷图、费用累计曲线、变更请求等。

① 费用预算表(表 6.3)。费用预算表是指在一个特定的时间范围内,为了合理规划和管理资金使用,根据工程项目立项的规模和范围,由专业机构根据设计和规划的质量标准、施工单元和区域图纸,按工程造价制作的工程预算明细,对材料、人工、配套设施、基础等做详细的价格统计,最后形成预算总造价的表格。建设工程本身时间长久,工序综合复杂,通过工程预算作为基本调控,以施工图纸为基础将工程施工实际与设计结合起来,对每一个施工环节的成本加以控制,有助于项目团队监控各项费用,及时发现潜在的预算超支或节约的机会。通过与完工预算(BAC)进行比较,团队可以评估项目的整体经济状况,并采取必要的措施来保持项目在预算范围内。

表 6.3 费用预算表

费用项目	预算依据	上旬	中旬	下旬	全月合计
工资及福利支出					
办公用品费					
邮递费					
电话费					
低值易耗品					
差旅公交费					
公司车辆费用					
租赁费					
交际应酬费					
教育培训费					
员工保险支出					
水电费					
财务费用					
装卸搬运费					
修理费					
劳动保护费					
日杂费					
其他管理费					

续表6.3

费用项目	预算依据	上旬	中旬	下旬	全月合计
固定资产折旧					
管理费用合计					
本期付现费用					

② 费用负荷图。费用负荷图是一种用于显示特定时间范围内的费用或负荷变化的图表或图形,如图6.4所示。这种图表通常用于能源领域,特别是电力行业,以展示电网或电力系统在一段时间内的负荷情况。

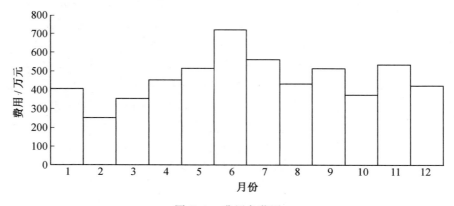

图6.4 费用负荷图

③ 费用累计曲线。费用累计曲线是指在特定时间内所累计的各种费用总和所呈现的曲线图,如图6.5所示。该曲线通常用于管理会计中的成本控制和预测。对于项目管理来说,费用累计曲线也被广泛应用。通过绘制项目的费用累计曲线,可以帮助项目经理监控项目的开支情况,并在需要时及时采取措施,以确保项目的经济效益和成本控制。

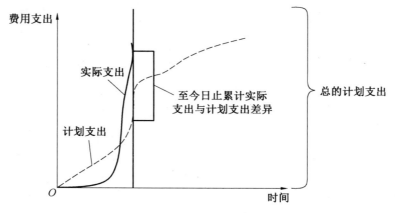

图6.5 费用累计曲线

④ 变更请求。变更请求是指在项目、计划或任务执行过程中,提出对原有计划、需求或作业进行修改的一种请求。变更请求通常涉及对项目范围、时间表、成本、资源分配等

方面的调整。

变更请求的原因可能是项目需求的变更、技术限制、资源可用性的改变或者对项目目标的重新评估。这些请求可能影响项目的进度、成本和交付的质量。在项目管理中,变更请求通常需要经过审批和评估,以确保它们对项目的影响被充分考虑,并且变更能够得到有效的控制和管理。

(2)相关的支持细节。

相关的支持细节是关于项目预算主文件的各种支持细节的说明文件,它包括各种预算编制过程中的项目范围计划、工期计划和项目资源计划,项目预算标准和定额,项目预算分配的原则等文件。

(3)项目筹资计划与安排。

项目筹资计划与安排包括项目总的筹资、各个时段的筹资要求和计划安排,这是根据项目预算结果给出的。通常每个项目阶段的筹资都应该给出一定的富余量,以应对各种不确定性情况的发生,所以项目筹资的数额应该在项目总成本之上再有一定的储备。

(4)项目预算管理计划。

项目成本预算工作的另一个主要结果是要生成一份项目预算管理的相关规定文件,即项目预算管理计划文件。在这一文件中应该明确规定有关项目预算管理的各种规定和要求,包括有关项目预算的管理,以及项目不可预见费和管理储备的使用规定等。

6.3 费用控制

项目费用控制是指通过项目的成本管理对项目实施过程中所消耗费用的情况进行控制,尽量使项目的实际费用控制在计划范围内的项目管理工作。在项目实施的整个过程中,应该定期地、经常性地收集实际费用数据,进行预算费用和实际费用的动态比较分析并进行费用预测。如果发现偏差,则应及时采取纠偏措施,包括经济、技术、合同、组织管理等综合措施,以实现项目的目标。

费用控制的目的是保证各项工作要在其各自的预算范围内进行。项目利益相关方关心的是影响费用线的各种因素、确定费用线是否改变,以及管理和调整实际的改变。费用控制主要是为了监控费用执行情况以确定与计划的偏差,确保所有发生的变化被准确记录在费用线上,并避免不正确的、不合适的或者无效的变更反映在费用线上。

6.3.1 费用控制的定义

项目费用控制是指在项目实施过程中,通过开展项目费用的监督和管理使项目的实际费用处于受控状态,并使项目费用被控制在项目预算范围内的项目管理工作。随着项目实施的开展,项目实际发生的费用会不断发生变化,因此人们需要不断监督和控制项目的实际花费并调整项目费用预算。另外,人们还需要不断地对项目最终完工时的可能费用进行预测和计划安排,这些工作都属于项目费用控制的范畴。项目费用控制涉及3方面的工作:对各种可能引起项目费用变化的影响因素进行事前控制;在项目实施过程中对

项目管理概论

项目费用进行事中控制；在项目实际费用发生以后进行事后控制。要实现对项目费用的全面控制，核心的任务是要控制项目各方面的变更，以及通过项目费用的事前、事中和事后控制去实现项目费用控制的目标。

项目费用控制的具体工作包括监视项目费用的发展变化，发现项目费用出现的实际偏差，采取各种纠偏措施以控制项目费用不要超过项目预算，确保实际发生的项目费用和项目变更能够有据可查，防止不正当或未授权的项目变更而发生的各种费用被列入项目费用，对项目不可预见费和管理储备进行管理等。

有效控制项目费用的关键是要正确分析项目费用的实际状况，尽早地发现项目费用出现的偏差和问题，以便在情况变坏之前能够及时采取纠正措施。项目费用控制需要使用项目集成管理的方法，因为如果在项目费用控制中不考虑对项目质量或项目进度的影响，最终会导致项目质量或项目进度出现问题，导致项目后期产生无法接受的损失。总之，在项目费用控制中发现问题越早，处理得越及时，就越有利于项目费用的有效控制，而且对项目范围、质量和进度等方面的冲击也会越小，使项目更能达到预期的目标。

6.3.2　费用控制的依据

项目费用控制的目的就是通过在项目决策和实施阶段的规划，将可能发生的费用值控制在计划值内，来促进项目目标的最终实现。但是在实际情况下，很多时候项目的进展和环境的变化不会按照预定的计划进行，这就需要考验费用控制计划的科学性与有效性。

(1) 项目成本实际情况报告。

项目成本实际情况报告是指项目成本管理与控制的实际绩效评价报告，它反映了项目预算实际执行情况，如哪个阶段或哪项工作的成本超出了预算，问题出在何处等。这种报告通常要给出项目成本预算额、实际额和差异额，并且它们必须具有准确性、及时性和适用性，因为它们是项目成本控制的工作成果和后续依据。

(2) 项目各种变更的请求。

项目变更请求既可以是项目业主或客户提出的，也可以是项目实施者或其他方面提出的。任何项目的变更都会造成项目成本变动，所以在项目实施过程中出现的任何变更都必须经过审批同意。如果擅自变更而导致项目成本上升就有可能会使项目变更无法获得索赔，甚至会造成各种项目合同纠纷。

(3) 项目成本管理计划。

项目成本管理计划是关于如何管理和控制项目成本的计划文件，也是项目成本管理工作的一份十分重要的指导文件。它所给出的内容包括项目成本事前控制的计划和安排、项目成本事中控制的具体措施和办法、项目成本控制中的应急措施以及项目成本控制的具体责任分配等。

6.3.3　项目费用的影响因素

(1) 项目费用范围。

对于项目费用范围的界定需要贯穿项目的全生命周期，在项目计划到竣工验收的各个阶段,所做的工作都会影响费用控制。但是由于每个建设项目都有其特点,在费用控制的层面,项目的前期设计和策划对项目费用控制具有决定性作用,其影响程度符合"二八定律"。"二八定律"又称帕累托法则,是一种经济学和管理学中常用的现象描述原则。该定律表明,在许多情况下,80%的效果往往来自20%的原因。这一法则最初由意大利经济学家维尔弗雷多·帕累托(Vilfredo Pareto)提出。项目规划和设计阶段决定了项目寿命期内80%的费用,而设计阶段尤其是初步设计阶段决定了项目80%的投资费用。

(2) 项目的复杂性。

项目的复杂性涉及技术难度、需求变更的频率等因素。较为复杂的项目可能需要更多的专业知识和资源,从而影响费用。

(3) 风险管理。

风险管理是一个关键的因素,因为未预料到的问题可能导致额外的成本。费用必须包括对风险的适当管理和储备。

(4) 供应链和外部因素。

如果项目依赖外部供应商或受到市场波动等外部因素的影响,则可能对费用产生影响。

(5) 通信和沟通。

有效的沟通需要时间和资源,特别是在团队分布广泛的情况下。

(6) 项目的质量。

质量总成本由质量故障成本和质量保证成本组成。质量越低,引起的质量不合格损失越大,即故障成本越大;反之,质量越高,故障越少,引起的损失也越少,则故障成本越少。质量保证成本,是指为保证和提高质量而采取的相关的保证措施而耗用的开支,如购置设备、改善检测手段等,这类开支越大,质量保证程度越高,反之质量保证程度越低。

(7) 材料的价格。

在项目的全寿命期内会涉及各种各样的资源,而各种资源价格的变化直接影响项目的费用。

6.3.4 费用控制的方法

项目费用控制的方法有很多,在这里主要介绍3种:价值工程法、项目成本分析表法和挣得值分析法。

1. 价值工程法

(1) 价值工程的概念。

价值工程,又称为价值分析或功能成本分析,是一种系统性的方法,旨在通过最大化产品或项目的性能和功能,同时最小化成本,从而提供最好的效益。价值工程是20世纪40年代起源于美国的一种新兴的科学管理技术,美国通用电气公司的工程师麦尔斯(Miles)从研究代用材料开始,把产品功能、产品成本和产品价值结合起来,用技术与经济价值统一对比的标准来衡量问题,后来又进一步把这种价值分析的思想和方法推广到产品开发、设计、制造及经营管理等方面,逐渐摸索出一套比较系统和科学的方法,并于1947年以"价值分析程序"为题发表了自己的研究成果,价值工程正式产生。我国运用价值工程方法是从 20 世纪 70 年代开始的。1984 年国家经济贸易委员会(2003 年改组为国家发展和改革委员会)将价值工程作为 18 种现代化管理方法之一向全国推广。

价值工程的表达式为

$$V = \frac{F}{C} \tag{6.1}$$

式中　V——价值系数；
　　　F——功能系数；
　　　C——费用系数。

(2) 价值工程的特点。

价值工程活动的目的是研究对象的最低寿命周期费用,可实现使用者所需的功能,以获取最佳综合效益。价值工程的主要特点有以下几方面。

① 综合性和系统性。价值工程是一种综合性和系统性的方法,涵盖了项目的各个方面,包括设计、生产、运营等阶段。

② 注重降低成本。其核心目标之一是降低项目或产品的成本,通过合理的设计和流程优化实现经济效益。

③ 强调功能与成本的平衡。价值工程强调在满足功能要求的前提下,通过优化设计和资源利用,实现最佳的成本效益平衡。

④ 以价值为导向。研究对象的价值着眼于全寿命周期费用。全寿命周期费用指产品从研究开发到其寿命期结束所发生的全部费用,即从为满足功能要求进行研制、生产到使用所花费的全部费用,包括生产成本和使用成本两部分。提高产品价值就是以最小的资源消耗获取最大的经济效益。根据价值公式,提高产品或作业的价值的途径有 5 种。

　a. 功能不变,成本降低。
　b. 成本不变,功能提高。
　c. 功能提高,成本降低。
　d. 成本略有提高,功能大幅度提高。
　e. 功能略有下降,成本大幅度下降。

⑤ 创新和改进。价值工程鼓励创新和改进,通过重新审视设计和流程,寻找新的解决方案,提高项目或产品的效能。

⑥ 多学科协作。在实施过程中,需要多学科的专业人员协同工作,包括工程师、设计师、生产专家等,确保综合考虑各个方面的因素。

⑦ 阶段性应用。价值工程在项目的不同阶段都可以应用,包括初步设计阶段、生产阶段和运营阶段,以不断优化项目的整体价值。

⑧ 灵活性和适应性。价值工程的方法可以根据具体项目的特点和需求进行调整,具有一定的灵活性和适应性。

(3) 价值工程的基本内容。

价值工程已发展成为一门比较完善的管理技术,在实践中已形成一套科学的实施程序。这套实施程序实际上是发现矛盾、分析矛盾和解决矛盾的过程,通常是围绕以下 7 个合乎逻辑程序的问题展开的。

① 这是什么?

② 这是干什么用的？
③ 它的成本是多少？
④ 它的价值是多少？
⑤ 有其他方法能实现这个功能吗？
⑥ 新的方案成本是多少？功能如何？
⑦ 新的方案能满足要求吗？

按顺序回答和解决这7个问题的过程，就是价值工程的工作程序和步骤，即选定对象，收集情报资料，进行功能分析，提出改进方案，分析和评价方案，实施方案，评价活动成果。

（4）价值工程的工作程序。

① 选择价值工程对象。价值工程的主要途径是进行分析，选择对象是在总体中确定功能分析的对象，它是根据企业、市场的需要，从获得效益的大小出发进行分析的。选择对象的基本原则：在生产经营上有迫切的必要性，在改进功能、降低成本上具有较大的潜力。

② 收集情报。通过收集情报，可以从情报中得到进行价值工程活动的依据、标准、比对对象，同时可以受到启发、打开思路，深入地发现问题，科学地确定问题的所在和问题的性质，以及改进的方向与方法。

③ 功能分析。功能分析又称功能研究，对新产品来讲也叫功能设计，是价值工程的核心。价值工程活动就是围绕这个中心环节展开的，因为价值工程的目的是用最低的寿命期成本来实现用户所需的功能或项目的目标，所以价值工程师对产品的分析，首先不是分析产品结构，而是分析产品的功能。这样就摆脱了现存结构对设计思路的束缚，为找出实现功能的最优方案提供了有效的思路。

功能分析包括功能定义、功能整理和功能评价。功能定义是指用来确定分析对象的功能。功能整理是指制作功能系统图，用来表示功能间的"目的"和"手段"关系，确定和去除不必要的功能。功能评价是通过系统化的方法评估某一系统、产品或服务在特定条件下实现其预期功能的能力和效果。

a. 功能定义。功能定义所回答的是"它是做什么用的"的提问。对功能要给予科学的定义，进行归类整理，理顺功能之间的逻辑关系，为功能分析提供系统资料。

b. 功能整理。功能整理的目的是确切地定义功能，正确地划分功能类别，科学地确定功能系统，发现和提出不必要的、不正确的或可以简化的功能。

c. 功能评价。功能评价所回答的是"成本是多少"和"价值是多少"的提问，其目的是寻求功能最低的成本。它是用量化手段来描述功能的重要程度和价值，以找出低价值区域，明确实施价值工程的目标、重点和大致的经济效果。功能评价的主要尺度是价值系数，可由功能和费用来求得。此时，要将功能用成本来表示，以此将功能量化，并可确定与功能的重要程度相对应的功能成本。

④ 方案创新和评价阶段。方案创新和评价阶段主要包含以下步骤。

a. 提出改进方案。其目的是寻找有无其他方法能实现这项功能，如混凝土工程有无新的配合比或掺用附加剂，深基础工程有无不同的开挖方法等。

b. 评价改进方案。主要是对提出的改进方案,从功能和成本两个方面来进行评价,具体计算新方案的成本和功能。

c. 选择最优方案。即根据改进方案的评价,从中选出最佳方案。

⑤ 实验与验收阶段。实验与验收阶段的工作包含以下内容。

a. 提出新方案,报送项目经理审批,有的还要得到监理工程师、设计单位甚至业主的认可。

b. 实施新方案,并对新方案的实施进行跟踪检查。

c. 进行成果验收和总结。

(5) 价值工程在工程项目管理中的应用。

① 价值工程在工程建设中的应用可以帮助项目团队识别和解决工程项目中的问题。通过对项目进行全面的分析和评估,可以发现潜在问题和风险,并制订相应的解决方案。例如,在设计阶段,价值工程可以帮助设计师和工程师发现设计中的缺陷和不足之处,从而提出改进措施,确保项目的顺利实施。

② 价值工程可以帮助工程项目实现成本控制和效益最大化。通过对工程项目进行全面的成本分析和评估,可以找出成本高、效益低的环节,并提出相应的优化方案。例如,在材料采购过程中,价值工程可以帮助项目团队选择性价比更高的材料,从而节约成本并提高工程项目的效益。

③ 价值工程还可以优化资源利用,提高工程项目的可持续性。通过对工程项目的资源使用情况进行评估和优化,可以减少资源的浪费和损耗,提高资源利用效率。

价值工程在项目开展过程中具有重要意义。它可以帮助项目团队识别和解决问题,实现成本控制和效益最大化,优化资源利用,提高项目的质量和安全性。因此,在项目建设中,合理应用价值工程方法是实现工程项目成功的关键。

【例 6.1】 在某自备电厂储灰场长江围堤筑坝工程的建设中,原设计方案为土石堤坝,造价在 1 500 万元以上。建设方通过对钢渣物理性能和化学成分分析试验,经过反复计算和细致推敲,发现用钢渣代替抛石在技术上可行,对堤坝的使用功能没有影响。在取得可靠数据以后,为慎重起见,建设方先做了一段 200 m 长的试验坝(全坝长 2 353 m),取得成功经验后再大面积推广施工。经过项目参与各方的共同努力,长江边国内首座钢渣黏土夹心坝顺利建成。建成的大坝稳定而坚固,经受了强台风和长江特高潮位同时袭击仍岿然不动。该建设方案比原方案节省投资 700 多万元,取得了降低费用和保证功能的效果。

【例 6.2】 美国 1972 年在进行俄亥俄河大坝枢纽设计中,应用价值工程方法,从功能和成本两个方面对大坝和溢洪道等进行了综合分析,采取增加溢洪道闸门高度的方法使闸门数量由 17 道减少到 12 道,并且改进闸门施工工艺使大坝的功能和稳定性不受影响,大坝所具有的必需功能得到保证。仅此,大坝建设费用就节约了 1 930 万美元,用于聘请专家等进行价值工程分析的费用只有 1.29 万美元,取得了 1 美元收益接近于 1 500 美元的投资效果。

2. 项目成本分析表法

项目成本分析表法是一种利用项目中的各种表格进行成本分析和成本控制的方法。

应用项目成本分析表法可以很清晰地进行成本比较研究。常见的成本分析有月成本分析表、成本日报或周报表、月成本计算及最终预测报告表等。

下面以工程项目为例介绍月成本计算及最终成本预测报告表（表6.4）的格式。每月编制月成本计算及最终成本预测报告表，是项目成本控制的重要内容之一。该报告的主要内容包括项目名称、已支出金额、到竣工尚需的预计金额、盈亏预计等。月成本计算及最终成本预测报告表要在月末会计账簿截止的同时完成，并且应随着时间的推移，不断提高报表中数据的精确性。

表6.4 月成本计算及最终成本预测报告表

序号	科目编号	名称	支出金额	调整		备注	目前成本			序号	到竣工尚需资金			最终预算工程成本			合同预算金额			预算比较	
				金额增	金额减		金额	单价	数量		金额	单价	数量	金额	单价	数量	金额	单价	数量	盈	亏

3. 挣得值分析法

挣得值（earned value，EV）分析法简称挣值法或赢得值法。它实际上是一种分析目标实施与目标期望之间差异的方法，是一种偏差分析方法。挣值法通过测量和计算已完成工作的预算费用、实际费用和计划工作的预算费用得到有关计划实施的进度和费用偏差，从而判断项目预算和进度计划的执行情况。挣值法的独特之处在于以预算和费用来衡量工程的进度，可用于对项目进度和费用进行综合控制。

挣值法因其中用到的一个关键数值——挣值（已完成工作预算）而得名。1967年，美国国防部制定费用／进度控制系统的准则（cost/schedule control systems criteria，C/SCSC）时，正式采用了挣得值的概念，目前美国宇航局（NASA）、美国国税局（IRS）和美国联邦调查局（FBI）等机构也采用了挣得值的概念。

（1）挣得值分析法的3个关键参数。

① 计划工作量的预算费用（budgeted cost for work scheduled，BCWS）。BCWS是指项目实施过程中某阶段计划要求完成的工作量所需的预算工时（或费用）。主要是反映进度计划应当完成的工作量。其计算公式为

$$BCWS = 计划工作量 \times 预算定额 \qquad (6.2)$$

BCWS主要反映按进度计划应当完成的工作量及预算费用，其对衡量项目进度和费用都是一个标尺或基准。一般来说，除非合同有变更，否则BCWS在项目实施过程中应保持不变，如果由于合同变更影响到项目的进度和费用，经过业主方的批准认可，BCWS基线也应做相应的更改。根据我国的习惯，一般把它称为"计划投资额"。

② 已完成工作量的实际费用（actual cost for work performed，ACWP）。ACWP是

指项目实施过程中某阶段实际完成的工作量所消耗的工时(或费用),主要反映项目执行的实际消耗。其计算公式为

$$ACWP = 已完成工作量 \times 实际价格 \tag{6.3}$$

③ 已完工作量的预算成本(budgeted cost for work performed,BCWP)。BCWP 是指项目实施过程中某阶段实际完成工程量及按预算计算出来的工时(或费用),即挣值。其计算公式为

$$BCWP = 已完成工作量 \times 预算价格 \tag{6.4}$$

由于业主正是根据这个值对承包商完成的经过验收、符合质量要求的工作量予以支付即承包商获得的金额,所以称为挣得值。这一指标反映了满足质量标准的项目的实际进度,真正实现了投资额到项目成果的转化。根据我国的习惯,一般把它称为"实际投资额"。

(2) 挣得值分析法的 4 个评价指标。

① 费用偏差(cost variance,CV)。CV 是指检查期间 BCWP 与 ACWP 之间的差异。其计算公式为

$$CV = BCWP - ACWP \tag{6.5}$$

当 CV 为负值时,表示执行效果不佳,即实际消耗人工(或费用)超过预算值,即超支;当 CV 为正值时,表示实际消耗人工(或费用)低于预算值,即有节余或效率高;当 CV 等于 0 时,表示实际消耗人工(或费用)等于预算值,如图 6.6 所示。

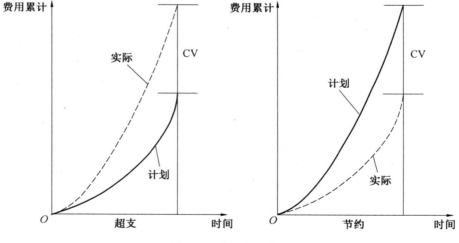

图 6.6 费用偏差曲线

② 进度偏差(schedule variance,SV)。SV 是指检查日期 BCWP 与 BCWS 之间的差异。其计算公式为

$$SV = BCWP - BCWS \tag{6.6}$$

当 SV 为正值时,表示进度提前,时间提前量为 Δt;当 SV 为负值时,表示进度延误,时间延误量为 Δi;当 SV 为 0 时,表示实际进度与计划进度一致,如图 6.7 所示。

③ 费用绩效指标(cost performed index,CPI)。CPI 是指预算费用与实际费用之比(或工时值之比)。其计算公式为

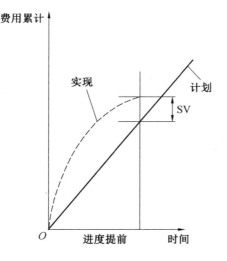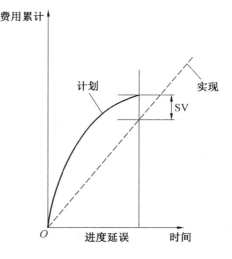

图 6.7 进度偏差曲线

$$\text{CPI} = \frac{\text{BCWP}}{\text{ACWP}} \tag{6.7}$$

当 CPI>1 时,表示低于预算,即实际费用低于预算费用;当 CPI<1 时表示超出预算,即实际费用高于预算费用;当 CPI=1 时,表示实际费用与预算费用吻合。

④ 进度绩效指标(schedule performed index,SPI)。SPI 是指项目挣值与计划之比。其计算公式为

$$\text{SPI} = \frac{\text{BCWP}}{\text{BCWS}} \tag{6.8}$$

当 SPI>1 时,表示进度提前,即实际进度比计划进度快;当 SPI<1 时,表示进度延误,即实际进度比计划进度慢;当 SPI=1 时,表示实际进度等于计划进度。

(3) 挣得值分析法的评价分析。

① 挣得值分析法评价曲线。如图 6.8 所示,横坐标表示时间,纵坐标则表示费用(以实物工程量、工时或金额表示)。BCWS 曲线为计划工作量的预算费用曲线,表示项目投入的费用随时间的推移在不断积累,直至项目结束达到它的最大值,所以曲线呈 S 形,也称为 S 曲线;BCWP 曲线是项目实施过程中某阶段计划要求完成的工作量所需的预算费用曲线,项目投入的费用随时间的推移在不断积累,直至项目结束达到它的最大值,曲线呈 S 形;ACWP 为已完成工作量的实际费用,同样是进度的时间参数,随项目推进而不断增加,也是呈 S 形的曲线。利用挣得值分析法评价曲线可进行费用进度评价,图中所示的项目,CV<0,SV<0,这表示项目执行效果不佳,即费用超支,进度延误,应采取相应的补救措施。

在实际执行过程中,最理想的状态是 ACWP、BCWS、BCWP 3 条曲线靠得很近、平衡上升,表示项目按预定计划目标前进。如果 3 条曲线离散度不断增加,则预示可能发生关系到项目成败的重大问题,应该对项目进行重新评估和安排。

② 分析与建议。经过对比分析,发现某一方面已经出现费用超支,或预计最终将会出现费用超支,则应将它提出,做进一步的原因分析。原因分析是费用责任分析和提出费

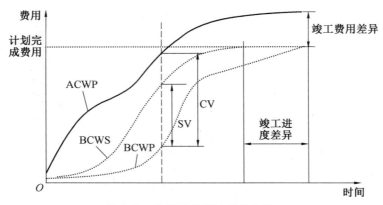

图 6.8　挣得值分析法评价曲线

用控制措施的基础,费用超支的原因是多方面的,例如:

a. 宏观因素。如国家政策的变化,计划、设计不充分,出现重大技术难题或政治、金融风波,总工期拖延,物价上涨,工作量大幅度增加。

b. 微观因素。如分项工作效率低,协调不好,局部返工。

c. 内部原因。如采购了劣质材料,材料消耗增加,用人不当,员工素质不高,出现事故,管理失误等。

d. 外部原因。如上级、业主的干扰,设计的修改,阴雨天气,其他风险等,另有技术、经济、管理、合同等方面的原因。原因分析可以采用因果关系分析图进行定性分析,在此基础上又可利用差异分析法进行定量分析。

通常要压缩已经超支的费用,而不损害其他目标是十分困难的,一般只有当给出的措施比原计划已选定的措施更为有利,或使工程范围缩小,或生产效率提高,费用才能降低。当发现费用超支时,人们常常通过其他手段,在其他工作上节约开支,这常常是十分困难的。这会损害项目,包括项目质量和工期的目标,甚至有时贸然采取措施,主观上企图降低成本,而最终却导致更大的费用超支。大量实践证明,完全没有超支和进度拖延的成功项目是很少的,因而费用的超支是常态。但必须是良性的超支才能接受,如购买更新、更高效的技术、原材料,购买特别保险,实施过程的重新规划等。

(4) 挣得值分析法的3个完工指标。

① 完工预算(budget at completion,BAC)是指项目的总预算,即在项目完成时计划花费的总金额。它是项目管理中的一个关键概念,用于确定项目的总成本,并为项目管理团队提供一个基准,以便在项目执行过程中进行对比和控制。

在项目启动阶段,项目管理团队会制订完工预算,该预算包括所有预计的成本,包括劳动、材料、设备、间接成本等。BAC提供了一个基准,帮助项目管理团队在执行项目时监控实际成本与计划成本之间的差距,并采取必要的措施以确保项目能够在预定的成本范围内完成。

② 完工尚需费用估算(estimate to complete,ETC)是指在项目执行过程中,预计还需要多少资金来完成剩余的工作。它是项目管理中用于估算未来成本的重要工具,有助于项目团队在项目进行过程中进行成本控制和预测。

ETC 通常是在项目执行过程中根据实际进展和已发生的成本进行估算的。通过将实际成本与完工预算(BAC)进行比较,可以计算出已经花费的成本,然后通过将这些实际成本与项目剩余工作的预计成本相结合,得出完工尚需费用估算。

③ 完工估算(estimate at completion,EAC)是指完成全部项目工作的费用将是多少,即考虑已经发生的费用,对完成全部工作费用的估算。它是项目的总成本预算,包括所有成本和费用。EAC 是在项目计划中确定的,用于提供项目的整体经济框架,以便进行成本控制和管理。

预测项目完工情况根据已知的信息和知识,对项目将来的状况做出估算和预测是挣值分析中的一项重要工作。挣值分析中常用的是按照完成情况估计在目前实施情况下完成项目所需的总费用 EAC,分为以下 3 种情况。

a. 当前状态将会延续到项目完成

$$EAC = 实际支出 + 按照实施情况对剩余预算所做的修改 \tag{6.9}$$

即

$$EAC = ACWP + (总预算 - BCWP) \times \frac{ACWP}{BCWP} = 总预算 \times \frac{ACWP}{BCWP} \tag{6.10}$$

这种方法通常用于当前的变化可以反映未来的变化时。

b. 未来项目将会按计划进行

$$EAC = 实际支出 + 剩余预算 \tag{6.11}$$

即

$$EAC = ACWP + (总预算 - BCWP) \tag{6.12}$$

这种方法适用于现在的变化仅是一种特殊情况,项目经理认为未来不会发生类似的变化。

c. 原计划不再适用

$$EAC = 实际支出 + 对未来所有剩余工作的重新估计 \tag{6.13}$$

这种方法通常用于当过去的执行情况显示了所有的估计假设条件基本失效的情况下,或者由于条件的改变原有的假设不再适用。如果预测 EAC 不在可接受的范围内,则可为项目团队提供预警信号。

利用上述 3 种方法,可以在项目实施的过程中确定预测总费用超支或节支的具体数额大小,并以此为依据,采取相应的费用控制和纠偏措施,使项目在尽可能节约费用的前提下顺利完成。

【例 6.3】 某项目组计划用 2 d 的时间把房间的墙面刷一遍新漆。进度安排(计划)每天完成 50% 的工作量,费用预算为 800 元,每天 400 元。1 d 后,项目组实际完成工作量为 40%,实际发生的费用为 360 元。请按照 EVM 对 1 d 的工作绩效进行测评并给出完工估算 EAC。

解 1 d 结束时

$$PC(BCWS) = 400(元)$$

$$EV(BCWP) = 400 \times \frac{40\%}{50\%} = 320(元)$$

$$AC(ACWP) = 360(元)$$

$$\mathrm{SPI} = \frac{320}{400} = 0.8, 说明进度落后。$$

经过分析后,$\mathrm{CPI} = \frac{320}{360} = \frac{8}{9}$,说明费用超支。

完工估算可能出现 3 种情况:

① 第 1 d 的工作更合情理,可能要超过预算

$$完工估算\ \mathrm{EAC} = \frac{800}{\mathrm{CPI}} = 900(元)$$

$$完工尚需预算\ \mathrm{ETC} = \mathrm{EAC} - \mathrm{AC} = 900 - 360 = 540(元)$$

或

$$\frac{360}{40\%} = \frac{\mathrm{EAC}}{100\%}, 则\ \mathrm{EAC} = 900\ 元, \mathrm{ETC} = \mathrm{EAC} - \mathrm{AC} = 900 - 360 = 540(元)$$

② 整个项目仍可以遵守预算

即 $\mathrm{EAC} = 800(元)$,则:$\mathrm{ETC} = 800 - 360 = 440(元)$

③ 剩余工作按计划效率

$$\mathrm{EAC} = \mathrm{BAC} + (\mathrm{AC} - \mathrm{EV}) = 800 + (360 - 320) = 840(元)$$

$$\mathrm{ETC} = \mathrm{EAC} - \mathrm{AC} = 800 - 360 = 480(元)$$

【例 6.4】

挣值法应用举例:某土方挣值分析。

某土方工程挣值分析总挖方量为 4 000 m。预算单价为 45 元/m。该挖方工程预算总费用为 180 000 元。计划用 10 d 完成,每天 400 m。开工后第 7 d 早晨刚上班时业主和项目管理人员前去测量,取得了两个数据,已完成挖方 2 000 m,支付给承包单位的工程进度款累计已达 120 000 元。

项目管理人员先计算已完工作预算费用,得

$$\mathrm{BCWP} = 45 \times 2\ 000 = 90\ 000(元)$$

接着,查看项目计划,计划表明,开工后第 6 d 结束时,承包单位应得到的工程进度款累计额为 BCWS = 108 000 元。进一步计算得

$$费用偏差\ \mathrm{BCWP} - \mathrm{ACWP} = 90\ 000 - 120\ 000 = -30\ 000(元)$$

表明承包单位已经超支。

$$进度偏差\ \mathrm{BCWP} - \mathrm{BCWS} = 90\ 000 - 108\ 000 = -18\ 000(元)$$

表明承包单位进度已经拖延,较预算还有相当于价值 18 000 元的工作量没有做。18 000/(400×45) = 1 d 的工作量,所以承包单位的进度已经落后 1 d。

另外,还可以使用费用绩效指标 CPI 和进度绩效指标 SPI 测量工作是否按照计划进行。

$$\mathrm{CPI} = \frac{\mathrm{BCWP}}{\mathrm{ACWP}} = \frac{90\ 000}{120\ 000} = 0.75$$

$$\mathrm{SPI} = \frac{\mathrm{BCWP}}{\mathrm{BCWS}} = \frac{90\ 000}{108\ 000} = 0.83$$

CPI 和 SPI 都小于 1,项目管理人员给该项目亮了黄牌。

6.3.5 费用控制的结果

开展项目成本控制的直接结果是带来了项目成本的节约和项目经济效益的提高。开展项目成本控制的间接结果是生成了一系列项目成本控制文件。这些文件主要包括如下几个方面。

(1) 项目成本估算文件的更新。

这是对项目原有成本估算的修订和更新的结果文件,这种更新一方面可以用于下一步的项目成本控制;另一方面将来可以作为项目历史数据和信息使用。

(2) 项目成本预算文件的更新。

这是对项目原有成本预算的修订和更新的结果文件,是项目后续阶段成本控制的主要依据,也是项目成本控制和项目成本历史数据的记录。

(3) 项目活动方法改进文件。

这是有关项目活动方法改进与完善方面的文件,它包括项目活动方法改进方面的信息,项目活动方法改进所带来的项目成本降低方面的信息。

(4) 项目成本的预测文件。

这是指在项目实施中根据项目成本实际情况和未来发展趋势对项目成本做出的必要预测和计划安排,包括预测的项目完工时的项目成本等。

(5) 应吸取的经验教训。

这是有关在项目成本控制中发生各种失误或错误后所应该吸取的各种经验教训的汇总文件,可用于后续项目成本控制和项目工作的控制。

课后习题

1. 项目资源计划编制的依据是什么?
2. 成本预算计划如何编制?它有哪些基本方法?
3. 简述成本预算与成本估算的区别。
4. 项目成本控制有哪些方法?
5. 某项目进展到 11 周时,对前 10 周的工作进行统计,情况见表 6.5。

表 6.5 某项目前 10 周工作统计

工作	计划完成工作预算费用/万元	已完成工作量/%	实际发生费用/万元	挣得值/万元
A	400	100	400	
B	450	100	460	
C	700	80	720	
D	150	100	150	
E	500	100	520	
F	800	50	400	

续表6.4

工作	计划完成工作预算费用/万元	已完成工作量/%	实际发生费用/万元	挣得值/万元
G	1 000	30	700	
H	300	100	300	
I	120	100	120	
J	1 200	40	600	
合计				

要求计算：

(1) 求出前10周每项工作的BCWP及第10周周末的BCWP。

(2) 计算第10周周末的合计ACWP、BCWS。

(3) 计算第10周周末的CV、SV，并进行分析。

(4) 计算第10周周末的CPI、SPI，并进行分析。

第 7 章　项目质量管理

7.1　项目质量管理概述

项目质量管理主要是为了确保项目按照设计者规定的要求满意地完成,它包括使整个项目的所有功能活动能够按照原有的质量及目标要求得以实施,质量管理主要是依赖于质量计划、质量控制、质量保证及质量改良所形成的质量保证系统来实现的。

7.1.1　质量的定义

质量(quality)概念所描述的对象早期大多局限于产品,后期逐渐延伸到服务,现代质量概念不仅包括产品和服务,还扩展到了过程、活动、组织乃至它们的结合。

国际标准化组织(ISO)发布的 2000 版 ISO 9000 将质量定义为:"一组固有特性满足要求的程度。"明确指出了质量是产品或过程的固有特性满足要求的程度。

一些知名企业和学者也对质量进行了定义。柯达公司将质量定义为:"在一个可产生显著效益的成本水平上,产品或服务可以满足或超过用户的需要和期望的程度。"柯达公司对质量的定义不仅考虑了产品或服务满足或超过顾客的需求,还考虑了质量的成本。

美国质量管理学家约瑟夫·M.朱兰(Joseph M. Juran)博士从顾客的角度出发,提出了著名的"适用性"观点。他认为:质量就是产品的适用性,即产品在使用时能够满足用户需要的程度。

综上所述,质量的概念应该包括以下几个方面的特点。

(1) 质量的广义性。

顾客不仅对产品提出要求,也可能对过程提出要求,而过程同样具有固有特性,因此质量不仅指产品质量,也包括过程质量。

(2) 质量的规定性。

质量是指固有特性满足要求的程度,将赋予特性与固有特性予以区分。

(3) 质量的适用性。

产品必须能够满足顾客的某些需求,能够解决顾客提出的问题,因此产品的适用性要求对于产品能否在市场上生存也是至关重要的。

(4) 质量的经济性。

产品或服务不但要满足顾客功能上的要求,还要满足顾客经济上的要求,努力为顾客节约投入。

(5) 质量的时效性。

由于顾客对产品或过程的需求和期望是不断变化的,因此,质量也在变化,这就要求组织不断地调整对质量的要求。

(6) 质量的相对性。

既然将质量定义为"满足顾客要求"的程度,不同顾客的要求是不同的,那么对质量的要求也是不同的。

结合质量的定义及项目的特征可知,项目质量是指项目管理和项目成果的质量,它不仅包括项目的成果,即产品或服务的质量,也包括项目管理的质量。项目质量不但要满足规定的要求,还要力争使顾客满意。

7.1.2 质量管理的定义

关于质量管理(quality management)有许多不同的定义,较为典型的有日本的质量管理学家谷津进和国际标准化组织对质量管理的定义,他们从不同的角度给出了质量管理的解释。

谷津进认为,质量管理"就是向消费者或顾客提供高质量产品与服务的一项活动。这种产品和服务必须保证满足需求、价格便宜和供应及时"。这一定义给出了质量管理的目的、目标和作用,明确了质量管理的根本目的是向客户和消费者提供高质量的产品与服务,明确了质量管理的目标和作用就是使产品和服务符合"满足需求、价格便宜和供应及时"3项要求。

国际标准化组织认为:"质量管理是确定质量方针、目标和职责,并在质量体系中通过诸如质量策划、质量控制和质量改进,使质量得以实现的全部活动。"从这个定义可以看出,质量管理是一项具有广泛含义的企业管理活动,它包括如下几个方面的内容。

(1) 项目质量管理贯穿从企业质量方针政策的制定到用户对项目产品质量的最终检验的全过程,是专门针对保障和提高项目质量而进行的管理。

(2) 项目质量管理需要所有项目利益相关者的共同努力,它包括:①项目客户、项目所属的公司和项目经理等关于质量目标、方针和职责的制定;②项目管理人员根据上面所制定的质量目标和方针,制订项目的质量计划;③项目团队关于项目质量计划的具体实施。

(3) 项目质量管理不仅包括项目产品的质量管理,而且还包括制造项目产品过程中工作质量的管理,因为项目最终产品的质量是由产品生产过程来保证的,只有保证高质量水平的生产过程,才能生产出高质量的产品。

7.1.3 项目质量管理的定义

项目质量是指项目的可交付成果能够满足客户需求的程度。而项目质量管理是为了保证项目的可交付成果能够满足客户的需求,围绕项目质量而进行的计划、协调、控制等活动。

项目质量管理的主要目的是确保项目的可交付成果满足客户的要求。项目团队必须与客户建立良好的关系,理解他们明确的需求及隐含的需求,因为客户是项目质量是否达到要求的最终裁判者。

项目质量管理的概念与质量管理的概念有许多相同之处,也有不同之处。不同之处是由项目的一次性等特性所决定的。质量管理是针对日常运作所进行的活动,日常运作是重复做某件事情,一旦过程设计好了,只需以保守的态度采用诸如统计过程控制等方法进行监控即可,其工作的重点在质量监控上。在运作管理中,通常也会采用破坏性的测试,测试之后产品就会报废。例如,每100件产品可能会抽取一个进行测试。但在项目中,由于只有一次机会,无法进行上述的破坏性测试,因此必须在项目的早期强调质量保证和质量控制。

项目质量管理包括3个主要过程:质量计划编制、质量保证、质量控制。项目质量管理通过制定质量方针、建立质量目标和标准,并在项目全生命周期内持续使用质量计划、质量控制、质量保证和质量改进等措施来落实质量方针的执行,确保质量目标的实现,最大限度地使客户满意。

7.2 项目质量计划

7.2.1 项目质量计划的编制依据

1. 质量方针

质量方针是对项目的质量目标所制定的一个指导性文件。项目经理部针对项目制定的质量方针,应符合业主(投资者)的要求,并采取措施使大家达成共识。

2. 范围描述

范围描述不仅规定了项目的主要成果,而且规定了项目的目标,是项目规划的基础和依据,同时也规定了什么样的事项是影响项目质量的问题。

3. 产品描述

虽然产品说明的因素可以在范围描述中加以具体化,但通常仍需要产品说明来阐明技术要点的细节和其他可能影响质量规划的因素。

4. 标准和规则

项目经理必须考虑可能对该项目产生影响的任何领域的专门标准和规则,考虑这些标准和规则给本项目的质量会带来什么影响,进而为本项目的质量规划所用。

5. 其他影响因素

除了范围说明和产品说明外,其他过程也可能和质量规划有一定的联系。例如,采购计划就可能对承包商提出各种质量要求,因此,这些也应该在质量管理规划中有所反映。

7.2.2 项目质量计划的常用方法

1. 成本－效益分析

成本－效益分析是通过比较项目的全部成本和效益来评估项目价值的一种方法,成本－效益分析是一种经济决策方法,将成本费用分析法运用于政府部门的计划决策之中,以寻求在投资决策上如何以最小的成本获得最大的效益。常用于评估需要量化社会效益的公共事业项目的价值。

成本—效益分析的概念首次出现在 19 世纪法国经济学家朱尔斯·杜普伊特（Jules Dupuit）的著作中，被定义为"社会的改良"。其后，这一概念被意大利经济学家帕累托重新界定。到 1940 年，美国经济学家尼古拉斯·卡尔多（Nicholas kaldor）和约翰·希克斯（John Hicks）对前人的理论加以提炼，形成了成本—效益分析的理论基础，即卡尔多—希克斯准则。也就是在这一时期，成本—效益分析开始渗透到政府活动中，如 1939 年美国的洪水控制法案和田纳西州泰里克大坝的预算。80 多年来，随着经济的发展和政府投资项目的增多，人们日益重视投资，重视项目支出的经济和社会效益，这就需要找到一种能够比较成本与效益关系的分析方法。以此为契机，成本—效益在实践方面得到了迅速发展，被世界各国广泛采用。

成本—效益分析法的基本原理是针对某项支出目标，提出若干实现该目标的方案，运用一定的技术方法，计算出每种方案的成本和收益，通过比较方法，并依据一定的原则，选择出最优的决策方案。

对一项投资进行成本—效益分析的步骤包括：
(1) 确定购买新产品或一个商业机会的成本。
(2) 确定额外收入的效益。
(3) 确定可节省的费用。
(4) 制订预期成本和预期收入的时间表。
(5) 评估难以量化的效益和成本。

【例 7.1】 假设你面临出国、读研和工作，你该如何应用成本—效益分析法进行选择？

(1) 选择出国。
① 成本分析：每年 20 万元的投入×(2～3)年=(40～60)万元；(2～3)年的海外生活，也许会对中国发展现状感应滞后。
② 效益分析：回国后拟有 10 万～15 万元年薪，但考虑对未来就业市场的风险预测，加权×60%；更独立；掌握更多高新科技和管理办法；会有更多海外关系。

(2) 选择读研。
① 成本分析：每年(1～2)万元×2年=(2～4)万元；经过2年的校园生活，可能毕业时会缺乏社会经验。
② 效益分析：比本科生每月多 1 000～2 000 元薪水；研究问题的能力提高，思路要比本科时更开阔些。

(3) 选择工作。
① 成本分析：找工作阶段成本为 3 000～4 000 元，但3年之内如果违约会损失1万～2万元违约金；一般 2～3 年内会在一家公司任职；2年后可能会遇到学历的限制。
② 效益分析：在别人出国或读研的2年内自己已经有了大概5万元储蓄；工作中能学到很多实用的东西，办事能力提高；获得人际关系网络。

2. 基准比较

基准比较是项目管理战略规划的有机组成部分，是组织不断提高项目管理成熟度和绩效的有效方法。基准比较作为一种学习先进经验的系统、科学、高效的方法，与业务流程再造、战略联盟一起被并称为20世纪90年代的三大管理方法创新，它可以应用于组织的任何管理领域之中。

（1）项目管理基准比较的重要作用。

基准比较是项目管理战略规划过程的一个组成部分，其主要作用如下：① 它可明确界定开展基准比较的组织与典范组织之间项目管理绩效的差距，营造组织变革的需求，有利于相关变革的顺利开展。② 它可帮助组织制定富有挑战性且现实可行的项目管理改进目标及明确、具体、客观的绩效评价标准。③ 它为组织提供了各种已经被实践证明可行的行动计划和方案，有助于组织博采众人之长，制订并实施切实、有效的项目管理改进方案。④ 它为组织提供了可比较的参照系，帮助组织正确认识自身的优势与劣势，明智排定各种项目管理改进活动的先后顺序。⑤ 它促使组织确立项目管理的4个基本价值观，即合作、协作、相互信任和有效沟通，有助于形成基于组织行为的项目管理文化。⑥ 它是加强组织学习的有力工具，可迅速营造出良好的学习氛围，使开展基准比较的组织快速地向学习型组织迈进。⑦ 它是一种直接的、片断式的、渐进的管理方法，组织可以根据自己的项目管理现状，或者寻求整体的卓越实践，或者发掘优秀的"片段"进行基准比较，最终使组织的项目管理能力全面提高。⑧ 参与项目管理基准比较的团队和个人可共同分享在基准比较中学到（或创造）的方法及遇到的成功与失败，使员工产生较强的工作满足感。⑨ 通过不断的基准比较，可以最好地实现项目管理的持续改进。

（2）项目管理基准比较的一般流程。

正如迈克尔·哈默（Michael Hammer）所说："流程非魔术，却有着魔术般的效果。"规范的流程为组织进行基准比较提供了一个逻辑架构和一种共同语言，使学习的热情渗透到整个组织之中。为适应组织特点和管理情景的差异性，不同组织的项目管理基准比较流程不尽相同，但它们所建议采取的行动并无本质差异，均需包括下列几个逻辑严密的基本阶段。

① 做好基准比较的准备。在准备阶段，组织应做好基准比较的宣传活动，通过会议、内部媒体等多种方式或途径，让广大员工充分了解基准比较对改善项目管理绩效的重要作用；找出内部或聘请外部的基准比较专家，制定基准比较的教材和术语清单，界定基准比较的各种支持工具，开发基准比较的培训课程，并对每一名可能参与基准比较活动的员工进行必要的培训；与利益相关者进行有效沟通，使他们了解自己在项目管理基准比较中应该或可能扮演的角色，获取他们的认同、支持与参与；为项目管理基准比较做好文化铺陈等。

② 理清基准比较的主题。根据装水木桶的短板效应，基准比较应首先从影响项目管理绩效的关键因素开始。需由有关领导、基准比较专家和项目管理人员对组织自身的项目管理现状进行科学、客观的分析与诊断，从项目管理的5个基本过程与9个领域，以及流程整合、文化、管理支持、培训与教育、非正式项目管理、行为卓越等卓越项目管理的6个基本要素中找出影响项目管理绩效的主要因素，将其中最薄弱的环节、领域或基本要素

作为基准比较的主题,并将主题分割成更加明确、更易测量的特定问题,其大小和难易程度要恰当,内容要明确具体。

③ 组建基准比较的工作团队。综合考虑基准比较的主题、个人的业务专长、信用、影响力、沟通技巧、团队精神、参与意愿,以及成员知识的多元化与互补性等因素,挑选合适的人员,组建项目管理基准比较的工作团队。团队成员需符合下列要求:具有良好的人际关系、沟通技能和影响他人的能力;熟练掌握并能灵活应用基准比较、变革管理、项目管理的相关理论、方法和工具;获得组织高层的信任;赞成变革并具有较强的创新能力;对基准比较主题有浓厚的兴趣;有足够的时间保障;具有较高涨的学习热情等。组织应注重团队建设,强化团队成员间的感情依赖,提供培训课程,进行任务管理,以提高团队的战斗力。

④ 选定基准比较的典范组织。确定基准比较的主题后,或直接搜寻在该主题方面表现优异的同业组织,或判断该主题是哪些非同业组织的核心作业,或向曾经碰到同样问题的组织取经,找出值得仿效的潜在典范,再结合自身项目管理的成熟度、可供投入的资源等因素选出合适的典范组织。在选择典范组织时,要避免落入"晕轮效应"的陷阱:只根据某一显著的特征,就给予某个组织太高或太低的评价,从而将该组织列入或挤出典范组织的名单。典范组织以3~5个为宜。

⑤ 收集、分析典范组织的资讯。在全面收集典范组织的资讯之前,需编制一份经基准比较资讯的客户确认的资讯需求摘要。收集资讯的常用方法有3种:一是通过公开发表的文献资料、专业协会、咨询顾问、研究机构、内部专家等渠道收集公共领域的资讯;二是通过电话访谈、问卷调查、面谈与现场观摩、竞争对手产品的评价与分析等途径向典范组织发起资讯攻击战;三是选择一个无偏的第三方在不公开组织名称的情况下收集资讯。卓越或最佳实践往往隐藏在员工头脑、管理制度、组织结构甚至组织文化中间,进行项目管理基准比较的组织需采取有效措施挖掘典范组织的隐性知识。对收集的资讯要进行整理和校正,以提高资讯的信度和效度,并选择差距或趋势分析图等合适、有效的方法进行认真的对比分析,界定基准比较主题在典范组织之间以及自己与典范组织之间的关键性差异,弄清差距形成的原因和过程,找出弥补自己和卓越或最佳实践之间差距的具体途径或改进机会。

⑥ 制订、实施改进方案。将各个典范组织在基准比较主题方面的卓越或最佳实践整合起来,对其缺点或不太出色的地方加以弥补,并充分考虑各组织间管理情景的差异,制订切合自身实际且符合下列要求的项目管理改进方案:由目标、活动、资源、能力、职责、时间、成果、测评方式等要素组成;包含一份组织变革管理计划;明确实施的重点和难点,预测可能出现的困难和偏差;经过管理者认真的思考斟酌和员工的分析讨论后形成规范、成熟的文档。在改进方案获得高级管理层的批准后,组建由高层领导、基准比较专家、能对实施绩效做出客观评价的人、比较主题的直接参与者、一两名基准比较主题的顾客等组成的项目实施小组,将改进方案付诸实施,并对实施过程进行有效监控,及时识别出现的偏差并采取有效的校正措施。基准比较项目必须列入相关单位的年(或季、月)度工作计划中,并使绩效改进的结果能通过未来的基准比较活动体现出来。

⑦ 进行总结与持续改进。在完成某轮项目管理基准比较活动之后,必须重新检查和审视此轮活动的前期规划、预期目标、过程及最终效果等,及时总结经验,为下轮改进打下

基础。组织应将基准比较作为一项职能活动融合到项目管理的日常工作中去,针对环境的新变化或新的管理需求等,持续进行项目管理的基准比较,使组织的项目管理成熟度呈螺旋式上升发展。

(3) 项目管理基准比较的注意事项。

为了取得良好的改进效果,组织在推行项目管理基准比较的过程中,需特别注意下列事项。

① 选择合适的典范组织。基准比较活动的有效性因组织所处发展阶段及自身成熟程度的不同而不同,对于那些表现很差的组织而言,开展基准比较活动可能收效甚微甚至得不偿失。组织开展基准比较时,不能盲目攀高,只能量力而行,根据自身的素质、资源、项目管理成熟度等,从初级到高级分阶段确立循序渐进的改进目标,选择在比较主题方面的成熟度高于自己但于一定时期内能够赶上甚至超越的组织作为典范。项目管理绩效很差的组织首先应集中自己的人力、物力、财力,加强和改进基础管理,而不是将有限的资源分散,盲目追求与仿效绩优组织的卓越管理实践。

② 注重价值创新。组织只有在学习典范的同时,注意培养自己获取、整合和创新知识的能力,实现典范仿效与价值创新的有机结合,把价值创新作为组织的根本战略抉择,才能避免陷入组织发展战略日渐趋同的误区和"落后 — 基准比较 — 又落后 — 再基准比较"的陷阱,获取或维持持续的项目管理优势地位。

③ 加强变革管理。基准比较不可避免地会遇到各种各样的阻力,包括利益再分配、观念冲突、权力转移、人际关系等带来的阻力。组织需敢于接受变革的挑战,甚至视变革为组织生存的一种方式,切实加强变革管理,把变革管理的理念融入项目管理基准比较的所有活动中,并且在改进方案的实施过程中不断强化这一理念。

④ 以顾客为中心。让顾客满意可以更快地结束项目,增加再次合作的可能性,故现代项目管理更加注重以顾客为中心。组织在项目管理基准比较的任何时候都不能忘记"满足顾客需要至上"的宗旨,必须以顾客的需求作为基准比较的导向航标,把基准比较与顾客满意度调查、市场预测有机地结合起来,以弥补基准比较缺乏市场预测能力的致命缺陷,有效满足不断变化的顾客需求。

⑤ 遵守伦理准则和法律。参与项目管理基准比较的组织必须遵守相关伦理准则和法律:资讯应被视为机密,只限于基准比较范畴内使用,不应用来限制竞争或获得优势;不向合作伙伴索取那些自己也不愿意分享的敏感资讯;未经许可,不要分享所有者信息;保持基准比较过程合法,充分认识期望、所有者信息、知识产权、不平等交易、证据、贬低和交易诽谤等法律问题,如避免讨论定价、竞争性敏感成本等方面的内容,不要基于基准比较资讯向外界贬低竞争者的商务活动等。

⑥ 构建完善的资讯收集系统。资讯收集与分析是基准比较的关键环节,没有高质量的资讯就不可能有高质量的基准比较。除非组织非常熟练地掌握了资讯收集的方法和技巧,否则组织不可能从项目管理基准比较中获得很多收益。组织必须建立完善的资讯收集系统,搞好资讯的搜集与分析工作,及时更新项目管理基准比较的数据库。

3. 流程图

项目流程图是显示系统中各要素之间相互关系的图表。流程图能够帮助项目小组预测可能发生哪些质量问题,在哪个环节发生,因而使解决问题的手段更为有效。在质量管理中常用的流程图包括两个:一是因果图,又称鱼骨图,用于说明各种直接原因和间接原因与所产生的潜在问题和影响之间的关系。二是系统或程序流程图,用于显示一个系统中各组成要素之间的相互关系。

4. 试验设计

试验设计是一种分析技巧,有助于鉴定哪些变量对整个项目的成果产生最大的影响。例如,汽车设计者希望通过试验决定哪种刹车与轮胎的组合能达到最令人满意的运行特性,且成本比较合理。

试验设计可应用于项目管理成果,如成本和进度的平衡。例如,高级职员比低级职员人力成本高,但他能用较短的时间完成所分配的工作。一项设计适当的试验,常常可以从数量有限的几种相关情况中得出问题的正确决策。

7.3 项目质量控制

质量控制是质量管理的一部分,致力于满足质量要求。质量控制的目标就是确保项目质量能满足有关方面所提出的质量要求(如适用性、可靠性、安全性等)。质量控制的范围涉及项目质量形成全过程的各个环节。项目质量受到各阶段质量活动的直接影响,任一环节的工作没有做好,都会使项目质量受到损害而不能满足质量要求。质量的各阶段是由项目的特性所决定的,根据项目形成的工作流程,由掌握了必需的技术和技能的人员进行一系列有计划、有组织的活动,使质量要求转化为满足质量要求的项目或产品,并完好地交付给用户,还应根据项目的具体情况进行项目成果交付后的服务,这是一个完整的质量循环。

质量控制的工作内容包括作业技术和活动,即包括专业技术和管理技术两个方面。在项目形成的每一个阶段和环节,即质量的每一个阶段,都应对影响其工作质量的人、机、料、法、环(4M1E)因素进行控制,并对质量活动的成果进行分阶段验证,以便及时发现问题,查明原因,采取措施,防止类似问题重复发生,并使问题在早期得到解决,以减少经济损失。为使每项质量活动都能有效,质量控制对干什么、为何干、如何干、由谁干、何时干、何地干等问题应做出规定,并对实际质量活动进行监控。项目的实施是一个动态过程,所以,围绕项目的质量控制也具有动态性。

7.3.1 项目质量控制的特点

项目不同于一般产品,对于项目的质量控制也不同于一般产品的质量控制,其主要特点如下。

1. 影响质量的因素多

项目的实施是动态的,影响项目质量的因素也是动态的。项目的不同阶段、不同环节、不同过程,其影响因素也不尽相同。这些因素有些是可知的,有些是不可预见的;有些对项目质量的影响程度较小,有些对项目质量的影响程度较大,有些对项目质量的影响则可能是致命性的,这些都给项目的质量控制造成了难度。所以,加强对影响质量的因素的管理和控制是项目质量控制的一项重要内容。

2. 质量控制的阶段性

项目需经历不同的阶段,各阶段的工作内容、工作结果都不相同,所以各阶段的质量控制内容和控制的重点亦不相同。

3. 易产生质量变异

质量变异就是项目质量数据的不一致性。产生这种变异的原因有两种,即偶然因素和系统因素。偶然因素是随机发生的,客观存在的,是正常的;系统因素是人为的,异常的。偶然因素造成的变异称为偶然变异,这种变异对项目质量的影响较小,是经常发生的,是难以避免的,是难以识别的,也是难以消除的。系统因素所造成的变异称为系统变异,这类变异对项目质量的影响较大,易识别,通过采取措施可以避免,也可以消除。由于项目的特殊性,在项目进行过程中,易产生这两类变异。所以在项目的质量控制中,应采取相应的方法和手段对质量变异加以识别和控制。

4. 易产生错误判断

在项目质量控制中,经常需要根据质量数据对项目实施的过程或结果进行判断。由于项目的复杂性、不确定性,质量数据的采集、处理和判断也具有复杂性,往往会对项目的质量状况做出错误判断。例如,将合格判为不合格,或将不合格判为合格;将稳定判为不稳定,或将不稳定判为稳定;将正常判为不正常,或将不正常判为正常。这就需要在项目的质量控制中,采用更加科学、更加可靠的方法,尽量减少错误判断。

5. 质量检查一般不能解体、拆卸

已加工完成的产品可以解体、拆卸,对某些零部件进行检查,但项目一般做不到这一点。例如,对于已建成的楼房,就难以检查其中地基的质量;对于已浇筑完成的混凝土构筑物,就难以检查其中的钢筋质量。所以,项目的质量控制应更加注重项目进展过程,注重对阶段结果的检验和记录。

6. 项目质量受费用、工期的制约

项目的质量不是独立存在的,它受费用和工期的制约。在对项目进行质量控制的同时,必须考虑其对费用和工期的影响,同样应考虑费用和工期对质量的制约,使项目的质量、费用、工期都能实现预期目标。

7.3.2 项目质量控制的主要内容

质量控制的主要工作内容包括以下几个方面。
(1) 预防(不让错误进入项目程序)和检验(不让错误进入客户手中)。
(2) 静态调查(其结果要么一致,要么不一致)和动态调查(其结果依据衡量一致性程度的一种持续性标准而评估)。
(3) 确定因素(非常事件)和随机因素(正态过程分布)。

(4)误差范围(如果其结果落入误差范围所界定的范围内,那么这个结果就是可接受的)和控制界限(如果其成果落入控制界限内,那么该项目也在控制之中)。

项目质量控制主要包括项目质量控制的输入、项目质量控制的工具和技术,以及项目质量控制的输出3部分。

1. 项目质量控制的输入

(1)项目成果。

项目成果包括程序运行结果和生产成果。关于计划的成果或预测的成果信息(来源于项目计划)应当同有关实际成果的信息一起被利用。

(2)质量管理计划。

确定标准并描述达到标准的途径。

(3)操作性定义。

明确程序或行为,提供约束性描述。

(4)审验单。

出示具有一定权威性的质量过程情况判定。

2. 项目质量控制的工具和技术

(1)检验。

检验包括测量、检查和测试等活动,目的是确定项目成果是否与要求相一致。检验可以在任何管理层次开展。例如,一个单项活动的结果和整个项目最后的成果都可以检验。检验有各种名称:复查、产品复查、审查及回顾,在应用领域,这些名称有范围较窄的专门含义,如产品检验、工作流程检验等。

(2)控制表。

控制表是根据时间推移对程序运行结果的一种图表展示,常用于判断程序是否在控制中进行。例如,程序运行结果中的差异是否因随机变量所产生,是否必须查清突发事件的原因并纠正。控制表可以用来监控各种类型变量的输出。它不仅可用于跟踪重复性的活动,诸如运营事务等,还可以用于监控成本和进度的变动、容量和范围的变化频率及项目文件中的错误,或者其他管理结果,以便判断项目管理程序是否在控制之中。

(3)排列图。

排列图是一种将质量缺陷或问题按其出现频率或重要性从高到低排列的图表。它由一个横坐标、两个纵坐标、若干个按高低顺序排列的矩形和一条累积百分比折线组成。通过排列图,可以直观地识别出对质量问题影响最大的关键因素(通常占问题总数的80%),从而为质量改进提供明确的方向。

(4)抽样调查统计。

抽样调查统计包括抽取总体中的一个部分进行检验,例如,从一份包括75张设计图纸的清单中随机抽取10张。适当地进行抽样调查往往能降低质量控制成本。

(5)流程图。

质量控制中运用流程图有助于分析问题是如何产生的。

(6) 趋势分析。

趋势分析指运用数字技巧,依据过去的成果预测将来的产品。

3. 项目质量控制的输出

(1) 质量改进。

质量改进是为向本组织及顾客提供增值效益,在整个组织范围内所采取的提高活动和过程的效果与效率的措施。质量改进是消除系统性的问题,对现有质量水平在控制的基础上加以提高,使质量达到一个新水平、新高度。

(2) 可接受的决定。

经检验后的工作结果或被接受,或被拒绝。被拒绝的工作成果可能需要返工。

(3) 返工。

返工是将有缺陷的、不符合要求的产品变为符合要求和设计规格产品的行为。返工尤其是预料之外的返工,在大多数应用领域是导致项目延误的常见原因。项目小组应当尽一切努力减少返工。

(4) 完成后的审验单。

在使用审验单时,完成之后的审验单应为项目报告的组成部分。

(5) 程序的调整。

程序的调整指作为质量检测结果而随时进行的纠错和预防行为。有些情况下,程序调整可能需要依据整体变化控制的程序来实行。

7.3.3 项目质量控制的方法

1. 关联图

关联图又称关系图,是用方框或圆圈和箭线表示事物之间"原因与结果""目的与手段"的复杂逻辑关系的一种图。方框中使用文字表述与问题有关的因素,箭线由原因指向结果,由目的指向手段,厘清因素之间的因果关系,便于分析研究,从而拟定解决问题的计划和措施。可以运用关联图的方法制订质量管理计划,分析质量原因,找出主要问题和重点项目,研究解决措施。

2. KJ 法

KJ 法是日本的川喜田二郎(Kawakita Jiro)在质量管理实践中经过总结、归纳整理而提出的。KJ 法的应用基础是 A 型图,又叫近似图解,它把收集的大量有关一定特定主体的意见、观点、想法和问题,按它们之间相互接近的关系加以归类、汇总,并绘制成表示思维联系、启发思路的图。KJ 法通过不断积累和应用 A 型图来发现新问题,并辅助其他方法来解决问题。

KJ 法的使用步骤:① 确定对象;② 收集资料;③ 制作资料卡片;④ 汇总、整理卡片;⑤ 绘制 A 型图;⑥ 口头及书面报告。

3. 系统图

系统图又名树图,它是将事物或现象的构成或内在逻辑关系展示、分解而形成的图。

通过树图，可以把所述关系或要实现的目的与需要采取的措施、手段系统地展开，并绘制成图，以明确问题的重点，寻找最佳解决手段或措施。

4. 矩阵图

矩阵图是借助数学中的矩阵的形式来分析因素之间关系的图。它由3个部分组成：对应事项、事项中的具体元素、对应元素交点处表示相关程度的符号。

5. 矩阵数据分析法

在矩阵图中，如果关系程度不是由符号表示，而是由数据表示，于是形成一个分析数据的矩阵，从而对数据进行解析运算，得到所需结果。这种方法是新7种工具中唯一用数据来分析问题的方法，其结果仍用图形表示。它主要用于市场调查、新产品规划等。

6. 网络图法

网络图法又称箭线图法或矢线图法，它利用网络图进行项目质量管理，有利于从全局出发，统筹安排各种因素，抓住项目实施的关键路径，集中力量，按时或提前完成项目计划。

7. PDCA 循环控制方法

PDCA 循环，即计划（plan）、实施（do）、检查（check）和处理（action）的循环过程。在项目质量控制中，这4个阶段循环往复，形成 PDCA 循环。这种循环工作法是美国的戴明（Deming）发明的，故又称"戴明循环"。

（1）计划（plan）。

计划的主要工作任务是确定质量目标、活动计划和管理项目的具体实施措施。本阶段的具体工作是分析现状，找出质量问题及控制对象；分析产生质量问题的原因和影响因素，从各种原因和因素中确定影响质量的主要原因；针对质量问题及影响质量的主要因素制订改善质量的措施及实施计划，并预计效果。在制订计划时，要反复分析思考，明确回答以下问题：① 为什么要提出该计划，为什么采取这些措施，为什么应做如此改进；② 改进后要达到的目的和改进效果；③ 改进措施针对什么（哪道工序、哪个环节、哪个过程）；④ 计划和措施在何时执行和完成；⑤ 计划由谁执行；⑥ 用什么方法完成。

（2）实施（do）。

实施阶段的主要工作任务是根据计划阶段制订的计划措施，组织并贯彻执行。本阶段要做好计划措施的交底和组织落实、技术落实、物资落实。

（3）检查（check）。

检查阶段的主要工作任务是检查实际执行情况，并将实施效果与预期目标对比，进一步找出存在的问题和异常。

（4）处理（action）。

处理阶段的主要工作任务是对检查的结果进行总结和处理，其具体工作包括总结经验并纳入标准，即通过对实施情况的检查，明确有效果的措施，制定相应的工作文件、工艺规程、作业标准及各种质量管理的规章制度，总结好的经验，防止问题再次发生。

7.3.4 质量特性度量

1. 质量数据

在质量管理中通过对质量标志进行观察、测量而采集到的数据一般称为质量数据。根据其性质不同,可分为计量值数据和计数值数据。计量值数据是可以用仪器测量的连续性数据,如长度、温度等;计数值数据是只能用自然数表示的数据,如废品数、合格件数等。

2. 质量数据的数值描述

(1) 质量数据的集中趋势,一般用算术平均值(经常简称均值)、中位数、总数来描述,它们反映了质量数据在必然因素作用下达到的一般水平。

(2) 质量数据的离散程度,一般用极差、标准差、离散系数来描述,它们反映了质量数据的差异程度。

7.3.5 不同阶段的质量控制

项目质量形成于项目实施过程的不同阶段,项目各阶段的具体目标不同,工作过程与内容不同,因而项目各阶段的质量控制重点也不相同。

项目建设过程的质量控制可以分为以下 4 个阶段。

1. 项目决策阶段的质量控制

项目决策阶段包括项目的可行性研究和项目决策。

项目的可行性研究直接影响项目的决策质量和设计质量。所以,在项目的可行性研究中,应进行方案比较,提出对项目质量的总体要求,使项目的质量要求和标准符合项目所有者的意图,并与项目的其他目标相协调,与项目环境相协调。

项目决策是影响项目质量的重要阶段,项目决策的结果应能充分反映项目所有者对质量的要求和意愿。在项目决策过程中,应充分考虑项目费用、工期、质量等目标之间的对立统一关系,确定项目应达到的质量目标和水平。

2. 项目设计阶段的质量控制

项目设计阶段是影响项目质量的决定性环节,没有高质量的设计就没有高质量的项目。在项目设计过程中,应针对项目特点,根据决策阶段已确定的质量目标和水平,使其具体化。设计质量是一种适合性质量,即通过设计,应使项目质量适应项目使用的要求,以实现项目的使用价值和功能;应使项目质量适应项目环境的要求,使项目在其生命周期内安全、可靠;应使项目质量适应用户的要求,使用户满意。

项目设计阶段的质量控制的主要依据:有关项目建设质量管理的法律、法规,有关项目建设的技术标准与规范,项目可行性研究报告、项目评估报告,体现业主建设意图的设计纲要和设计合同,反映项目建设过程中和建成后所需要的有关技术、资源、经济、社会协作等方面的协议、数据和资料。

项目设计阶段的质量控制的任务:① 审查设计基础资料的正确性和完整性;② 编制

设计招标文件,组织设计方案竞赛;③审查设计方案的先进性和合理性,确定最佳设计方案;④督促设计单位完善质量保证体系,监理内部专业交底及专业会签制度;⑤进行设计质量跟踪检查,控制设计图纸的质量。

在初步设计和专业设计阶段,主要检查生产工艺及设备的选型,总平面图与运输布置,建筑与设施的布置,采用的设计标准和主要技术参数;在施工图设计阶段,主要检查计算是否有错误,选用的材料和做法是否合理,标注的各部分设计标高和尺寸是否有错误,各专业设计之间是否有矛盾等。

3. 项目实施阶段的质量控制

项目实施是项目形成的关键阶段,是项目质量控制的重点。项目实施阶段的质量是一种符合性质量,即实施阶段所形成的项目质量应符合设计要求。

项目实施阶段的不同环节,其质量控制的工作内容不同。根据项目质量形成的时间,可以将项目实施阶段的质量控制分为事前质量控制、事中质量控制和事后质量控制。

(1) 事前质量控制。

在项目实施前所进行的质量控制就称为事前质量控制,其控制的重点是做好项目实施的准备工作,且该项工作应贯穿于项目实施全过程。

(2) 事中质量控制。

在项目实施过程中所进行的质量控制就是事中质量控制。事中质量控制的策略:全面控制实施过程,重点控制工序或工作质量。

(3) 事后质量控制。

一个项目、工序或工作完成形成成品或半成品的质量控制称为事后质量控制。事后质量控制的重点是进行质量检查、验收及评定。

4. 项目最终完成阶段的质量控制

项目最终完成后应进行全面的质量检查评定,判断项目是否达到其质量目标,组织竣工验收。具体措施有:

(1) 审核承包商提交的竣工图。

(2) 组织项目竣工总验收。

(3) 整理有关项目质量的技术文件,并编目、存档。

7.4 项目质量保证

国际标准 ISO 9000:2015 把质量保证定义为质量管理的一部分,它致力于提供能满足质量要求的信任。一般来讲,质量保证是指定期评价项目的全部性能,提供项目满足质量标准的证明,确定该项目能满足相关的质量标准,通过这个活动和过程保证交付的产品和服务满足要求的质量层次。也就是说,对项目实施过程进行不断的检查、度量、评价和调整的活动。质量保证是项目对客户在质量方面的担保,它是为了获得优质产品而提前采取的预防措施,预防的目的是防止缺陷的发生,确保项目的一次性成功。

质量保证可分为内部质量保证和外部质量保证。内部质量保证是项目经理确信企业项目质量或服务质量满足规定要求所进行的活动,其中包括对项目质量管理体系的评价与审核,以及对质量成绩的评定。它是项目质量管理职能的一个组成部分,其目的是使项目经理对项目质量放心。外部质量保证是向顾客或第三方认证机构提供信任,这种信任表明企业能够按照规定的要求,保证持续稳定地向顾客提供合格的产品,同时也向认证机构表明企业的质量保证体系符合 ISO 9000 标准的要求,并且能有效运行。

7.4.1 质量保证的方法

质量审核是确定质量活动和有关结果是否符合计划的安排,以及这些安排是否有效地实施并适合达到预定目标的、系统的、独立的检查;审核的目标在于识别项目中使用的低效率政策、程序。质量审核包括质量管理体系审核、产品质量审核、过程质量审核、内部质量审核等内容。

1. 质量管理体系审核

(1) 质量管理体系审核是确定质量管理体系及其各要素活动和有关结果是否符合有关标准和文件,质量管理体系文件中的各项规定是否得到有效的贯彻并适合于达到质量目标的、系统的、独立的审查。

(2) 质量管理体系审核就其审核的内容来说具有符合性、有效性特点,就审核的方式来说具有系统性和独立性的特点。

① 系统性的含义就是说审核工作要求规范化,有程序可遵循。为了求得审核的客观性和公正性,审核样本的选定、客观依据的收集、市场结论的得出等都要有一套行之有效的程序和方法,这些已成为一套正规的国际通行做法。

② 独立性的含义就是说进行质量管理体系审核的审核员应独立于被审核的部门或组织之外,即审核应由与被审对象无直接责任关系的人员进行。

(3) 质量管理体系审核可以分为文件审核和现场审核两个阶段。在文件审核阶段,主要对质量管理体系文件,如质量手册及各种体系程序文件是否符合特定标准或合同要求进行审核,这种审核有时也称为符合性审核。在现场审核阶段要对实际的质量管理体系活动是否与质量保证标准、质量手册或程序文件的规定相一致进行审核,以及对是否得到有效的实施进行审核。这就是有效性的含义。

2. 产品质量审核

产品质量审核就是抽取已经验收合格的产品,进行定量(或定性)检查,分析其符合规定质量特性的程度。质量审核的目的是通过对产品的客观评价获得出厂产品的质量信息,以确定产品质量水平。产品审核的结果可作为质量管理体系是否有效、过程是否处于受控状态的验证。产品审核的依据是产品的标准或技术规范。产品质量审核应由具有资格并经组织管理者授权的内部审核员进行。

产品质量审核的作用是提前发现产品的缺陷,避免将有缺陷的产品交付给顾客,同时审核结果可作为项目质量管理体制是否有效运行和保持的一种验证;及时发现质量管理体制的薄弱环节和有关人员在质量工作上的问题,以便采取纠正和改进措施;研究产品质量水平与质量成本之间的关系,寻求适宜质量成本;分析产品质量变化的原因。

3. 过程质量审核

过程质量审核是通过对过程的检查、分析评价过程质量控制的正确性、有效性的活动。过程质量审核是指产品形成的各个阶段、各个环节的输入,通过过程活动达到增值的效果。过程质量的审核对象包括所有过程,既可以是一个大过程,也可以是一个大过程中的子过程。如果审核对象是一个具体工序,此时也可称为工序质量审核。

4. 内部质量审核

内部质量审核包括内部质量管理体系审核、内部产品质量审核、内部过程质量审核。内部质量审核是供方组织(项目组织)的自我审核,也称为第一方审核。

内部质量管理体系审核的目的是评价质量管理体系的符合性、有效性,依据是质量手册及其程序文件,采用现场评审方法,审核结果是使质量管理体系要素得到改进,执行者是内审员。内部质量审核应有计划、有系统地进行。一般在每年适当时间要制订全年审核计划,内部质量审核可以集中一段时间进行,也可以逐要素、逐部门分别进行。

7.4.2 质量保证的结果

1. 质量持续改进的作用

持续改进的目的是不断增强质量管理体系的有效性,不断提高顾客满意程度;持续改进是增强满足要求的能力的循环活动,改进的重点是改善产品的特殊性和增强质量管理体系过程的有效性。持续改进要求不断寻找进一步改进的机会,并采取适当的改进方式。持续改进的途径可以是日常渐进的改进活动,也可以是突破性的改进项目。

2. 质量持续改进的方法

(1)通过建立和实施质量目标,营造一个激励改进氛围和环境。
(2)确立质量目标以明确改进方向。
(3)通过数据分析、内部审核不断寻求改进机会,并做适当的改进活动安排。
(4)通过纠正和预防措施以及其他适用的措施实现改进。
(5)在管理评审中评价改进效果,确定新的改进目标和改进的决定。

3. 质量持续改进的范围和内容

质量持续改进的范围包括质量管理体系、质量管理过程和产品本身3个方面,改进的内容涉及产品质量、日常工作和企业长远的目标,不仅必须纠正不合格现象,目前合格但不符合发展需要的也要不断改进。

4. 质量持续改进的步骤

(1)分析和评价现状,以识别改进的区域。
(2)确定改进目标。
(3)寻找可能的解决办法以实现这些目标。
(4)评价这些解决办法并做出选择。
(5)实施选定的解决办法。

(6) 测量、验证、分析和评价实施的结果以确定这些目标已经达到。

(7) 正式采纳更正(形成正式的规定)。

(8) 对结果进行评审,以确定进一步改进的机会。

7.4.3 质量保证的方法与工具

1. 质量保证规划

质量保证规划是进行质量保证的依据和指南,应在对项目特点进行充分分析的基础上编制。质量保证规划包括质量保证计划、质量保证大纲、质量保证标准等。

2. 质量审计

质量审计是指进行系统的独立审查,确定项目活动是否符合组织和项目政策、过程和程序。

3. 过程分析

过程分析是按照过程改进计划中所要求的步骤,从组织和技术的角度识别所需改进的地方。项目的过程不是彼此独立的,而是相互联系、相互影响、相互制约的,最终形成一个过程网络。在过程网络中,任何一个过程的输入都不是单一因素,可能包括人、机械设备、材料、方法、环境,即 $4M1E$ 的各个方面,而每个要素有可能来自多个其他过程。同样,每个过程的输出也不是单一的,也可能包括多种内容和形式。应用过程方法进行质量管理,实质就是系统地识别和管理组织内的过程,特别是这些过程之间的相互作用。

4. 质量控制工具和技术

采用必要的质量控制工具和技术实施质量保证,以确保质量保证的有效性。

5. 其他相关工具与技术

质量检验和质量保证关键环节的控制等。

7.5 六西格玛质量管理

7.5.1 六西格玛水平

标准差西格玛(σ)表示数据相对于平均值的分散程度。"σ 水平"将过程输出的平均值、标准差与顾客要求的目标值、规格限值联系起来并进行比较。

目标值是顾客要求的理想值,如顾客要求订餐服务时间在 12:00 送餐。

规格限值是指顾客允许的质量特性的波动范围,如顾客允许送餐时间为 11:45～12:20。

如果过程输出质量特性服从正态分布,并且过程输出质量特性的分布中心与目标值重合,那么 σ 越小,过程输出质量特性的分布就越接近于目标值,同时该特性落到规格限值外的概率越小,出现缺陷的可能性就越小,因此过程满足顾客要求的能力就越强。

7.5.2 6σ质量管理

6σ质量管理是建立在统计学基础上的全面质量管理方法,是以追求完美为目标的管理理念。6σ质量管理的重点是将所有工作作为一种流程,采用量化方法分析流程中影响质量的因素,并找出关键因素加以改进,从而达到更高的顾客满意度。

6σ质量管理的重要观点是提高质量的同时降低成本并缩短周期,其取决于过程特别是核心业务过程的能力,这个能力可以表述为过程输出波动的大小。过程能力用 σ 来度量,σ 水平越高,过程的波动越小,过程满足顾客要求的能力就越强。

如果一个过程的 σ 水平较低,那么表明它以较低的成本在较短的时间内向顾客提供较高质量的产品与服务的能力较低,因此该过程的竞争力就较低。

7.5.3 6σ项目质量管理的实施

6σ项目质量管理组织:通常 6σ 管理是由执行领导、倡导者、大黑带、黑带、绿带等关键角色和项目团队传递并实施的。

(1) 关键角色即职责。

执行领导:建立项目的 6σ 管理愿景,确定项目的战略目标和业绩的度量系统,确定项目的管理重点,在项目中建设应用 6σ 管理方法与工具的环境。

倡导者:负责 6σ 管理的部署,构建 6σ 管理基础,向执行领导报告 6σ 管理的进展,负责 6σ 管理实施中的沟通与协调。

大黑带:对 6σ 管理理念和技术方法具有较深的了解和体验,并将它们传递到组织中;培训黑带和绿带,确保他们掌握适用的工具和方法;为黑带和绿带的 6σ 项目提供指导,协调和指导跨职能的 6σ 项目,协助倡导者和管理层选择与管理 6σ 项目。

黑带:领导 6σ 项目团队,实施并完成 6σ 项目;向团队成员提供使用的工具与方法的培训;识别过程改进机会并选择最有效的工具和技术实现改进;向团队传达 6σ 管理理念,建立对 6σ 管理的共识;向倡导者和管理层报告 6σ 项目的进展;将通过项目实施获得的知识传递给组织和其他黑带;为绿带提供项目指导。

绿带:项目中经过 6σ 管理方法与工具培训的,结合自己的本职工作完成 6σ 项目的人员。他们是黑带领导的项目团队的成员,或结合自己的工作开展涉及范围较小的 6σ 项目。

(2) 6σ 项目团队。

6σ 项目通常是通过团队合作完成的。项目团队由项目所涉及的有关职能人员构成,一般有 3～10 人,并且应包括对所改进的过程负有管理职责的人员和财务人员。

7.5.4 6σ的分析流程

6σ 管理不仅是理念,同时也是一套业绩突破的方法,是将理念变为行动,将目标变为现实的方法。这套方法就是 6σ 改进方法,即 DMAIC (define-measure-analysis-improvement-control) 方法。

DMAIC 方法是指由定义、测量、分析、改进、控制 5 个阶段构成的过程改进方法。该方法一般用于对现有流程的改进,包括实施过程、服务过程及工作过程等。一个完整的 6σ 改进项目应完成"D 定义""M 测量""A 分析""I 改进""C 控制"5 个阶段的工作,每个阶段又由若干个工作步骤构成。

7.6 项目质量管理的基本工具和方法

项目管理人员应该学会使用必要的数学工具对质量进行管理和控制,运用这些数学工具,不仅可以使项目质量管理工作定量化和规范化,而且还可以通过对项目质量数据的统计分析,找出质量变化的规律和存在的质量问题,提出进一步的改进措施。下面介绍几种在项目质量管理中常用的数学工具及方法。

7.6.1 调查分析法

调查分析法又称调查表法,是利用表格进行质量数据收集和统计的,以便进行初步分析的一种方法,可用于工序质量检查、缺陷位置检查、不良项目检查、不良项目原因检查等。表格形式根据需要自行设计,应便于统计、分析。

例如,为了减少生产中出现的各种缺陷情况,需要调查各种缺陷项目的比率大小。为此可采用缺陷项目调查表,见表 7.1。

表 7.1 缺陷项目调查表

名称	×××	项目数	6	日期	20×× 年 × 月
代号	06—13	缺陷件数	127	检查者	××
工序名称	×××	检查数	1 000	制表者	××
缺陷项目		缺陷频数		小计	
表面疵点		正正正正正正丁		32	
砂眼		正正正正一		21	
形状不良		正正		10	
加工超差		正正正正正正正正		45	
变形		正丁		7	
其他		正一		6	
总计				121	

缺陷项目调查表是为掌握某工序产品质量缺陷情况而使用的,可以直接把测出的每个产品的质量缺陷填在预先制好的频数分布空白表格中,每测出一个数据就在相应值栏内画一记号组成"正"字,记测完毕,频率分布也就统计出来了。此法较简单,但填写统计分析表时若出现差错,事后无法发现,为此,一般都先记录数据,然后再用直方图法进行统计分析。

7.6.2 分层法

分层法又称分类法或分组法,就是将收集到的质量数据,按统计分析的需要,进行分类整理,使之系统化,以便于找到产生质量问题的原因,及时采取措施加以预防。

分层的方法很多,可按班次、日期分类;按操作者、操作方法、检测方法分类;按设备型号、方法分类;按使用的材料规格、型号、供料单位分类等。

多种分层方法应根据需要灵活运用,有时用几种方法的组合进行分层,以便找出问题的症结。

【例7.2】 调查了钢筋焊接点60个,不合格的有25个,不合格率约为41.67%,为了查清原因,将收集的数据分层分析。查明这批钢筋是由3个师傅操作的,而焊条是2个厂家提供的产品,因此,分别按操作者分层和按焊条来源分层进行分析,见表7.2～7.4,试进行钢筋焊接质量的分析。

表7.2 按操作者分层

操作者	合格数	不合格数	不合格率
A	14	8	36.36%
B	9	5	35.71%
C	12	12	50.00%
合计	35	25	41.67%

表7.3 按焊条来源分层

焊条来源	合格数	不合格数	不合格率
甲厂	15	11	42.31%
乙厂	20	14	41.18%
合计	35	25	41.67%

表7.4 综合分层分析焊接质量

操作者	焊接质量	甲厂	不合格率	乙厂	不合格率	合计	不合格率
A	合格	10	16.67%	4	60%	14	36.36%
A	不合格	2		6		8	
B	合格	2	33.33%	7	36.36%	9	35.71%
B	不合格	1		4		5	
C	合格	3	72.72%	9	30.77%	12	50%
C	不合格	8		4		12	
合计	合格	15	42.31%	20	41.18%	35	41.67%
合计	不合格	11		14		25	

通过表7.2和表7.3的比较分析结果可看出,焊接质量最好的B师傅,不合格率达35.71%;乙厂的焊条质量较好,不合格率达41.18%。

通过表 7.4 的综合分层分析焊接质量可发现,在使用甲厂供应的焊条时,3 个师傅操作的结果比较,A 的操作效果最好,不合格率最低,为 16.66%;在使用乙厂供应的焊条时,3 个师傅的操作结果比较,C 的操作效果最好,不合格率最低,为 30.77%。

通过上述分析可见,解决焊接质量问题,可采取如下措施:① 在使用甲厂焊条时,应采用 A 师傅的操作方法;② 在使用乙厂焊条时,应采用 C 师傅的操作方法。

7.6.3 排列图法

排列图法又叫帕累托分析法,也叫主次因素分析图法,是分析影响质量主要因素的方法。该方法也可用于评价所采取的改善措施的效果,即比较采取改善措施前后的质量变化情况。

排列图由两个纵坐标、一个横坐标、几个长方形和一条曲线组成。左侧的纵坐标是频数或件数,右侧的纵坐标是累计频率,横轴则是项目(或因素),按项目频数大小顺序在横轴上自左而右画长方形,其高度为频数,并根据右侧纵坐标,画出累计频率曲线,又称巴雷特曲线。

一般将质量问题分为 3 类,即 A 类(主要因素)、B 类(次要因素)和 C 类(一般因素),并且在排列图中,A 类(主要因素)频率的分布范围为 0~80%;B 类(次要因素)频率的分布范围为 80%~90%;C 类(一般因素)频率的分布范围为 90%~100%。

画排列图时应注意的几个问题。① 左侧纵坐标可以是件数、频数,也可以是金额。也就是说,可以从不同的角度去分析问题。② 要注意分层,主要因素不应超过 3 个,否则没有抓住主要矛盾。③ 频数很少的项目归入"其他项",以免横轴过长,"其他项"一定放在最后。④ 效果检验,重画排列图。

针对 A 类因素采取措施后,为检查其效果,经过一段时间,需收集数据重画排列图,若新画的排列图与原排列图主次换位,总的废品率(或损失)下降,说明措施得当,否则,说明措施不力,未取得预期的效果。

7.6.4 因果分析图法

因果分析图又叫鱼刺图、树枝图。这是一种逐步深入研究和讨论质量问题的因果关系,寻找质量问题的起因,通过"为什么"和"有哪些原因"两个问题而形成,并用图来表示的一种快捷方法。

在项目实践中,任何一种质量问题的产生,往往是多种原因造成的。这些原因有大有小,把这些原因依照大小次序分别用主干、大枝、中枝和小枝图形表示出来,便可系统地观察出产生质量问题的原因。运用因果分析图可以帮助我们制订对策,解决项目质量存在的问题,从而达到控制质量的目的。

绘制因果分析图的步骤如下:

(1) 选定质量特性。特性就是需要解决的质量问题,放在主干箭头的前面。通常通过排列图法分析得到的主要质量问题,用标明箭头方向的主干表示。

(2) 确定影响质量特性的原因。影响质量问题的原因有大有小,有不同层次,可将其分为几个等级。一级原因是概括性的大原因,用大枝表示;大原因中进一步分析出的中等原因,用大枝下面的中枝表示;中等原因中更细一步分析出来的小原因,用中枝下面的小枝表示;小原因中再进一步分析出来的更具体的原因,用小枝下面的细枝表示。由于影响质量的因素主要是 4M1E 因素,故大枝一般仅设 5 根,分别表示人、材料、设备、方法和环境 5 种因素。

(3) 进一步分出中、小细枝,找出中、小原因,并注在中枝和小枝上。

(4) 反复讨论,补充遗漏的因素。对上述 5 个方面分别逐级分析完成后,应进行全面检查,发现有遗漏的地方进行补充和完善。

(5) 找出主要原因。根据上述分析找出的原因,分析其影响的程度,从中选出若干影响较大的关键性主要原因,并在图上做出标记。

(6) 针对影响质量的因素,有的放矢地制订对策,并落实到解决问题的人和时间,通过对策计划表的形式列出,限期改正。

图 7.1 是一个用因果分析图分析导致混凝土强度不足质量问题的原因的例子。经分析得知,操作工人责任心差、配料中水泥重量不足和水灰比不准是导致混凝土强度不足的原因。

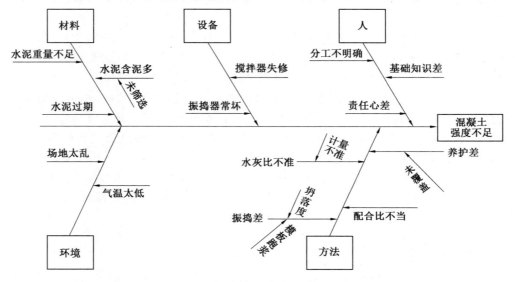

图 7.1　因果分析图示例

7.6.5　直方图法

直方图又称质量分布图、矩形图、频数分布直方图,它将产品质量频数的分布状态用直方形来表示,根据直方图的分布形状和与公差界限的距离可以观察、探索质量分布规律,分析、判断整个生产过程是否正常。

直方图是一个坐标图,横纵坐标分别表示质量特性和频数,利用这种图,可以制定质量标准,确定公差范围,可以判明质量分布情况是否符合标准的要求。但其缺点是不能反映动态变化,而且要求收集的数据较多(50～100 个以上),否则难以体现其规律。

直方图有以下几种分布形式,如图 7.2 所示。

(1) 正态分布,说明生产过程正常,质量稳定,如图 7.2(a) 所示。

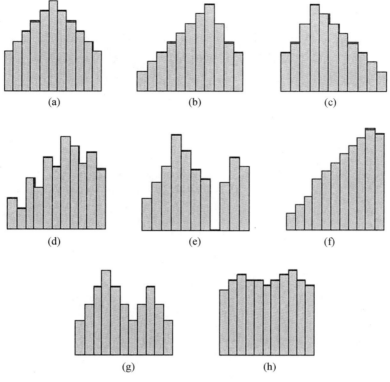

图 7.2　直方图的几种分布形式

（2）偏态分布，说明生产情况正常，但在质量控制中对上限或下限控制过严，如图 7.2(b) 和图 7.2(c) 所示。

（3）锯齿分布，原因一般是分组不当或组距不当，如图 7.2(d) 所示。

（4）孤岛分布，原因一般是材质发生变化或不熟练的工人临时替班，如图 7.2(e) 所示。

（5）陡壁分布，剔除不合格品、等外品或超差返修后造成的，如图 7.2(f) 所示。

（6）双峰分布，由于两种不同的设备工艺数据混在一起检查，如图 7.2(g) 所示。

（7）平峰分布，生产过程有缓慢变化的因素起主导作用的结果，如图 7.2(h) 所示。

7.6.6　相关图法

相关图法又称散布图法，是分析、判断、研究两个相对应的变量之间是否存在相关关系并明确相关程度的方法。产品质量与其影响因素之间常有一定的依存关系，但不一定是严格的函数关系，故不能由一个变量精确地求出另一个变量，此即为相关关系。

将两个变量之间的相关关系用相关图表示出来，借以观察、判断两个质量特性之间的关系。通过控制容易测定的因素达到控制不易测定的因素的目的，以便对产品或工序进行有效的控制。相关图的形式有正相关、负相关、非线性相关和不相关。相关图由一个横坐标 x 和纵坐标 y 构成，根据测得数据画出坐标点，进行相关性分析。相关图的形式如图 7.3 所示。

7.6.7 控制图法

控制图又称管理图,其基本形式如图7.4所示。它是有控制界限的一种图表,用来分析质量波动究竟是由正常原因引起的,还是由异常原因引起的,从而判明生产过程是否处于控制状态。

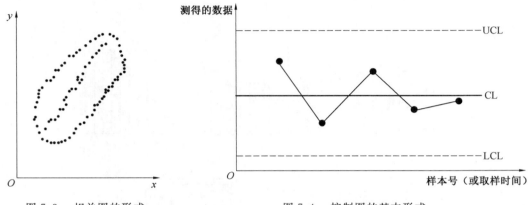

图7.3 相关图的形式　　　　　图7.4 控制图的基本形式

控制图上一般有3条线,上面一条虚线叫上控制线,用UCL表示;下面一条虚线叫下控制线,用LCL表示;中间一条实线叫中心线,用CL表示。在生产过程中定期抽样,将测得的数据用点子描在图上,如果点子全部落在控制界限内,且点子的排列没有异常状况,表明生产过程正常。如果点子越出控制界限或点子排列有缺陷,表明生产过程中存在异常因素,必须查明原因,采取必要措施,使生产过程恢复到正常状态。

课后习题

1. 项目质量管理的定义是什么?
2. 对一项投资进行成本效益分析有哪些步骤?
3. 项目质量控制的特点是什么?
4. 项目质量控制中PDCA循环控制方法的原则是什么?
5. 项目质量管理的基本工具和方法有哪些?

第8章 项目采购与合同管理

20世纪80年代以来,技术的进步大大提高了生产率,而经济全球化则为利用外部资源提供了便利。利用外部资源可以取得他人的技术,减少资金的投入,扫清进入他国市场的障碍,利用他国的地理优势,降低投资风险,利用他国满足客户的急迫要求,保证稳定的原料来源,提高交付能力等。要做到以上各点,项目管理人员必须提高项目采购与合同管理能力。

项目采购与合同管理是站在买者的角度,处理从外部获取货物或服务时遇到的各种问题,涉及采购规划、询价、选择供应者,以及合同管理过程。

8.1 项目采购

8.1.1 项目采购概述

项目采购管理是指项目团队从外部获取所需产品、服务或结果的过程。在某种合同条件下,项目组织既可以是某项产品或者服务的买方,也可以是卖方。项目采购管理包括合同管理和变更控制过程,通过这些过程,编制合同或订购单,继而由具备相应权限的项目团队成员签发,然后再对合同或订购单进行管理;同时还包括为控制外部组织(买方)从执行组织(卖方)获取项目的产品、服务或结果而签发的各类合同,以及管理这类合同所规定的项目团队所承担的合同义务。

项目采购管理活动主要包括4个过程。

1. 规划采购

规划采购包括决定购买什么、什么时候购买和怎样购买。在采购计划中,决策者需要明确什么地方采取外包的方式,决定合同的种类,并且向潜在卖方描述工作的内容。这些卖方包括:承包商、供应商,或者那些为其他组织和个人提供产品或服务的组织。这一过程的输出包括采购管理计划、工作内容说明、自制或外购决策、采购文件、供方选择标准以及变更请求。

2. 实施采购

实施采购包括获取卖方回应、选定卖方、授予合同。输出包括选定的卖方、采购合同授予、资源日历、变更请求、项目管理计划(更新)、其他项目文件(更新)。

3. 管理采购

管理采购涉及与已选卖方的关系管理、合同生效的监督和所需变更的决定。这一过程的主要输出有采购文档、组织过程生产变更请求、项目管理计划(更新)。

4. 结束采购

结束采购涉及每个合同的完成和处置,包括未清条款的解决。这一阶段的输出包括采购终止和组织过程资产(更新)。

8.1.2　采购规划

采购规划是指通过一定的方法和程序,确定哪些项目需求从企业之外采购产品或服务更合理的过程。采购规划应考虑是否需要采购、如何采购、采购什么、采购多少,以及何时采购。当项目从企业之外取得产品与服务时,每项产品或者服务必须经历从询价规划直到合同收尾的各个过程,每项产品或服务事项至少实施一次。采购规划还应考虑潜在的卖方,特别是当买方希望以发包决策施加某种程度的影响或控制时更是如此。通过采购规划,可以将采购项目分类,从而为集中采购打下基础。集中采购对于采购价值的意义,不仅在于直接的程序合规,而且从采购量上为采购价值的实现提供了保障。

1. 采购规划的原则

(1) 成本效益原则。

无论是在项目采购计划制订阶段,还是在项目采购实施阶段,都应注意节约和效率,确保采购的整个过程是高效的。

(2) 符合性原则。

采购的货物和服务的质量、数量、性能参数必须符合项目的要求,避免滥竽充数和以次充好。

(3) 进度一致性原则。

采购货物的抵达、服务的提供必须与项目的实施进度一致,这在一定程度上减少了储存原材料和管理原材料造成的额外支出。

(4) 公平竞争原则。

确保采购过程中存在公平竞争的环境,所有潜在供应商都应该有平等的机会提交他们的提案或报价。这有助于确保最终选择基于能力和性能而非不当因素。

2. 采购规划的依据

采购规划是一个组织为实现项目目标而设计的战略性过程。采购规划的依据主要有以下几点。

(1) 市场状况。

在编制采购清单和采购计划之前,掌握市场情况是很重要的,比如市场条件是否成熟,市场中哪些产品、服务和结果是可以提供的,谁能提供,以怎样的方式提供,有哪些条件等。

对货物采购而言,一项重要的工作就是进行广泛的市场调查和市场分析,掌握有关采购内容的最新国内、国际行情,了解采购物品的来源、价格、货物和设备的性能参数,以及可靠性,并提出切实可行的采购清单和计划,为下一阶段确定采购方式和分标提供比较可靠的依据。如果不进行市场调查、价格预测,缺乏可靠的信息,将会导致错误采购,甚至会严重影响项目的执行。

(2) 项目范围说明书。

项目范围说明书定义了项目范围方面的信息——边界、需求、约束和假设,它提供在采购计划编制中必须考虑的有关项目需求和策略的重要信息。

(3) 工作分解结构(WBS)。

项目的分解结构明确定义了项目的各组成部分及项目可交付成果之间的联系。通过分解结构可以对采购活动进行进一步划分,有助于采购活动顺利进行。

(4) 项目说明书。

项目说明书提供了在采购计划中必须考虑的,关于所有技术问题、关注点及其他的重要信息,这些信息非常重要,在规划采购过程中需要重点关注。项目说明书一般比工作说明书的内容更广。项目说明书说明的是项目的最终产品;工作说明书说明的是需要由卖方提供的项目最终可交付成果的某一部分。然而,如果执行组织选择采购整个项目,则两者的差别自然消失。

(5) 采购资源。

如果执行的组织单位没有正式的合同部门,那么项目队伍就必须自己寻求资源和专家以支持项目采购活动。

(6) 项目管理计划。

项目管理计划包括范围管理计划、采购管理计划、质量管理计划及合同管理计划等,是管理项目的总体计划。项目管理计划提供了规划采购的方向性指导,在规划采购过程中,需要参照各种项目管理分支计划编制项目采购计划。

3. 采购规划的技术和工具

采购规划的技术与工具主要有自制或外购分析、租赁分析、采购专家介入与经济采购批量分析 4 种。

(1) 自制或外购分析。

自制或外购分析是指利用平衡点分析法进行自制或外购选择决策分析,这是一种普遍采用的管理技术,可以用来确定某种具体的产品是否可由实施组织自己生产出来。

【例 8.1】 某工厂生产一种产品,由于设备生产能力不足,某个零件需要进行外购解决,该零件的外购价格随外购数量的变化而变化,需要外购量在 3 000 件以下时,单个零件购买价格为 14 元;外购量在 3 000 件以上时,单个零件购买价格为 13 元。若对该种零件进行自制则需要增添设备,假定每年需要增加固定费用 4 000 元,该零件可变成本为每只 12 元,试问应该自制还是外购该零件?

解 假定需要的零件数量为 x 件,对零件需求量的分析如下,当需求数量在 3 000 件以下时,外购价格为每只零件 14 元,自制和外购的盈亏平衡点产量为

$$14x = 4\,000 + 12x$$

解得 $x = 2\,000$ 件,即零件需求量在 2 000 件以下时,采用外购的方式更加经济;零件需求量在 2 000 ~ 3 000 件时采用自制零件的方式更加经济。

当需求数量在 3 000 件以上时,外购价格为每只零件 13 元,自制和外购的盈亏平衡点产量为

$$13x = 4\,000 + 12x$$

解得 $x = 4\,000$ 件,即零件需求量在 $3\,000 \sim 4\,000$ 件时,采用外购的方式更加经济;零件的需求量在 $4\,000$ 件以上时,采用自制零件的方式更加经济。

综上所述,当零件需求量在 $0 \sim 2\,000$ 件、$3\,000 \sim 4\,000$ 件时,应选择外购的方式获得零件;当零件需求量在 $2\,000 \sim 3\,000$ 件、$4\,000$ 件以上时,采用自制零件的方式更加划算。

(2) 租赁分析。

短期租赁还是长期租赁,通常取决于财务上的考虑。根据项目对某租赁品的预计使用时间、租金高低来分析短期与长期租赁的成本平衡点。

假设有两种选择,你可以每天以 200 美元的价格临时租用一件设备,或以每天 70 美元的价格对这一设备进行长期租用,附加 8 000 美元的一次性费用,你需要使用这个设备 75 d。你是准备长期租还是临时租?时间上的平衡点是哪一天?显然应该长期租,时间上的平衡点是 61.5 d。

【例 8.2】 公司如果租赁一台机器设备,租金按每天 100 元算,也可长期租赁,每天 60 元,但必须在开始时交纳手续费 5 000 元。如何做出租赁决策?

解 设租期为 x d,令长期与短期租金相等,即
$$100x = 5\,000 + 60x$$

可解得 $x = 125$ d。可以得出若项目预期租赁设备不超过 125 d 时,应选择短期租赁;项目预期租赁设备超过 125 d 时选择长期租赁。

(3) 采购专家介入。

采购专家就是具有专门知识或经过训练的单位或个人。咨询公司、行业团体、有发展前景的承包商及项目实施组织内部的其他单位(有专门从事采购的职能部门,如合同部)可能都具备用于采购的专业知识。项目组织可以聘请采购专家作为顾问,甚至邀请他们直接参加采购过程以使采购过程更加经济。

(4) 经济采购批量分析。

按照采购管理的目的,需要通过合理的进货批量和进货时间,使存货的总成本最低,这个批量叫作经济采购量或经济批量。有了经济采购量,可以更容易地找出最适宜的进货时间。经济采购批量运用必须符合一定的条件要求,主要包括以下几方面。

① 商品的采购需求量应当均衡稳定,计划期(如一年)的采购总量是一定的,并且是已知的。

② 货源充足,库存量不允许发生短缺。

③ 商品单价和运费率固定,不受采购批量大小的影响。

④ 每次的采购费用和每单位商品的储存费用均为常数。

⑤ 仓储和资金条件等不受限制。许多日用工业品适于用经济批量法采购。因为大多数日用工业品属于常年生产、销售均匀的周转性商品。

4. 供方选择

(1) 供方选择的标准。

公司相关人员评价合格供应商时,应按照以下标准综合考虑。

① 供应商应有合法的经营许可证,有必要的资金能力。

② 优先选择按国家标准建立质量体系并已通过认证的供应商。

③ 对于关键原料,应对供应商的生产能力与质量保证体系进行考察,其中包括下列内容。

a. 进料的检验是否严格。

b. 生产过程的质量保证体系是否完善。

c. 出厂的检验是否符合我方要求。

d. 生产的配套设施、生产环境、生产设备是否完好。

e. 考察供应商的历史业绩及主要客户,其产品质量应长期稳定、合格、信誉较高,主要客户最好是知名的企业。

④ 合格的供应商是否具有足够的生产能力,能满足本公司连续的需求及进一步扩大产量的需要。

⑤ 能有效处理紧急订单。

⑥ 有具体的售后服务措施,且令人满意。

⑦ 同等价格择其优,同等质量择其廉,同价同质择其近。

⑧ 样品通过试用且合格。

(2) 供方选择的流程。

挑选合格的供应商分为 4 个阶段,每个阶段的主要任务如下。

① 供应商评价。

a. 供应商初步评价。品质部、采购部、技术部及其他部门视企业实际需求寻找适合的供应商,同时收集多方面的资料,如以质量、服务、交货期、价格作为筛选的依据,并要求有合作意向的供应商填写"供应商基本资料表"。

采购部对"供应商基本资料表"进行初步评审,挑选出值得进一步评审的供应商,召集本部门、品质部及技术部门相关人员对供应商进行现场评审。现场评审时使用"供应商现场评审表"。

对供应商进行初步评审时,采购部须确定采购的物资是否符合政府法律法规的要求和安全要求,对于有毒品、危险品,应要求供应商提供相关证明文件。

b. 供应商现场评审。根据所采购材料对产品质量的影响程度,可将采购的物资分为关键、重要、普通材料 3 个级别,对不同级别实行不同的控制等级。

对于提供关键与重要材料的供应商,采购部组织品质部、技术部对供应商进行现场评审,并由采购部填写"供应商现场评审表",品质部、技术部签署意见,供应商现场评审须达到合格分数。

对于普通材料的供应商,无须进行现场评审。

② "供应商质量保证协议"的签订。采购部负责与重要材料的供应商、普通材料的供应商签订"供应商质量保证协议"。"供应商质量保证协议"一式两份,双方各执一份,作为供应商提供合格材料的契约。

③ 确定合格供应商的名单。

a. 在"供应商基本资料表""供应商现场评审表""供应商质量保证协议"3 份资料完成后,采购部将供应商列入合格供应商名单,交公司总经理批准。

b. 一种材料需暂定两家或两家以上的合格供应商,以供采购时选择。

c. 对于唯一供应商或独占市场的供应商,可直接列入合格供应商名单。

　　d. 接单生产时,如果客户指定供应商名单,采购部采购人员必须按顾客提供的供应商名单进行采购。客户提供的供应商名单直接列入合格供应商名单。

　　e. 适时对供应商进行考核,并根据考核结果修订合格供应商名单,删除不合格供应商。修订后的合格供应商名单由公司总经理批准生效。

　　④ 对合格供应商进行质量监督。在确定合格供应商的名单之后,项目的品质部和采购部应保存合格供货方的供货质量记录,产品不合格时应对供应商提出警告,连续两批产品不合格则暂停采购,另选供应商,或待其提高产品质量后再行采购。对于不合格的供应商,应取消其供货资格,将其从合格供应商名单中删除。

5. 采购规划的结果

（1）项目采购管理计划。

采购管理计划说明了之后进行的采购过程应如何进行和如何管理。具体来说包含以下内容。

① 应当使用何种类型的合同?

② 是否需要独立的估算作为评估指标,由谁负责编制,以及何时编制这些估算指标?

③ 项目实施组织是否应设立采购部门,项目管理组织在采购活动中将采取何种行动?

④ 是否需要标准采购文件,从哪里找到这些文件?

根据项目的具体要求,采购管理计划可以是正式的,也可以是非正式的。其详略程度也可根据具体需要自行调节,此计划是项目计划的补充部分。

（2）工作说明。

工作说明也叫要求说明,详细地说明了采购的项目有哪些,以便于潜在的承包商确定他们是否能够提供该采购项目所需的商品或服务。工作说明的详细程度要按照项目的具体要求和潜在承包商的需求进行调整。同时,工作说明在采购活动进行的过程中可能会进行修改。每个单独的采购项目都要求有单独的工作说明,工作说明应该尽可能地简洁、明确。

（3）自制或外购决策。

对于货物、工作和咨询服务,由项目团队做出书面的自制或外购决策,包括为应对识别的风险而决定购买保险或履约保函。

（4）变更请求的处理。

（5）采购文件。

买方按照相关政策,邀请潜在卖方提交建议书或投标书。

（6）供方选择标准。

从对需求的理解、技术能力、成本、管理、风险和财务实力等方面确定对卖方建议书评级的标准。

（7）文件更新。

文件更新包括更新需求文件、风险登记册等。

8.1.3 采购实施

在规划采购完成之后,下一个采购管理过程涉及让谁去完成这些工作,包括给潜在的供应商寄送适当的文件、获得提案或者标书、选定合适的卖方及授予合同。未来的供应商会完成这个过程的大部分工作,而对于供应商和项目而言,这不能算作成本。买方组织负责公告这项工作,对于大型的采购来说,经常还需要召开协商会,并回答有关这项工作的问题。该过程的两个主要输出是选定卖方和采购合同授予。

在许多情况下,具备提供相应产品或服务资质的供应商不止一家,而通过各种渠道提供信息和获得标书,可以掌握或了解更为充分的信息。投标人会议也可以称为供应商会议或者投标准备会议,是在准备提案或者标书以前买方与期望的供应商一起召开的会议。这些会议可以确保每一个人都能够对买方所要求的产品或者服务有一个清晰的、共同的理解。在某些情况下,这些投标者会议可以通过网络来进行,或者采用其他的通信手段。买方也会将采购信息公布在网络上,并且对常见问题进行网上回答。在投标者会议召开之前、之中和之后,买方可能将对问题的回馈作为补充内容而编入采购文档。

当买方收到提案或者标书的时候,他们可以选择某一个供应商或者放弃此次采购。选择供应商或者卖家,经常被称为资源选择,包括评价卖家的提案或者标书,从中选择最好的一个,并就合同进行谈判,然后签订合同。这经常是一个耗时的、枯燥的过程,特别是对于那些大型的采购项目而言。某些利益相关者应该参与到为采购项目选择供应商的过程中来。可以有一个技术团队、一个管理团队及一个成本团队,每个团队关注各自负责的主要领域。一般买家会将列表中的供应商数量缩减至 3～5 家,以此来降低选择的工作量。

在资源选择的过程中,进行合同谈判是很平常的。在筛选名单上的供应商通常被要求准备一份最终报价。那些专职合同谈判的人经常处理那些涉及高额资金的合同的谈判。选择卖家的过程的最后产出是一份合同,它要求供应商提供特定的产品或者服务,并要求买方为其支付成本及选择相应的支付方式。

1. 项目采购的基本模式

项目采购一般分为项目集中采购、项目分散采购和项目混合采购 3 种模式。

(1)项目集中采购。

项目集中采购是指在一个整体项目范围内,通过集中协调和管理的方式进行采购活动的过程。这种采购方式旨在最大限度地优化资源利用,提高采购效率,并确保项目的整体目标能够实现。在项目集中采购中,通常会将项目所需的各种资源、设备、材料等进行整体规划和协调,以便在采购过程中获得更好的交易条件,其包括集中采购谈判、统一供应商管理、协同采购等措施,以降低采购成本,提高采购效率,并确保项目的整体进度和质量得到有效控制。这种采购方式适用于大型、复杂的项目,特别是涉及多个子项目或多个相关项目的情况。通过项目集中采购,项目团队能够更好地协同工作,避免资源的浪费,同时更好地满足项目的整体需求。

(2)项目分散采购。

项目分散采购是指在一个项目中,各个子项目或相关项目分别进行独立的采购活动的过程。与项目集中采购不同,项目分散采购强调每个子项目或相关项目在采购方面的独立性和自主性。在项目分散采购中,各个子项目或相关项目可能会根据其特定的需求和条件,单独进行供应商选择、合同谈判及采购执行等活动。这种采购方式注重项目的分权管理,使得各个项目单元能够更灵活地应对特定的采购挑战和机会。项目分散采购通常适用于较为简单、相对独立的项目,其中各个子项目的需求和采购特点差异较大。这种方式可以使各个项目更加独立地运作,根据自身的特点做出最适合的采购决策。然而,项目分散采购的弊端在于无法产生规模效益,且由于重复采购,采购成本增加,不利于监督管理。

(3)项目混合采购。

项目混合采购是指在一个项目中,同时采用项目集中采购和项目分散采购的方式,以满足不同部分或子项目的采购需求。这种采购模式综合了集中和分散两种策略,以在整个项目范围内实现最优的采购效果。在项目混合采购中,可能会存在一些关键的采购活动或资源,通过项目集中采购进行统一协调,以获得更有利的整体交易条件。同时,对于一些较为独立或差异较大的采购需求,可以采用项目分散采购的方式,允许各个子项目或相关项目在采购决策上具有更大的自主性。这种采购模式的选择通常取决于项目的复杂性和各个子项目之间的关联程度。通过项目混合采购,项目团队能够灵活应对不同部分的采购挑战,同时保持整体的采购效率和成本控制。然而,需要确保在采购过程中有足够的协调和沟通,以避免可能出现的冲突和不一致性。

2. 采购的方式

项目采购方式可以分为招标采购和非招标采购。招标是在市场经济条件下进行的大宗货物的买卖、工程建设项目发包与承包,以及服务项目的采购与提供时所采用的一种交易方式。非招标是通过竞争性谈判采购、单一来源采购、询价采购等招标采购以外的方式进行的采购活动。

(1)招标采购。

招标采购是指采购方作为招标方,事先提出采购的条件和要求,邀请众多企业参加投标,然后由采购方按照规定的程序和标准一次性地从中择优选择交易对象,并与提出最有利条件的投标方签订协议的过程。整个过程要求公开、公正和择优。招标分为公开招标和邀请招标。招标采购是政府和企业采购的基本方式之一。

(2)非招标采购。

非招标采购是指除公开招标和邀请招标以外的采购模式,主要形式有询价、比选、磋商、单一来源采购和竞买等。

① 询价。询价是指采购人一般向3个及以上符合相应资格条件的供应商或承包人就采购的货物或服务发出询价通知书让其报价(一般为一次报价,不得更改),且主要通过价格评审比较,选择符合采购需求、质量服务相等,且报价最低的交易对象的采购方式。这种方式一般适用于技术标准规格统一的现成货物和服务,市场成熟,货源充足,单价较小又差别不大,且主要比较价格,而无须进一步考察评价供应商能力和实施方案的货物和服务采购。询价采购程序简单,可节约采购时间和费用,但竞争性、规范性弱,选择范围窄。

② 比选。比选是采购人公开发出采购信息,邀请多个供应商或承包人就采购的工

程、货物或服务提供报价和实施方案,按照事先公布的规则和标准进行比较,择优选择交易对象的采购方式。这种方式适用于金额较小,达不到招标采购标准,或时间紧迫,具有公开性要求,既要对比价格,又要对比能力或实施方案的采购。

③ 磋商(竞争性谈判)。竞争性谈判是采购人向符合相应资格条件的多家(一般不少于3家)供应商或承包人发出谈判文件,分别通过报价、还价、承诺等谈判商定价格、实施方案和合同条件,并依据谈判文件确定的采购需求以及质量和服务要求,且报价最低的原则(政府采购的原则)从谈判对象中确定交易对象的采购方式。政府采购可以在以下几种情况下采用竞争性谈判的方式进行采购。

a. 招标失败。

b. 不能确定详细技术规格要求。

c. 采购时间紧迫。

d. 无法计算价格总额。

这种方式受采购时间、技术标准、市场范围限制,采购供应双方对采购物及对方意图都缺少了解,采购人只能通过与有限和特定的供应商或承包人进行灵活、充分的谈判,才能充分、正确地表达、沟通与确定采购的意图要求、提供服务的能力、实施方案及其技术标准规格,从而选择满意的采购物及交易对象。与招标相比,谈判采购程序简单,周期短,可以避免盲目竞争。但其竞争性弱,透明性、规范性差,容易作弊。

④ 单一来源采购。单一来源采购,也称直接采购,是采购人直接与唯一的供应商进行谈判采购,商定价格和合同条件的采购方式。政府采购可以在以下几种情况下采用单一来源的方式进行采购。

a. 唯一供应商。

b. 不可预见的紧急采购。

c. 与原有项目一致配套。

⑤ 竞买。竞买是采购人通过参加拍卖向拍卖人发出竞买表示,从而达成交易的采购方式,竞买通常是买方竞争的采购方式。这种方式适用于采用拍卖方式选择标的购买者的采购,其价格是唯一选择购买人的竞争因素,无须考虑购买人的实施能力和方案。

8.1.4 采购管理

项目采购管理是项目管理的重要环节,其重要性主要体现在以下几个方面。

① 采购费用占项目总投资的比重较大,一般要占到项目总投资的50%~60%。

② 项目采购所得物品或服务的质量将直接影响到整个项目的质量,对项目目标的实现有较大的影响。

③ 采购过程在项目管理中占有较大的工作量。

采购的过程是项目各部门与外界进行协商和交往的过程,在这中间有很多不确定性因素。并且采购的活动大多具有一次性的特点,因此在采购的过程中,不能只分析采购时获得的利益大小,而是要从项目全生命周期的角度对项目的采购过程进行全方位管理。除此之外,采购不仅仅是简单的买卖过程,还要受到市场的影响,在采购过程中可能还涉及招投标管理、合同索赔等工作。

1. 项目采购管理的角色

在项目采购活动中,主要涉及以下利益相关主体。

(1) 项目业主或顾客。

项目业主或顾客是项目的发起人和最终产品的拥有者,其与项目的实施方有着合同关系。在这种合同关系下,一般都是项目的实施组织者按照项目业主或顾客的意愿,向项目业主或顾客提供相应的项目产品。无论最后项目业主或顾客是自己使用建成的项目产品,还是将项目产品的所有权转移给其他人,在进行采购管理的活动之中,项目业主和顾客始终都以买方的身份出现。

(2) 项目实施组织。

项目实施组织是指项目的承包商或者项目团队,其是向项目业主或顾客提供劳务的组织。项目实施组织既可以根据项目业主的指示采购商品和劳务,也可直接为项目业主提供所需要的劳务。因此,在项目实施过程中,项目实施组织既可以是买方,也可以是卖方。

(3) 项目供应商。

项目供应商是在项目实施过程中为项目业主或项目实施组织提供所需商品及劳务的卖方。项目供应商无论是为项目提供所需的商品,还是将劳务卖给项目业主或项目实施组织,项目供应商在项目实施过程中始终以卖方的身份出现。

(4) 项目分包商或专业咨询服务专家。

项目分包商或专业咨询服务专家都是提供某方面服务的独立工作者,其可以为项目业主提供服务,也可直接向项目实施组织提供服务,因此属于卖方。

上述角色在项目采购之中的关系如图 8.1 所示。图中实线表示"委托 — 代理"关系和项目资金的流向,图中的虚线表示项目采购过程中的责任关系。项目业主作为委托方,将项目执行的主要责任委托给项目实施组织(承包商),由其负责项目的具体实施工作。这种安排主要是因为项目实施组织作为专业的执行机构,能够准确把握项目各阶段的资源需求,具备专业的管理能力;在具体执行层面,项目实施组织与资源供应商、分包商(专家)之间主要建立直接的业务关系。这种关系表现为直接的买卖关系或分包合同关系。项目实施组织根据项目实际需求,直接向供应商采购所需资源,或将部分专业工程分包给具有相应资质的分包商。这种直接对接的方式有利于提高采购效率,确保资源供应的及时性和专业性。在整个采购过程中,项目实施组织承担着计划、组织、管理和实施的主要职责,而项目业主则主要负责监督和验收工作。

2. 项目采购的管理过程

项目采购管理包含 6 个过程:采购计划编制、询价计划编制、询价、供方选择、合同管理、合同收尾。

(1) 采购计划编制。

采购计划编制是根据项目范围说明书、产品说明书、企业内采购力量、市场状况、资金充裕度等有关项目采购计划所需的信息,结合项目组织自身条件和项目各项计划的要求,对整个项目实施过程中的资源供应情况做出具体安排,并按照有关规定的标准或规范,编

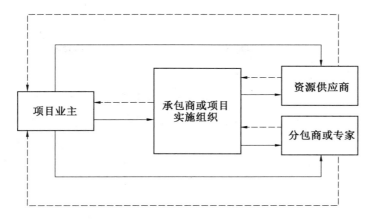

图 8.1　项目采购关系

写项目采购计划文件的管理工作过程。一个项目组织在编制采购计划中需要开展下述工作和活动。

① 制造或购买的决策分析。
② 采购方式和合同类型选择。
③ 项目采购计划文件的编制和标准化。

在编制采购清单和采购计划之前，必须做好充分的准备工作。采购准备的重要内容之一是进行广泛的市场调查和市场分析，从而熟悉市场，掌握有关项目所需要的产品和服务的市场信息。对货物采购而言，就是要掌握有关采购内容的最新价格和供求行情，弄清楚是从一家承包商采购所有或大部分所需要的产品和服务，还是向多家承包商采购大部分的产品和服务，或是采购小部分的产品和服务，还是不采购产品和服务（常用于研究和科技开发项目）。

（2）询价计划编制。

询价计划是询价中所需的单证文件，包括采购管理计划、工作明细表和其他计划等文件。编制的工具和方法是标准形式与专家判断。标准形式是一种用来推动采购程序的工具。根据组织所采购产品或服务的类型，组织订立标准格式的文件。有些组织中不一定有这种标准形式的文件，但通常可以在书面订立合同数量大、采购产品或服务量大的组织中找到这种标准形式的文件。询价计划编制程序的三项输出是采购文件、估价标准和工作说明更新。

（3）询价。

询价是指采购人向有关供应商发出询价单让其报价，在报价基础上进行比较并确定最优供应商的一种采购方式。询价工作是投标程序中重要的一环，它有利于投标人优化报价并为报价决策提供依据。承包人询价是一种意向性的行为，并非一定要与所询价的分包人签订分包合同。而接受询问的分包人的报价，同样不必是日后所签订的分包合同的合同价格。但询价双方一般应讲求信誉和职业道德。

（4）供方选择。

供方选择是在潜在供应商中进行的选择。在选择前应调查各个供应商的设备规模、技术和供应能力，生产用原材料的来源和质量，质量管理能力，组织能力，财务信用状况等情况。在项目的采购管理过程中,项目组织应经常与自己的资源供应商或分包商保持联系,对项目成败起关键作用的资源供应商或分包商,必须在一定程度上对其生产进行监督,从而保证资源供应的质量、数量和及时性。

(5) 合同管理。

项目采购合同管理是对采购合同的订立、履行、变更、终止、违约、索赔、争议处理等进行管理。在选择好供应商并与其签订采购合同之后,通过有效的项目采购合同管理,项目团队可以确保在项目实施过程中获取所需的资源,控制成本,降低风险,并确保供应商的履约达到预期标准。这有助于项目的成功实施和交付。

(6) 合同收尾。

合同收尾是指在合同双方当事人按照合同的规定履行完各自的义务后,应该进行合同收尾工作,项目采购的合同收尾亦是如此。例如,如果卖方按合同要求适当地提供了原材料,那么合同可能在项目结束后才终止。项目组将与采购部门一起确保合同上的所有工作顺利完成,同时将收集关于供应商的信息。

项目采购管理的步骤涵盖了从采购计划制订到验收与结算的整个过程。项目经理在进行项目采购管理时,应遵循这些步骤,确保项目所需的资源能够及时、合规地获取,以支持项目的顺利实施。在这个过程中,项目经理需要具备良好的沟通、协调和决策能力,以应对采购管理过程中可能遇到的各种挑战和困难。同时,项目经理还应关注市场变化和供应商动态,不断优化采购策略,以降低采购成本并提高采购效率。

3. 项目采购管理的核心环节

(1) 项目采购合同的变更控制。

在项目采购合同的实施过程中,很可能会出现由于合同双方的因素或其他一些因素而需要对合同条款进行变更的情况,如不可抗力事件的发生会导致项目采购合同变更、第三方的原因也可能导致合同变更等。项目采购合同的变更会对合同双方的利益产生影响,因此需要做严格的管理。一般在项目采购合同中都应有关于合同变更控制办法的规定,包括变更项目采购合同的做法和过程,以及批准合同变更所需的程序和审批手续等。除了项目采购合同规定之外,各国的有关法律对项目采购合同变更也规定了一些法定程序,如项目采购合同变更协议未达成之前原合同继续有效,项目采购合同变更达成一致意见后双方需签订书面合同变更协议,这些合同变更协议与原合同一样具有法律效力等。

(2) 项目卖方绩效评价与报告。

项目业主还要对供应商或承包商的工作进行必要的跟踪与评价管理,这也被称为项目资源供应的绩效报告管理。由此产生的项目供应绩效报告书,为项目管理者提供了有关供应商或承包商履行合同的实际情况和相关信息。根据这些信息,项目业主可以对供应商或承包商开展必要的项目采购合同控制工作。例如,在采取成本补偿式的项目承发包合同的履约过程中,项目业主会要求供应商或承包商及时提供货物和劳务的成本情况以及它们与项目成本预算计划的比较分析情况,当发现项目实际成本超出预算计划时,就必须及时对项目供应实施情况进行调整。

(3) 项目采购合同实施的监督与管理。

项目采购合同管理的主要内容是为落实项目采购合同和采购工作计划而开展的项目

采购合同实施的管理工作。项目组织应该根据项目采购合同的规定,在适当的时间监督和控制供应商或承包商的货物与劳务的提供工作。为了保证及时获得所需资源,在项目实施过程中,项目业主必须同供应商或承包商保持紧密的联系并催促交付货物或劳务,以免延误整个项目的进度。如果供应商或承包商不能按时按质交付项目所需货物或劳务,那么就需要调整原定的项目进度计划。另外,项目业主和供应商或承包商之间的一些合同纠纷的处理也属于项目采购合同实施的管理的范畴。

(4) 项目付款支付控制系统的管理。

对供应商或承包商的支付管理通常也是项目采购合同管理的一项重要内容,在有众多项目采购合同的大项目管理中,项目业主可以开发建立自己的项目支付控制系统。这一管理包括由项目业主做出对供应商或承包商的评价和认可,以及相应的支付控制工作。根据国际惯例,项目采购合同的支付方式一般有两种:一种是现金支付(只能在规定所限的金额内使用);另一种是转账支付(即通过开户银行将资金从付款单位的账户转入收款单位的账户)。项目业主与供应商或承包商之间为项目采购合同支付的货款和报酬大都是采用转账支付的方式进行的。

(5) 项目采购合同纠纷的管理。

在实际的项目采购合同管理中,双方经常会出现争议和经济纠纷,所以对此也必须开展必要的管理。这一管理的基本原则:如果项目采购合同中有关于处理争议方法的条款,那么就按照合同条款规定的办法处理;如果没有此类条款,那么可以申请双方约定的第三方进行调解;如果双方对于第三方调解不能达成一致,那么就应交付仲裁或诉讼来解决。另外,项目采购合同价格和付款变更也是项目采购合同纠纷中最常见的问题,它们必须依照合同规定或法律进行管理和解决。在项目纠纷的管理中经常会涉及索赔问题,多数是由合同双方对索赔问题持有异议才引起经济纠纷,所以通常在项目采购合同管理中还必须对索赔程序和内容进行严格的管理。

(6) 项目采购合同档案的管理。

在项目采购合同管理的过程中,要对与合同有关的信函、文件、签订合同的内容以及合同补充条款等与合同相关的文件进行管理。合同档案的管理是项目信息管理系统的一部分,其目的是在项目实施过程中和实施完成后,对照合同对供应商所提供的产品或劳务的质量进行检查,并为项目实施组织在今后签订类似合同提供依据。

8.1.5 采购结束

项目采购管理的最后阶段是结束合同,或称合同终止。合同终止包括合同的完成及遗留问题的处置。项目团队应当确保每个合同中要求的所有工作都正确并满意地完成了。同时,也应当更新记录以反映最终结果,并保存好信息以备将来使用。

合同终止活动有采购审计、采购归档等。其中,采购审计是在合同终止时经常被用来识别整个采购过程中学到的经验教训,组织应当努力改进所有的业务过程,包括采购管理。采购归档,通常借助记录管理系统来完成,它能让组织寻找及保存采购相关文件变得简单容易起来,包含大量与项目采购相关的信息。在理想的情况下,所有的采购工作都可以通过买方和卖方的协商终止。如果协商不能够解决,还可使用其他可供选择的争议解决方式,如调解和仲裁。如果所有的方法都不起作用,可向法庭起诉解决争议。

合同终止的输出包括终结的合同和组织过程资产的更新。买方组织经常为卖方提供合同完成的正式书面通知。合同本身应当包括正式接受和终止的要求。

此外,需要说明的是,合同提前终止是结束采购的一个特例,也时有发生。这源于合同约定,如双方可经由协商一致、因一方违反约定、为买方便利等而提前终止合同。同时合同中应约定终止条款,并规定双方对提前终止合同的权利和责任。

8.1.6 项目采购案例分析

【例 8.3】

案例描述:

A 方,某印刷集团公司;B 方,某品牌计算机公司;C 方,某货运公司。

A 方在报纸上看到 B 方发布的"某型号计算机推广月买一送一活动"广告:在推广月期间,每订购某型号计算机 1 台,均赠送价值 400 元的喷墨打印机 1 台;不愿受赠者,返还现金 300 元。

经过电话协商,A 方向 B 方订购某型号计算机 100 台,B 方向 A 方赠送喷墨打印机 50 台,另外在设备款中减免 15 000 元。双方以信件方式签订合同,约定在 A 方所在地交货,B 方负责托运,A 方支付运费。C 方作为承运人负责该批计算机设备的运输。计算机设备到达 A 方所在地之后,经 B 方、C 方同意,A 方开箱检验,发现了以下问题:

(1) 少量计算机显示器破损。

(2) 随机预装的软件虽有软件著作权人出具的最终用户许可协议 EULA,且给出了有效的下载地址,但无原版的软件光盘,怀疑为盗版软件。

(3) B 方误按"买一送一"的配置发货,共发来计算机 100 台、喷墨打印机 100 台,发货单与所发货物相符,但与合同不符。

为此,A 方发传真通知 B 方,并要求 B 方:

(1) 更换或修好破损的计算机显示器。

(2) 提供随机预装软件的原版光盘。但 A 方并未将多收 50 台喷墨打印机的事宜通知 B 方。

收到 A 方传真之后,B 方回电称:

(1) A 方、C 两方均未就计算机设备包装问题做出特殊要求,公司采用了通用的计算机设备包装方式,C 方作为承运人应当对运输过程中计算机显示器的破损承担损害赔偿责任。待 C 方赔偿之后,公司再更换或修好破损的计算机显示器。

(2) 正版软件有多种形式,该型号计算机所配的 OEM 随机预装软件是"授权下载"的无光盘正版软件。

几个月后,B 方查账时发现多发了 50 台喷墨打印机,此时 A 方已将全部喷墨打印机开箱使用。B 方要求 A 方返还合同中减免的 15 000 元设备款。

问题:

(1) B 方应如何处理计算机显示器的破损问题?

(2) B 公司所提供的随机预装软件是不是正版软件?

(3) A 方是否应该返还合同中减免的 15 000 元设备款?

答案及分析:

(1) 本问题涉及运输过程中货物毁损、灭失的损害赔偿责任问题和买卖交易中货物毁损、灭失的风险承担问题。

关于运输过程中货物毁损、灭失的损害赔偿责任问题,根据《中华人民共和国合同法》(简称《合同法》)中关于运输合同的有关规定,应按照以下原则。

① 托运人应当按照约定的方式包装货物。对包装方式没有约定或者约定不明确,应当按照通用的方式包装。没有通用方式的,应当采取足以保护标的物的包装方式。托运人违反上述规定的,承运人可以拒绝运输。

② 承运人对运输过程中货物的毁损、灭失承担损害赔偿责任,但承运人证明货物的毁损、灭失是因不可抗力、货物本身的自然性质或者合理损耗,以及托运人、收货人的过错造成的,不承担损害赔偿责任。

③ 货物的毁损、灭失的赔偿额,当事人有约定的,按照其约定;没有约定或者约定不明确,按照交付或者应当交付时货物到达地的市场价格计算。法律、行政法规对赔偿额的计算方法和赔偿限额另有规定的,依照其规定。

④ 两个以上承运人以同一运输方式联运的,与托运人订立合同的承运人应当对全程运输承担责任。损失发生在某一运输区段的,与托运人订立合同的承运人和该区段的承运人承担连带责任。

⑤ 货物在运输过程中因不可抗力灭失,未收取运费的,承运人不得要求支付运费;已收取运费的,托运人可以要求返还。

关于买卖交易中货物毁损、灭失的风险承担问题,根据《合同法》中关于买卖合同的有关规定,应按照以下原则。

① 标的物毁损、灭失的风险,在标的物交付之前由出卖人承担,交付之后由买受人承担,但法律另有规定或者当事人另有约定的除外。

② 因买受人的原因致使标的物不能按照约定的期限交付的,买受人应当自违反约定之日起承担标的物毁损、灭失的风险。

③ 出卖人出卖交由承运人运输的在途标的物,除当事人另有约定的以外,毁损、灭失的风险自合同成立时起由买受人承担。

④ 当事人没有约定交付地点或者约定不明确,标的物需要运输的,出卖人将标的物交付给第一承运人后,标的物毁损、灭失的风险由买受人承担。

⑤ 出卖人按照约定将标的物置于交付地点,买受人违反约定没有收取的,标的物毁损、灭失的风险自违反约定之日起由买受人承担。

⑥ 出卖人按照约定未交付有关标的物的单证和资料的,不影响标的物毁损、灭失风险的转移。

⑦ 因标的物质量不符合质量要求,致使不能实现合同目的的,买受人可以拒绝接受标的物或者解除合同。买受人拒绝接受标的物或者解除合同的,标的物毁损、灭失的风险由出卖人承担。

⑧ 标的物毁损、灭失的风险由买受人承担的，不影响因出卖人履行债务不符合约定，买受人要求其承担违约责任的权利。

本案例中，A、C 两方均未就计算机设备包装问题做出特殊要求，B 方采用了通用的计算机设备包装方式，包装无过错，对运输过程中计算机显示器的破损不承担损害赔偿责任；C 方作为一家客运公司，理应知道计算机显示器运输的注意事项，没有拒绝运输就意味着认可了 B 方的包装方式，应当对运输过程中计算机显示器的破损承担损害赔偿责任。但 A、B 两方已明确约定在 A 方所在地交付计算机设备，B 方作为出卖人应当对运输过程中计算机设备的毁损承担风险。因此，B 方在向 C 方索赔的同时，应先行更换或修好破损的计算机显示器。

(2) 本问题涉及正版软件和盗版软件的问题。正版软件是指使用者拥有软件使用许可的软件。当一个用户购买了一套软件，他所获得的不是软件本身，而是对该软件的使用权利。鉴别正版软件的关键点为是否有软件使用许可，而不是表现为有无原版的介质。软件使用许可的主要形式为最终用户许可协议 EULA(end user license agreement) 或客户访问许可协议 CAL(client access license agreement)。EULA 或 CAL 中明确规定了该软件的合法使用、限制使用和禁止使用的范围。凡是在 EULA 或 CAL 所允许的范围内或条件下使用的软件就是正版软件。正版软件包括盒装正版软件、许可证计划、OEM 在线服务授权、下载和在线注册等多种形式。反之，没有软件使用许可的软件就是盗版软件。软件的盗版行为也表现为各种各样的形式。

① 非法复制、传播和销售盗版光盘(或其他介质)。

② 非法授权的在线下载、随机预装或分发等。

③ 非法转售随机或赠送的软件产品。

④ 超过许可证的范围安装、使用或租借软件。例如，将单 CPU 许可证产品安装到多 CPU 主机上，将超出 CAL 许可的计算机连到服务主机上等。

本案例中，B 公司所提供的随机预装软件，虽无原版的软件光盘，但有软件著作权人出具的最终用户许可协议 EULA，且给出了有效的下载地址，属于正版软件。

(3)《合同法》明确规定，出卖人多交标的物的，买受人可以接收或者拒绝接收多交的部分。买受人接收多交部分的，按照合同的价格支付价款；买受人拒绝接收多交部分的，应当及时通知出卖人。本案例中，A 方发现 B 方多发了 50 台喷墨打印机之后，并未及时通知 B 方，反而开箱使用，事实上已经接受，应该返还合同中减免的 15 000 元设备款。

8.2　项目招投标

招投标作为一种规范化的市场交易方式，在项目采购中扮演着至关重要的角色。它通过公开、透明的竞争机制，确保了采购过程的公正性和公平性，从而提高了资源配置的效率和效果。在这一过程中，招标方明确提出项目需求和评价标准，而投标方则基于这些标准提交各自的报价和实施方案。这种机制不仅促进了供应商之间的健康竞争，还有助于招标方从众多投标者中筛选出最优的合作伙伴，确保项目质量、成本效益和进度控制的最优化。

8.2.1 招投标概述

1. 招投标的定义

招投标全称为招标投标,是一种因招标人的要约,引发投标人的承诺,经过招标人的择优选定,最终形成协议和合同关系的平等主体之间的经济活动过程。

招标人,也叫招标采购人,是采用招标方式进行货物或服务采购的法人和其他社会经济组织;投标人是指响应招标、参加投标竞争的法人或者其他组织。其中,那些对招标公告或邀请感兴趣的可能参加投标的人称为潜在投标人,只有那些响应并参加投标的潜在投标人才能称为投标人。

招标方与投标方交易的项目统称为"标的"。招投标交易的项目分类为货物类和服务类。货物类项目"标的"指的是拟采购商品规格、型号、性能、质量要求等;服务类项目"标的"指的是服务要保障的内容、范围、质量要求等。这里的服务包括除货物以外的各类社会服务、金融服务、科技服务、商业服务等,包括与项目有关的投融资、项目前期评估咨询、项目管理服务等。服务招标中还包括各类资产所有权、资源经营权和使用权出让招标,如企业资产或股权转让、土地使用权出让、基础设施特许经营权、科研成果与技术转让以及其他资源使用权的出让招标等。

2. 招投标的基本原则

招投标应当遵循公开、公平、公正和诚实信用的原则。公开原则是指招标项目的要求、投标人的资格条件、评标方法和标准、招标程序和时间安排等信息应当按规定公开透明;公平原则是指每个潜在投标人都享有平等竞争的机会和权利,不得设置任何条件歧视排斥或偏袒保护潜在投标人;公正原则是指招标人与投标人应当公正交易,且招标人对每个投标人应当公正评价;诚实信用原则是指招投标活动主体应当遵纪守法、诚实善意、恪守信用,严禁弄虚作假、言而无信。

3. 招投标的特征

招投标是一种商品交易方式,是市场经济发展的必然产物。与传统交易活动中采用供求双方"一对一"直接交易的交易方式相比,招投标是相对成熟的、高级的、有组织的、规范化的交易方式,其具有以下特征。

(1)竞争性。

招投标的核心是竞争,按规定每一次招标必须有3家以上投标,这就形成了投标者之间的竞争,他们以各自的信誉、服务、质量、报价等优势,战胜其他的投标者。竞争是市场经济的本质要求,也是招投标的根本特性。

(2)程序性。

招投标活动必须遵循严密规范的法律程序。《中华人民共和国招标投标法》(简称《招标投标法》)及相关法律政策对招标人从确定招标采购范围、招标方式、招标组织形式直至选择中标人并签订合同的招投标全过程每一个环节的时间、顺序都有严格规范的限定,不能随意改变。任何违反法律程序的招投标行为,都可能侵害其他当事人的权益,必须承担相应的法律后果。

(3) 规范性。

《招标投标法》及相关法律政策,对招投标各个环节的工作条件、内容、范围、形式、标准以及参与主体的资格、行为和责任都做出了严格的规定。

(4) 一次性。

投标要约和中标承诺只有一次机会,且密封投标,双方不得在招投标过程中就实质性内容进行协商谈判,讨价还价,这也是与询价采购、谈判采购及拍卖竞价的主要区别。

(5) 技术经济性。

招标采购具有不同程度的技术性,包括标的使用功能和技术标准建造、生产和服务过程的技术及管理要求等,招投标的经济性则体现在中标价格是招标人预期投资目标和投标人竞争期望值的综合平衡。

4. 招标的组织形式

招标的组织形式主要有自行组织招标和委托代理招标两种。自行组织招标是指招标人具有编制招标文件和组织评标能力的,可以自行组织招标。自行组织招标虽然便于协调管理,但往往容易受招标人认识水平和法律、技术专业水平的限制而影响和制约招标采购的"三公"原则和规范性、竞争性。因此招标人如不具备自行组织招标的能力,应当选择委托代理招标的组织形式。

招投标是目前市场经济的一种商品经营的主要方式,不仅在国内的项目实施中被广泛地采用,而且在国外的项目实施中也被广泛地使用,这种商品经营方式大都体现于货物、工程及服务的采购活动当中,招标人会通过自己事先已经公布的采购及要求来吸引众多的投标人按照自身同等价值的条件来进行一场公平公正的平等竞争,并按照其相关规定的程序,组织技术、经济和法律制度等各个方面的评选专家来对众多的投标人进行系统分析并综合评审,从中择优挑选项目中标人。其实本质上就是以更低的价格来获取最优的商品及服务。

8.2.2 招标方式

1. 招标方式的分类

按照《招标投标法》第十条规定,招标分为公开招标和邀请招标。如前所述,公开招标是指招标人以招标公告的方式邀请不特定的法人或者其他组织投标。邀请招标是指招标人以投标邀请书的方式邀请特定的法人或者其他组织投标。

(1) 公开招标是招标人按照法定程序,在指定的报刊、电子网络和其他媒介上发布招标公告,向社会公示其招标项目要求,吸引众多潜在投标人参加投标竞争,招标人按事先规定程序和办法从中择优选中标人的招标方式。

(2) 邀请招标是招标人通过市场调研,根据承包商或供应商的资信、业绩等条件,选择一定数量法人或其他组织(不能少于 3 家),向其发出投标邀请书,邀请其参加投标竞争,招标人按规定的程序和办法择优选择中标人的招标方式。

2. 邀请招标的条件和审批规定

按照《招标投标法》规定,国务院发展计划部门确定的国家重点项目和省、自治区、直辖市人民政府确定的地方重点项目不适宜公开招标的,经国务院发展计划部门或者省、自治区、直辖市人民政府批准,可以进行邀请招标。这条规定表明重点项目都应当公开招标,不适宜公开招标的,经批准也可采用邀请招标。

(1) 邀请招标的条件。按照《中华人民共和国招标投标法实施条例》(简称《招标投标法实施条例》)第八条规定,国有资金占控股或者主导地位的依法必须进行招标的项目,应当公开招标;但有下列情形之一的,可以邀请招标。

① 技术复杂、有特殊要求或受自然环境限制,只有少量潜在投标人可供选择。

② 采用公开招标方式的费用占项目合同金额的比例过大。

(2) 邀请招标的审批和核准。

① 工程建设项目。按照《招标投标法》第十一条规定,国务院发展计划部门确定的国家重点项目采用邀请招标应经国家发展计划部门批准;省、自治区、直辖市人民政府确定的地方重点项目采用邀请招标,应经省、自治区,直辖市人民政府批准。此外,按照《招标投标法实施条例》第七条规定,按照国家有关规定需要履行项目审批、核准手续的依法必须进行招标的项目,采用邀请招标的,应当报项目审批、核准部门审批、核准。项目审批、核准部门应当及时通报有关行政监督部门;《招标投标法实施条例》第八条规定,国有资金占控股或者主导地位的依法必须进行招标的项目是否符合邀请招标的上述两项条件应由项目审批、核准部门在审批、核准项目时认定;其他项目是否符合邀请招标第二项条件,即采用公开招标方式的费用占项目合同金额的比例过大的认定,应由招标人申请有关行政监督部门做出认定。

② 机电产品国际招标项目。按照《机电产品国际招标投标实施办法》规定,采用邀请招标方式的项目,应当向商务部备案。

③ 政府采购项目。按照《政府采购货物和服务招标投标管理办法》规定,因特殊情况需要采用公开招标以外方式的,应当在采购活动开始前获得设区的市、自治州以上人民政府财政部门的批准。此外,按照财政部印发的《中央单位变更政府采购方式审批管理暂行办法》的规定,中央单位因特殊情况需要采用公开招标以外其他采购方式的,采购人应当在采购活动开始前,按照财政部规定要求将变更政府采购方式申请报财政部审批。

依法招标,能保证在市场经济条件下进行最大限度的竞争,有利于实现社会资源的优化配置,提高企事业单位、中介服务机构、项目单位的技术业务能力和服务管理水平。同时依法招标也有利于克服不正当竞争招标方式,防止采购活动中的腐败行为。

8.2.3 招投标一般程序

招投标的一般程序可划分为以下4个阶段,具体的招投标程序和时间的规定如图8.2和表8.1所示。

1. 招标准备阶段

此阶段基本分为 8 个步骤:具有招标条件的单位填写招标申请书,报有关部门审批;获准后,组织招标班子和评标委员会;编制招标文件和标底;发布招标公告;审定投标单位;发放招标文件;组织招标会议;接收招标文件。

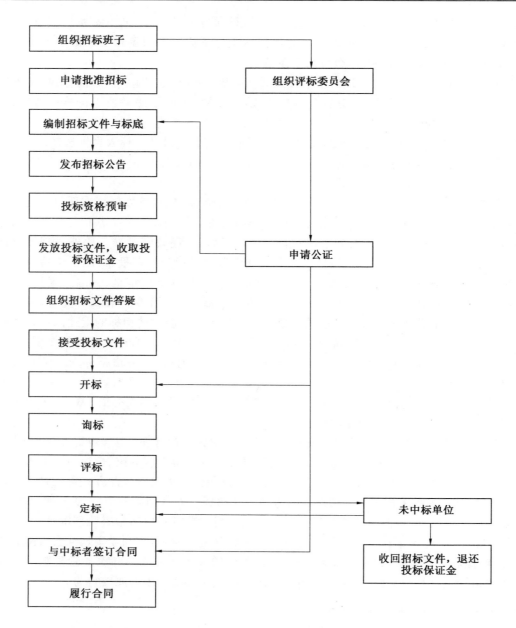

图 8.2 招投标一般程序

2. 投标准备阶段

此阶段根据招标公告或招标单位的邀请,投标单位选择符合本单位能力的项目,向招标单位提交投标意向,并提供资格证明文件和资料;资格预审通过后,组织投标班子,跟踪投标项目,购买招标文件;参加招标会议;编制投标文件,并在规定时间内报送给招标单位。

3. 开标评标阶段

此阶段按照招标公告规定的时间、地点,由招投标方派代表并在有公证人在场的情况下,当众开标;招标方对投标方做资料后审、询标、评标,投标方做好询标解答准备,接受询标质疑,等待评标决标。

4. 决标签约阶段

评标委员会提出评标意见,报送决定单位确定;依据决标内容向中标单位发出中标通知书;中标单位在接到通知书后,在规定的期限内与招标单位签订合同。

表 8.1 招标程序以及法定时间和异议投诉法定时间的规定

序号	程序内容	法定时间
1	资格预审文件的发售期	不得少于 5 d
2	招标人合理确定提交资格预审申请文件的时间	依法必须进行招标的项目提交资格预审申请文件的时间,自资格预审文件停止发售之日起不得少于 5 d
3	招标人对已发出的资格预审文件进行必要的澄清或修改。澄清或修改的内容可能影响资格预审申请文件编制的	应当在提交资格预审申请文件截止日至少 3 d 前,以书面形式通知所有获取资格预审文件的潜在投标人;不足 3 d 的,招标人应当顺延提交资格预审申请文件的截止时间
4	潜在投标人或其他利害关系人对资格预审文件有异议的	应当在提交资格预审申请文件截止时间 2 d 前提出;招标人应当自收到异议之日起 3 d 内做出答复;做出答复前应当暂停招投标活动
5	招标文件的发售期	不得少于 5 d
6	招标人应当确定投标人编制投标文件的合理时间	依法必须进行招标的项目从招标文件发出之日起至投标人提交文件截止之日止,最短不得少于 20 d
7	对已发出的招标文件进行必要的澄清或修改,澄清或修改的内容极可能影响投标文件编制的	招标人应当在投标截止时间至少 15 d 前,以书面形式通知所有获取招标文件的潜在投标人;不足 15 d 的,招标人应当顺延投标文件的截止时间
8	潜在投标人或其他利害关系人对招标文件有异议的	应当在投标截止时间 10 d 前提出。招标人应当自收到异议之日起 3 d 内做出答复;做出答复前应该暂停招投标活动
9	投标人撤回已提交的投标文件,应当在投标截止时间前书面通知招标人,招标人已收取投标保证金的	应当在收到投标人书面撤回之日起 5 d 内退还

续表8.1

序号	程序内容	法定时间
10	投标人对开标有异议的	应当在开标现场提出，招标人应当当场做出答复，并制作记录
11	公示中标候选人	依法必须进行招标的项目，招标人应当自收到评标报告之日起3 d内公示中标候选人，公示期不得少于3 d
12	投标人或者其他利害关系人对依法进行招标的项目的评标结果有异议的	应当在中标候选人公示期间提出。招标人应当自收到异议之日起3 d内做出答复；做出答复前应当暂停招投标活动
13	按照招标文件和中标人的投标文件签订书面合同	中标人应当自中标通知书发出之日起30 d内签订
14	依法必须进行招标的项目招标人向有关行政监督部门提交招投标情况的书面报告	应当自确定中标人之日起15 d内
15	向中标人和未中标人退还投标保证金	招标人最迟应当在书面合同签订后5 d内
16	关于招投标的投诉失效	投标人或者其他利害关系人认为招投标活动不符合法律法规规定的，可以自知道之日起10 d内投诉。投诉应当有明确的请求和必要的证明材料
17	关于招投标的投诉处理的时间要求	行政监督部门应当自接收到投诉之日起3个工作日内决定是否受理投诉，并自受诉之日起30个工作日内做出书面处理决定；需要检验、检测、鉴定、专家评审的，所需时间不计算在内

8.2.4 招标文件或投标邀请书内容

招标公告或者投标邀请书应当至少载明下列内容。
① 招标人的名称和地址。
② 招标项目的内容、规模、资金来源。
③ 招标项目的实施地点和工期。
④ 获取招标文件或者资格预审文件的地点和时间。
⑤ 对招标文件或者资格预审文件收取的费用。
⑥ 对招标人的资质等级的要求。

招标人应当按招标公告或者投标邀请书规定的时间、地点出售招标文件或资格预审文件。自招标文件或者资格预审文件出售之日起至停止出售之日止，最短不得少于5 d。招标人可以通过信息网络或者其他媒介发布招标文件，通过信息网络或者其他媒介发布的招标文件与书面招标文件具有同等法律效力，出现不一致时以书面招标文件为准，国家另有规定的除外。对招标文件或者资格预审文件的收费应当限于补偿印刷、邮寄的成本支出,不得以营利为目的。对于所附的设计文件,招标人可以向投标人酌情收取押金;对于开标后投标人退还设计文件的,招标人应当向投标人退还押金。招标文件或者资格预审文件售出后,不予退还。除不可抗力原因外,招标人在发布招标公告、发出投标邀请书后、售出招标文件或资格预审文件后不得终止招标。

8.2.5 招投标文件的内容及要求

1. 招标文件的内容及要求

(1) 招标文件的内容。

招标人根据招标项目的特点和需要编制招标文件。招标文件一般包括下列内容。

① 招标公告或投标邀请书。
② 招标单位资质要求。
③ 项目概述。
④ 技术规格和要求。
⑤ 商务条款。
⑥ 投标文件要求。
⑦ 评标方法和标准。
⑧ 合同条款。
⑨ 投标辅助材料。
⑩ 投标保证金。
⑪ 答疑和澄清。
⑫ 开标和评标程序。
⑬ 中标通知和合同签订。
⑭ 附件。
⑮ 其他补充条款。

(2) 招标文件的要求。

① 用醒目的方式标明实质性要求和条件。招标人应当在招标文件中规定实质性要求和条件,并用醒目的方式加以标明。

② 提交备选投标方案的要求。招标人可以要求投标人在提交符合招标文件规定要求的投标文件外,提交备选投标方案,但应当在招标文件中做出说明,并提出相应的评审和比较办法。

③ 招标文件规定的各项技术标准应符合国家强制性标准。招标文件中规定的各项技术标准均不得要求或标明某一特定的专利、商标、名称、设计、原产地或生产供应者,不得含有倾向或者排斥潜在投标人的其他内容。如果必须引用某一生产供应者的技术标准才能准确或清楚地说明拟招标项目的技术标准时,则应当在参照后面加上"或相当于"的字样。

④ 招标项目需要划分标段、确定工期的,招标人应当合理划分标段、确定工期,并在招标文件中载明。对技术上紧密相连、不可分割的子项目不得分割标段。招标人不得以

不合理的标段或工期限制或者排斥潜在投标人或者投标人。依法必须进行招标的项目的招标人不得利用划分标段规避招标。

⑤ 招标文件应明确规定所有评标因素，以及如何将这些因素量化或者据以进行评估。在评标过程中，不得改变招标文件中规定的评标标准、方法和中标条件。

⑥ 招标文件应当规定一个适当的投标有效期，以保证招标人有足够的时间完成评标并与中标人签订合同。投标有效期从投标人提交投标文件截止之日起计算。在原投标有效期结束前，出现特殊情况的，招标人可以书面形式要求所有投标人延长投标有效期。投标人同意延长的，不得要求或被允许修改其投标文件的实质性内容，但应当相应延长其投标保证金的有效期；投标人拒绝延长的，其投标失效，但投标人有权收回其投标保证金。因延长投标有效期造成投标人损失的，招标人应当给予补偿，但因不可抗力需要延长投标有效期的除外。

2. 投标文件的内容及要求

（1）投标文件应包括的内容。

投标人应当按照招标文件的要求编制投标文件。投标文件应当对招标文件提出的实质性要求和条件做出响应。投标文件一般包括下列内容：投标函；投标报价；项目组织设计；商务和技术偏差表。投标人根据招标文件载明的项目实际情况，拟在中标后将中标项目的部分非主体、非关键性工作进行分包的，应当在投标文件中载明。

（2）投标保证金。

招标人可以在招标文件中要求投标人提交投标保证金。投标保证金除现金外，可以是银行出具的银行保函、保兑支票、银行汇票或现金支票。投标保证金不得超过项目估算价的 2%，但最高不得超过 80 万元人民币。投标保证金有效期应当与投标有效期一致。投标人应当按照招标文件要求的方式和金额，将投标保证金随投标文件提交给招标人或其委托的招标代理机构。依法必须进行招标的项目的境内投标单位，以现金或者支票形式提交的投标保证金应当从其基本账户转出。

（3）投标文件的提交投标人应当在招标文件要求提交投标文件的截止时间前，将投标文件密封送达投标地点。

招标人收到投标文件后，应当向投标人出具标明签收人和签收时间的凭证，在开标前任何单位和个人不得开启投标文件。

在招标文件要求提交投标文件的截止时间后送达的投标文件，招标人应当拒收。对于依法必须进行招标的项目，提交投标文件的投标人少于 3 个的，招标人在分析招标失败的原因并采取相应的措施后，应当依法重新招标。重新招标后投标人仍少于 3 个的属于必须审批、核准的项目，报经原审批、核准部门审批、核准后可以不再进行招标；对于其他项目，招标人可自行决定不再进行招标。投标人在招标文件要求提交投标文件的截止时间前，可以补充、修改、替代或者撤回已提交的投标文件，并书面通知招标人。补充、修改的内容为投标文件的组成部分。在提交投标文件截止时间后到招标文件规定的投标有效期终止之前，投标人不得撤销其投标文件，否则招标人可以不退还其投标保证金。

（4）联合体投标。

两个以上法人或者其他组织可以组成一个联合体，以一个投标人的身份共同投标。

联合体各方签订共同投标协议后,不得再以自己的名义单独投标,也不得组成新的联合体或参加其他联合体在同一项目中投标。

联合体各方应当指定牵头人,授权其代表所有联合体成员负责投标和合同实施阶段的主办、协调工作,并应当向招标人提交由所有联合体成员法定代表人签署的授权书。联合体投标的,应当以联合体各方或者联合体中牵头人的名义提交投标保证金。以联合体牵头人名义提交的投标保证金,对联合体各成员具有约束力。招标人接受联合体投标并进行资格预审的,联合体应当在提交资格预审申请文件前组成。资格预审后联合体增减、更换成员的,其投标无效。

8.2.6 开标、评标与定标

(1) 开标。

开标是招标机构在预先规定的时间和地点将各投标人的投标文件正式启封揭晓的行为。开标由招标机构组织进行,但须邀请各投标人代表参加。在这一环节,招标人要按有关要求,逐一揭开每份投标文件的封套,公开宣布投标人的名称、投标价格及投标文件中的其他主要内容。公开开标结束后,还应由开标组织者整理一份开标会议纪要。按照惯例,公开开标一般按以下程序进行:

① 主持人在招标文件确定的时间停止接收投标文件。
② 宣布参加开标人员名单。
③ 确认投标人法定代表人或授权代表人是否在场。
④ 宣布投标文件开启顺序。
⑤ 依开标顺序,先检查投标文件密封是否完好,再启封投标文件。
⑥ 宣布投标要素,并做记录,同时由投标人代表签字确认。
⑦ 对上述工作进行记录,存档备查。

开标应当在招标文件确定的提交投标文件截止时间的同一时间公开进行;开标地点应当为招标文件中确定的地点。投标人对开标有异议的,应当在开标现场提出,招标人应当当场做出答复,并制作记录。投标文件有下列情形之一的,招标人应当拒收。

① 逾期送达。
② 未按招标文件要求密封。

(2) 评标。

评标是招标机构确定的评标委员会根据招标文件的要求,对所有投标文件进行评估并推荐出中标候选人的行为。评标是招标人的单独行为,由招标机构组织进行。在这一环节的步骤主要有:审查标书是否符合招标文件的要求和有关惯例、组织人员对所有标书按照一定方法进行比较和评审,就初评阶段被选出的几份标书中存在的某些问题要求投标人加以澄清、最终评定并写出评标报告等。

评标是审查确定中标人的必经程序,是一项关键性的而又是十分细致的工作,关系到招标人能否得到最有利的投标,是保证招标成功的重要环节。

① 评标委员会应当否决投标人投标的情形。

有下列情形之一的,评标委员会应当否决投标人投标。

a. 投标文件未经投标单位盖章和单位负责人签字。
b. 投标联合体没有提交共同投标协议。
c. 投标人不符合国家或者招标文件规定的资格条件。
d. 同一投标人提交两个以上不同的投标文件或者投标报价,但招标文件要求提交备选投标的除外。
e. 投标报价低于成本或者高于招标文件设定的最高投标限价。
f. 投标文件没有对招标文件的实质性要求和条件做出响应。
g. 投标人有串通投标、弄虚作假、行贿等违法行为。

② 必要的澄清、说明与补正。评标委员会可以书面形式要求投标人对投标文件中含义不明确、对同类问题表述不一致或者有明显文字和计算错误的内容做必要的澄清、说明或补正。评标委员会不得向投标人提出带有暗示性或诱导性的问题,或向其明确投标文件中的遗漏和错误。

投标文件不响应招标文件的实质性要求和条件的,评标委员会不得允许投标人通过修正或撤销其不符合要求的差异或保留,使之成为具有响应性的投标。评标委员会在对实质上响应招标文件要求的投标进行报价评估时,除招标文件另有约定外,应当按下述原则进行修正:用数字表示的数额与用文字表示的数额不一致时,以文字数额为准。调整后的报价经投标人确认后产生约束力。投标文件中没有列入的价格和优惠条件在评标时不予考虑。对于投标人提交的优越于招标文件中技术标准的备选投标方案所产生的附加收益,不得考虑进评标价中。符合招标文件的基本技术要求且评标价最低或综合评分最高的投标人,其所提交的备选方案方可予以考虑。招标人设有标底的,标底在评标中应当作为参考,但不得作为评标的唯一依据。

(3) 定标。

定标也称决标,是指招标人在评标的基础上,最终确定中标人,或者授权评标委员会直接确定中标人的行为。定标对招标人而言是授标,对投标人而言则是中标。在这一环节,招标人所要经过的步骤主要有:裁定中标人,通知中标人其投标已被接受、向中标人发出中标通知书、通知所有未中标的投标人,并向他们退还投标保函等。

8.2.7 招投标案例分析

【例8.4】 A公司是一家有几十年历史的咨询公司,承担过许多世界银行贷款项目的咨询工作,该公司招标评标的做法和要求很具有借鉴意义。现介绍如下。

评标的原则:

A公司认为,评标的目的是要围绕技术、进度、质量、费用及商务条款等有关条件评选出合适的投标商,必须公正、平等、公开地对待所有满足招标文件要求的投标商。为此,评标工作必须做到:按照招标规定的程序进行;保守机密;认真对待每份投标书。

评标的过程:

(1) 预筛选。

评标过程的第一步是对所有投标书进行初步筛选,去除不符合招标文件规定的、有明显缺点的投标书,而对其他合乎要求的投标书进行评估。

(2) 对投标书进行评估分析。

评标者对每份投标书都要进行认真仔细的评估分析。评估围绕以下 7 个方面进行。

① 技术评估。投标商的投标方案在技术上必须是可以接受的,这包括:性能——投标书所提供的设备应能满足项目的性能要求;质量——投标书所提供的设备在预定的寿命使用期内应能满足项目需要的质量标准;材料选择——投标书对于某些关系到项目寿命的特殊材料要求是否给予满足;特定的标准——投标是否按照规定的或允许参照的标准。

② 进度。投标书是否能够满足项目要求的工程进度,应该进行仔细审查。如果投标书不能满足保证项目工程建设所必需的进度要求,而且项目进度又不能改变,则该投标书应予以否定。

③ 费用分析。费用分析应包括下列内容:基本价——投标的材料或设备的价格;运费——运到项目所在地的实际费用;风险费用——由于设备价格和工人费用涨价所需增加的费用。用户支出的总费用还须包括:现场服务费用、安装费用和运行试车费用。

④ 商务条款及条件。投标书中提出的商务条款和条件是否与招标文件规定的条款和条件相一致,以下内容尤其应该注意。支付条款:投标商往往提出各种不同的支付条款。责任:应该尽可能地将设备制造商对工程所负的责任表示为投标商的责任,投标商对这方面若有异议必须要得到法律部门和用户的确认。投标商所提出的异议和偏离均应按风险和有关费用条款来进行评估。

⑤ 与预算比较。应该对投标书的报价与项目的预算费用进行比较,目的是使用户了解项目总费用是否发生了大的变化,并找出产生差别的原因。

⑥ 财务能力。要检查投标商的报价与其年度经营额是否有超常规的比值,投标商是否有足够的财务能力不依靠预付款或抵押借款去完成其投标内容的工作。

⑦ 与设备安装有关的条款。对包括设备安装的投标,尚需分析:劳动力来源;设备安装是否能满足工作范围、难度和进度的要求;项目关键岗位是否由有经验的人员负责;投标商选定的分包商是否有经验和特长。

(3) 投标书的澄清。

经过对投标书的详细分析,可能会发现投标书中的疏漏、含混不清和不符合要求之处,应给予投标商以澄清修正的机会。澄清修正必须以书面形式提供。

对于相比其他投标超乎寻常的低报价(例如低于 30%),更应该给予仔细检查和澄清;投标人可能有合理的经济优势;投标人可能对工作范围有误解;投标人可能寄希望于将来提出进一步的要求而力图先中标。

(4) 评估的详细程序及考虑的因素。

评估的详细程序是根据项目的复杂性、项目的费用和风险程度决定的。复杂性、风险性较大的为重要项目投标书;复杂性、风险性较小的为次要项目投标书。

在评估重要项目时,要对投标书做全面详细的分析,因为重要项目风险也较大。风险一般分两类:在评估过程中对投标商了解不够细致而造成的风险;签订了一份"差"合同(或采购单)而造成的风险。

选错投标商造成的风险有:总的评标估价(包括投标报价和其他因素费用的总和)比

其他投标者高；中标的设备达不到项目的技术要求。

一份"差"合同（或采购单）造成的风险有：合同执行过程中将出现纠纷，对有关条款及调价、通货兑换率等要进行过多的谈判；今后需要过多的管理费用；发生违约事件时，对项目费用和进度可能造成损失；其他不可预见的损失。

评标的组织形式：

评估有较大风险的重要项目投标书，A公司认为有效的组织形式是组织专题评标组，这个组织由以下项目成员组成。

① 负责技术及工作事项的工程技术人员。
② 负责分析条款及条件、价格、进度的采购部人员。
③ 负责协调评估计划和编制预算比较费用或标底的财务计划部人员。
④ 负责协调设计人员实施有关事项的人员。

次要项目投标书的评估一般不需由技术、财务等部门参加组成评标小组，而由采购部门单独负责。评估方法是从最低报价的投标书开始，依次进行评估，直到找到可以接受的投标书为止。

评标的批准：

按照世界银行采购指南的规定，咨询公司的评标结果须报用户批准和经世界银行审查。根据项目的不同，按照事先与用户的协议，报批文件可以分如下两类。

① 建议书：包括哪些人参加了投标、获胜的投标商、投标承诺的金额。
② 推荐书：包括哪些人参加了投标、倾向于授予哪个投标商中标、推荐的理由（技术的、商务的、进度、估价）、请求批准的预定日期。

【例8.5】 某办公楼的招标人于2022年3月20日向具备承担该项目能力的甲、乙、丙3家承包商发出投标邀请书，其中说明，3月25日在该招标人总工程师室领取招标文件，4月5日14时为投标截止时间。该3家承包商均接受邀请，并按规定时间提交了投标文件。

开标时，由招标人检查投标文件的密封情况，确认无误后，由工作人员当众拆封，并宣读了该3家承包商的名称、投标价格、工期和其他主要内容。评标委员会委员由招标人直接确定，共由4人组成，其中招标人代表2人，经济专家1人，技术专家1人。

招标人预先与咨询单位和被邀请的这3家承包商共同研究确定了施工方案，经招标工作小组确定的评标指标及评分方法如下：

报价不超过标底（35 500万元）的5%者为有效标，超过者为废标。报价为标底的98%者得满分，在此基础上，报价比标底每下降1%，扣1分，每上升1%，扣2分（计分按四舍五入取整）。

定额工期为500 d，评分方法：工期提前10%为100分，在此基础上每拖后5 d扣2分。

企业信誉和施工经验得分在资格审查时评定。

上述4项评标指标的总权重分别为：投标报价45%；投标工期25%；企业信誉和施工经验均为15%。

各投标单位的有关情况见表8.2。

表 8.2　各投标单位的有关情况

投标单位	报价/万元	总工期/d	企业信誉得分	施工经验得分
甲	35 642	460	95	100
乙	34 364	450	95	100
丙	33 867	460	100	95

问题：

(1) 从所介绍的背景资料来看，该项目的招投标过程中有哪些方面不符合《招标投标法》的规定？

在该项目招投标过程中有以下几方面不符合《招标投标法》的有关规定，分述如下。

① 从 3 月 25 日发放招标文件到 4 月 5 日提交投标文件截止这段时间太短。根据《招标投标法》第二十四条规定：依法必须进行招标的项目，自招标文件开始发出之日起至投标人提交投标文件截止之日止，最短不得少于 20 d。

② 开标时，不应由招标人检查投标文件的密封情况。根据《招标投标法》第三十六条规定：开标时，由投标人或者其推选的代表检查投标文件的密封情况，也可以由招标人委托的公证机构检查并公证。

③ 评标委员会委员不应全部由招标人直接确定，而且评标委员会成员组成也不符合规定。根据《招标投标法》第三十七条规定：评标委员会由招标人的代表和有关技术、经济等方面的专家组成，成员人数为 5 人以上单数，其中技术、经济等方面的专家不得少于成员总数的 2/3。评标委员会中的技术、经济专家，一般招标项目应采取（从专家库中）随机抽取方式，特殊招标项目可以由招标人直接确定。本项目显然属于一般招标项目。

(2) 请按综合得分最高者中标的原则确定中标单位。各单位的各项指标得分及总得分见表 8.3～8.5。

表 8.3　报价得分表

投标单位	报价/万元	报价与标的的比例/%	扣分	得分
甲	35 642	35 642/35 500 = 100.4	(100.4 − 98) × 2 ≈ 5	95
乙	34 364	34 364/35 500 = 96.8	(98 − 96.8) × 1 ≈ 1	99
丙	33 867	33 867/35 500 = 95.4	(98 − 95.4) × 1 ≈ 3	97

表 8.4　工期得分表

投标单位	工期/d	工期与定额工期的比较	扣分	得分
甲	460	460 − 500 × (1 − 10%) = 10	10/5 × 2 = 4	96
乙	450	450 − 500 × (1 − 10%) = 0	0	100
丙	460	460 − 500 × (1 − 10%) = 10	10/5 × 2 = 4	96

表 8.5　企业总得分表

得分	甲	乙	丙	权重
报价得分	95	99	97	45%
工期得分	96	100	96	25%
业企业信誉得分	95	95	100	15%
施工经验得分	100	100	95	15%
总分	96	98.8	96.9	100%

由表 8.3、表 8.4、表 8.5 所得结果来看,乙企业是最终的中标企业。

8.3　项目合同管理

在项目的采购中,合同管理不仅是一种法律义务的履行,更是一种战略工具,它对项目采购过程具有显著的促进作用。项目合同管理通过明确界定供应商的责任、权利和义务,为采购活动提供了清晰的指导和保障。它确保了采购决策的合法性、合规性和透明度,从而降低了项目风险,提高了采购效率。

8.3.1　项目合同概述

项目合同是指项目执行机构与项目实施各个阶段提供货物、服务及工程的对方当事人之间缔结的合同。它进一步可以分为资本设备(包括专利、专有技术及商标的技术转让)、各种咨询服务与施工承包 3 类。按国际惯例,在同一项目中,除所有咨询服务合同需独立签订外,资本设备引进或采购中的技术转让合同也必须独立签订。合同确立项目执行机构与所有当事人之间的关系,规定采购的内容、双方的权利与义务。对合同双方当事人及合同定价的方式选择,取决于项目执行机构或融资机构的采购准则。

项目合同除了有一般合同的特点外,还具有以下特点。

(1) 合同涉及面广。

项目一般涉及各方面的项目当事人和项目联系人,同样合同的签订也涉及方方面面的当事人和关系人。

(2) 合同条款多。

由于项目的规模和复杂程度等原因,往往涉及的当事人、关系人较广,项目合同一般条款居多,还涉及许多例如变更、索赔等特殊的条款。

(3) 合同标的(物)的多样性。

凡属于项目规定的任何内容都可以成为项目合同的标的。

(4) 签订形式正规。

由于项目的标的(物)的金额一般都较为巨大,项目当事人和项目关系人之间的关系较为复杂,因此合同的签订必须采用书面形式,且要严格符合要求,一般不同的项目合同都形成了自己较为规范的合同文本。

在制订招标文件和合同文件时,一定要深思熟虑,字斟句酌,防止日后产生纠纷和索赔风险。

8.3.2 项目合同分类

在项目采购的过程中,可以根据采购货物或服务的具体情况和各种合同类型的适用情况进行权衡比较,从而选择最适合的合同类型。按照不同的标准,合同可以有不同的分类,在此我们仅对以下两类合同加以介绍。

(1) 总承包合同与分包合同。

根据合同内容的包含关系,可将项目合同分为总承包合同与分包合同。

总承包合同就是业主与承包商之间签订的合同;分包合同则是承包商在项目中标以后,将项目的部分承包给分包商,并与分包商签订的合同。这个分包合同的内容是总承包合同的组成部分,应该符合总承包合同的相关合同条款的规定。分包商只和总承包商发生合同关系,总承包商应就分包商的权利和义务向业主负责,当分包商违约时,业主只追究总承包商的违约责任。总承包合同与分包合同的优缺点详见表 8.6。

表 8.6 总承包合同与分包合同的优缺点比较

合同类型	优点	缺点
总承包合同	一个单位负责整个项目,责任集中,项目管理相对简化	依赖于一个单位的资源,风险相对集中,不能选择各种专业的公司
分包合同	可以利用多方资源 可以分散风险 可以选择各种专业的公司	责任分散 项目管理复杂

(2) 固定价格合同(总价合同)、成本补偿合同和单价合同。

按合同的计价方式不同,项目合同可分为固定价格合同(总价合同)、成本补偿合同和单价合同。

① 固定价格合同。固定价格合同是经项目组织和承包商协商,在合同中订立双方同意的固定价格作为今后结算的依据,而不考虑实际发生的成本是多少的合同。如果实际成本较低,对承包商有利,对项目组织不利;反之,如果实际成本较高,对项目组织有利,对承包商不利。固定按照这个成本签订合同,而不管承包商花费的实际金额,也不必多付超过固定价格的部分,但是承包商有可能只获得较低的利润。因此,签订这种合同,双方必须对产品成本的估计均有准确的把握。固定价格合同适用于技术不太复杂、工期不太长、风险不太大的项目,因为这种合同界定比较明确,超支的风险较低。

② 成本补偿合同。成本补偿合同是以承包商提供资源的实际成本加上一定的酬金(利润和管理费用)为结算价格的合同。成本补偿合同适用于那些不确定性因素较多、所需要资源的成本难以预测而又急于开工的项目。

成本补偿合同又可进一步细化为 3 种类型:成本加固定百分比酬金合同、成本加固定酬金合同和成本加奖励合同。

a. 成本加固定百分比酬金合同。此合同规定在双方同意的合理范围内,以实际成本为基础,加上按合同规定的成本利润率计算的酬金作为结算价格。例如,若承包商提供 A 产品的实际成本为 98 000(元),合同规定承包商的成本利润率为 14%,则 A 产品的结算价格 = 98 000×(1+14%) = 111 720(元)。由此看出,项目(或产品)的实际成本越高,承包商获利则越多,所以采用这种定价方法容易造成承包商故意抬高成本,项目组织蒙受损失的风险较大,故在实际工作中项目组织很少采用这种合同。

b. 成本加固定酬金合同。此合同规定的结算价格由实际成本和酬金两部分构成,实际成本实报实销,酬金则在合同中明确规定数额,与实际成本高低无关。相对于成本加固定百分比酬金合同来说,这种合同可以避免承包商故意抬高成本,降低项目组织的风险,也能保证承包商获得一定的利润,但其不足之处是不能促使承包商千方百计地节约成本。

c. 成本加奖励合同。合同双方预先约定一个目标价格(其中包括目标成本和目标利润)或价格上限,并约定当实际成本超过目标成本时,双方按合同规定的比例由项目组织和承包商双方共同分摊;实际成本低于目标成本时,也按合同规定的比例由项目组织和承包商双方共同分享。成本加奖励合同可以激励承包商想方设法降低成本。

③ 单价合同。单价合同指的是项目的价款直接根据承包商实际完成的工作量,结合事先拟定的清单进行结算的合同。单价合同的结算价格是承包商每单位产品付出的劳动与劳动单位价格的乘积。

这种项目合同对于项目采购活动的买方而言也具有较高的风险,因为不管是计时付费还是计件付费,如果没有准确的质量评价和绩效评估的标准与作业,是很难保证计时和计件付费的准确性和有效性的。特别是对于项目而言,多数项目是具有一次性、独特性和创新性的,因此很难事先确定它们的消耗定额和绩效评估标准,这样在采用单价合同时就难免出现损害合同买方利益的情况。因此这类项目的采购合同一般适用于那些工作内容比较固定、项目物资和劳务消耗定额以及绩效评价标准比较明确的采购工作。

8.3.3 合同主要内容

合同主要内容由双方当事人约定。通常有如下几方面的内容。

(1) 当事人的名称或者姓名和住所。

(2) 标的。

标的是当事人双方权利和义务共同指向的对象。标的的表现形式为劳务、行为、智力成果、项目等。

(3) 数量。

数量是衡量合同标的多少的尺度,以数字和计量单位表示。项目合同的数量主要体现的是项目任务的多少。

(4) 质量。

合同对质量标准的约定应当准确而具体。由于项目中的质量标准大多是强制性标准,当事人的约定不能低于这些强制性的标准。

(5) 价款或者报酬。

价款或者报酬是当事人一方交付标的另一方支付货币。合同中应写明结算和支付方法。

(6) 履行的期限、地点、方式。

履行的期限是当事人各方依据合同规定全面完成各自义务的时间。履行的地点是当事人交付标的和支付价款或酬金的地点。项目合同的履行地点是项目所在地。履行的方式是当事人完成合同规定义务的具体方法。

(7) 违约责任。

合同的违约责任是指合同的当事人一方不履行合同义务或者履行合同义务不符合约定时，所应当承担的民事责任。

(8) 解决争议的方法。

在合同履行过程中不可避免地会发生争议，为使争议发生后能够有一个双方都能接受的解决方法，应在合同中对此做出决定。解决争议的方法由高到低有和解、调解、仲裁和诉讼。

8.3.4 采购合同管理

1. 项目采购合同管理的定义

项目采购合同管理作为项目管理的一个组成部分，贯穿于项目管理的整个过程中。项目采购合同管理是确保承包商按照合同提供产品或者服务的过程。在大型项目中，采购合同管理包括为不同承包商提供沟通的渠道。与采购合同管理相关的项目管理过程包括项目计划执行、项目进展汇报、质量控制和变更控制等。

2. 项目采购合同管理的内容

(1) 对承包商工作的管理。

项目组织应该定时地以适当的方式对承包商的工作进行管理和监督，确保他们所提供的物料、工程和服务符合合同的要求。比如，项目组织可以派出一名相关技术专家实地考察承包商的生产情况，并监督、指导承包商的工作。

(2) 采购质量管理。

为了确保项目组织采购的物料、工程和服务的质量符合项目的要求，项目组织要按照合同的规定对承包商提供的物料、工程和服务的质量进行检查和验收。验收的主要方式包括：根据货物的样品进行验收、根据到达现场的实物进行验收、根据权威部门的鉴定结果进行验收。

(3) 采购合同变更管理。

在项目采购合同的执行过程中，可能会由于合同双方各自的原因或外部的各种不确定性因素，需要对合同的一些条款进行更改。合同的变更具有以下特征。

① 合同的变更会对对方的利益产生影响，因此双方必须协商一致。

② 合同的内容和条款发生了变动。

③ 合同变更后将产生新的权利、义务关系。

④ 合同的变更要按照规定的程序来进行。

(4) 解决合同纠纷。

项目采购合同在变更后，如果不能顺利执行，有时就会导致合同纠纷的出现。项目组织要对明确的和潜在的合同纠纷采取适当措施，尽可能避免合同纠纷发展成为法律争端。解决项目采购合同纠纷的主要方式有：

① 协商解决。合同双方当事人按照合同中有关解决纠纷的条款进行协商，相互谅解，为双方今后经济往来的继续和发展，相互都做出一些有利于解决纠纷的让步，最终达成和解协议。和解协议的优点是可以节省费用，并有利于双方合作的发展。但是如果所涉金额过大，双方都不肯让步，或一方故意违约，没有协商的诚意等，就必须进行调解、仲裁、诉讼。

② 调解解决。如果合同中没有规定解决纠纷的条款，则应通过双方都认可的第三方来进行调解。调解可在交付仲裁和诉讼前进行，也可在仲裁和诉讼过程中进行。经调解达成和解后，可不再求助于仲裁或诉讼。

③ 仲裁解决。合同双方当事人根据双方达成的书面协议，自愿把纠纷提交双方都同意的第三者依照一定的仲裁程序进行裁决，并制作仲裁裁决书。裁决结果对合同双方都具有约束力，但仲裁组织本身无强制执行的能力和措施。如果败诉方不执行裁决，胜诉方有权向法院提出申请，由法院要求败诉方执行。仲裁的结果是最终的，仲裁比诉讼简便，并且可节省费用。

④ 诉讼解决。诉讼指司法机关和案件当事人在其他诉讼参与人的配合下，为解决案件依法诉讼程序所进行的全部活动。根据所要解决的案件的不同性质，诉讼可分为民事诉讼、刑事诉讼和行政诉讼。当合同双方不能通过协商和调解来解决纠纷时，就只能通过诉讼由法院来解决纠纷。当事人在诉讼前应注意诉讼管辖地和诉讼时效等问题。

(5) 项目组织内部对合同变更的协调。

合同变更会对项目管理的其他方面产生影响，所以应该使项目组织都了解项目合同的变更，并且根据合同变更对项目带来的影响进行相应的调整。

(6) 支付管理。

项目组织在对承包商支付款项时，要按照合同规定的支付办法和承包商所提供的物料、工程和服务的数量和质量进行付款，并且对其实施严格的管理。一般来说，合同规定的支付方法有现金支付和转账支付：现金支付是针对小额价款结算的；转账支付是针对大额价款支付的，必须通过开户银行进行。

3. 合同管理的依据

(1) 签订的采购合同。

(2) 前期的工作结果。

包括承包商是否能够按照要求提供产品或者服务，产品满足的质量标准、规定的价格是否接受等。

(3) 变更要求。

包括对合同条款的修改要求、修改将要采购产品或者服务的说明。如果承包商不能够提供满意的产品，可以提出申请终止合同。

(4) 承包商清单。

承包商应该随时提交要求付款产品的清单。产品清单的内容、相关技术文件等都是合同的一个组成部分。

4. 合同管理的工具和方法

（1）合同变更控制系统。

合同变更控制系统定义了合同变更的过程，包括纸面文件过程跟踪、讨论记录、授权控制等。合同变更控制系统应该集成到项目的变更控制系统中。

（2）合同工作报告。

合同工作报告反映了承包商执行合同的情况，是项目工作报告的组成部分。

（3）支付系统。

合同支付实际上是由项目管理组织财务系统来执行的。只有在一些大型项目中，才建立单独的合同支付系统。无论是哪种情况，合同支付都需要项目团队的检查和确认。

5. 合同管理的结果

（1）信函。

在采购中，买卖双方关于合同内容和条件的沟通都需要有文字记录。

（2）合同变更。

合同变更的结果（同意或者不同意）都需要通过项目计划和项目实施来反馈，在合同变更后，项目计划需要更新。

（3）支付请求。

如果项目使用内部支付系统，只要注明"已付"。如果项目使用外部支付系统，则需要发出付款请求。

8.3.5 项目采购合同的终止

1. 合同收尾概述

项目组织和承包商按照合同履行完各自的义务后，合同就此终止。合同一旦签订就不能随意终止，但是当出现一些特殊情况时，合同可能提前终止。

（1）合同双方混同为一方，如承包商加入项目组织，这时合同就提前终止。

（2）合同由于不可抗力的原因提前终止，如一项建筑工程的用地被征用，导致项目终止，因此，采购合同也将提前终止。

（3）合同双方通过协商，解除各自的义务，如项目组织和承包商通过协商达成一致意见，承包商不再提供货物，项目组织也不继续付款，此时合同就终止了。

（4）仲裁机构或法院宣告合同终止，当合同纠纷交由仲裁机构或法院裁决时，合同被判决终止。

当采购合同已经完成或因故终止时，就需要进行项目采购合同收尾。

2. 项目采购合同收尾的依据

项目采购合同收尾的依据主要是合同文件，它泛指与合同双方有关的所有文件，主要包括：合同本身、合同的执行情况、申请和批准的合同变更、项目组织的支付记录和承包商的发货单等。

3. 项目采购合同收尾的工具和方法

采购审计是合同收尾的主要方法，采购审计是根据有关的法律和标准对从采购计划的编制到合同收尾的整个采购过程所进行的结构性审查。采购审计的目的在于确认项目组织采购过程中的成功和不足之处,以及是否存在违法现象,以便吸取经验和教训。

4. 项目采购合同收尾的结果

(1) 合同归档。

对项目采购过程中的所有合同文件要加以整理并建立索引记录,以便日后备查,它是整个项目记录的一部分。

(2) 正式验收和收尾。

对采购的工程、货物和服务进行最后验收,包括解决所有项目进展中遗留的合同问题,承包商的最终付款通常也同步进行,还要确认合同已经完成并且可以移交。负责合同管理的项目组织人员应该向承包商发出正式的文件,从而确认合同的终止。

8.3.6 项目合同的索赔

索赔是在项目承包合同履行中,当事人一方由于另一方未履行合同所规定的义务而遭受损失时,向另一方提出赔偿要求的行为。在工程承包市场上,一般称工程承包方提出的索赔为项目合同索赔,即由于业主或其他方面的原因,承包方在项目开展中付出了额外的费用或造成了损失,承包方通过合法途径和程序,通过谈判、诉讼或仲裁,要求业主偿还其在施工中的费用损失的过程。

索赔是一种正当的权利或要求,是合情、合理、合法的行为,它是在正确履行合同的基础上争取合理的偿付,不是无中生有,无理争利。索赔同守约、合作并不矛盾和对立,索赔本身就是市场经济中合作的一部分,只要是符合有关规定的、合法的或者符合有关惯例的,就应该主动地要求对方索赔。大部分索赔都可以通过协商谈判和调解等方式获得解决,只有在双方坚持己见而无法达成一致时,才会提交仲裁或诉诸法院求得解决,即使诉诸法律,也应当被看成遵法守约的正当行为。

1. 索赔的分类

(1) 按索赔的当事人进行分类。

按索赔的当事人进行分类,索赔可分为承包商同业主之间的索赔、承包商同分包商之间的索赔、承包商同供应商之间的索赔、承包商同保险公司之间的索赔等。

(2) 按索赔的目的进行分类。

按索赔的目的进行分类,索赔可分为工期索赔和费用索赔。工期索赔是指承包商向业主要求延长施工的时间,使原定的项目完成日期顺延一段时间。这样,承包商可以避免承担误期损害赔偿费。费用索赔是指承包商向业主要求补偿不应该由承包商自己承担的经济损失或额外开支,也就是取得合理的经济补偿。

(3) 按索赔的处理方式进行分类。

按索赔的处理方式进行分类,索赔可分为单项索赔和总索赔。单项索赔就是采取一事一索赔的方式,是针对某一干扰事件而提出的,即在每一索赔事项发生后,按索赔的正当程序向业主提出的索赔,不与其他的索赔事项混在一起,从而避免了多项索赔工作的相互影响与制约。总索赔就是对整个项目中所发生的数起索赔事项,综合在一起进行索赔,这样就大大增加了索赔工作的难度。在实际索赔工作中,我们一般采用前一种方式。

2. 索赔的依据

为了达到索赔的目的,要进行大量的索赔论证工作,来证明自己拥有索赔的权利,而且所提出的索赔金额要准确,依据要充分,即论证索赔权和索赔金额。索赔的依据主要有以下几个方面。

(1) 招标文件、合同及附件。

(2) 投标报价文件。

(3) 协议书及其附属文件。

(4) 往来信件、指令、通知答复等。

(5) 会议纪要。会议纪要在索赔中也十分重要。它包括标前会议纪要、协调会议纪要、进度变更会议纪要、技术讨论会议纪要、索赔会议纪要等。

(6) 计划及现场实施情况记录。

(7) 现场记录。

(8) 项目有关的照片及录像等。

(9) 项目材料采购、验收、使用等方面的凭据。

(10) 项目财务资料。主要是记录项目进度款每月支付申请表,工人劳动计时卡和工资单,设备、材料和配件采购单,付款收据,工程开支月报等。在索赔计价工作中,财务单证十分重要。

3. 索赔的程序

业主未能按合同约定履行自己的各项义务或发生错误以及应由业主承担责任的其他情况,造成工期延误和(或)承包人不能及时得到合同价款及承包人的其他经济损失,承包人可按下列程序以书面形式向业主索赔。

(1) 承包人应在知道或应当知道索赔事件发生后 28 d 内,向发包人提交索赔意向通知书,说明发生索赔事件的事由。承包人逾期未发出索赔意向通知书的,丧失索赔的权利。

(2) 承包人应在发出索赔意向通知书后 28 d 内,向发包人正式提交索赔通知书。索赔通知书应详细说明索赔理由和要求,并附必要的记录和证明材料。

(3) 索赔事件具有连续影响的,承包人应继续提交延续索赔通知,说明连续影响的实际情况和记录。

(4) 在索赔事件影响结束后的 28 d 内,承包人应向发包人提交最终索赔通知书,说明最终索赔要求,并附必要的记录和证明材料。

面对承包人的索赔,发包人应按下列程序进行处理。

(1) 发包人收到承包人的索赔通知书后,应查验承包人的记录和证明材料。

(2) 发包人应在收到索赔通知书或有关索赔的进一步证明材料后的 28 d 内,将索赔处理结果答复承包人,如果发包人逾期未做出答复,视为承包人索赔要求已被发包人认可。

(3) 承包人接受索赔处理结果的,索赔款项作为增加合同价款,在当期进度款中支付;承包人不接受索赔处理结果的,按合同约定的争议解决方式办理。

承包人未能按合同约定履行自己的各项义务或发生错误,给业主造成经济损失,业主也可按以上的时限向承包人提出索赔。双方在合同中对索赔的时限有约定的遵从其约定,无约定的协商处理。

4. 索赔报告的基本内容

索赔报告是向对方提出索赔要求的书面文件,业主及调解人和仲裁人是通过索赔报告了解和分析合同实施情况和承包商的索赔要求,并据此做出判断和决定的。所以索赔报告的表达方式对索赔的解决有重大影响。索赔报告应充满说服力、合情合理、有根有据、逻辑性强,能说服工程师、业主、调解人和仲裁人,同时它又应是有法律效力的正规的书面文件。在实际工作中,索赔文件通常有3个部分。

(1) 承包商或他的授权人致业主的信。

在信中简要介绍索赔要求、干扰事件经过和索赔理由等。

(2) 索赔报告正文。

在项目中对单项索赔,应设计统一格式的索赔报告,以使得索赔处理比较方便。

一揽子索赔报告的格式可以比较灵活,但实质性的内容一般应包括以下几方面。

① 题目。简洁地说明针对什么提出索赔。

② 索赔事件。叙述事件的起因(如业主的变更指令、通知等)、事件经过、事件过程中双方的活动,重点叙述我方按合同所采取的行为、对方不符合合同的行为或未履行合同责任的情况。要提出事件的时间、地点和事件的结果,并引用报告后面的证据作为证明。

③ 理由。总结上述事件,同时引用相应合同条文,证明对方行为违反合同或对方的要求超出合同规定,造成了该干扰事件,有责任对由此造成的损失做出赔偿。

④ 影响。说明上述事件对承包商的影响,而两者之间有直接的因果关系。重点围绕由于上述事件,成本增加和工期延长,与后面的费用分项的计算又应有对应关系。

⑤ 结论。由于上述事件的影响,承包商的工期延长和费用增加。通过详细的索赔值的计算,提出具体的索赔值。

(3) 附件。

报告所列举事实、理由、影响的证明文件和各种计算基础、计算依据的证明。

8.3.7 招投标案例分析

【例 8.6】 某建设项目在实施过程中发生了如下事件。

事件 1:该建设项目的业主提供了地质勘查报告,报告显示地下土质很好。承包商依此做了施工方案,但在基坑开挖过程中,开挖到设计深度仍未达到所要求的土层承载强度,承包商为此向业主提出设计变更,业主责成设计单位进行了设计变更,监理工程师据此发出了变更令,开挖深度加大,导致工期延长、费用增加。

事件 2:该工程按前期规定的总工期计划,应于某年某月某日开始现场搅拌混凝土。因承包商的混凝土搅拌设备迟迟不能运往工地,承包商决定使用商品混凝土,但被业主否决。而在承包合同中未明确规定使用何种混凝土。承包商不得已,只有继续组织混凝土搅拌设备进场,由此导致施工现场停工,工期拖延和费用增加。

事件3：该工程设备有地下室，属隐蔽工程，因而在建设工程合同中，双方约定了对隐蔽工程（地下室）的验收检查条款。规定：地下室的验收检查工作由双方共同负责，检查费用由业主承担。地下室竣工后，承包商通知业主检查验收，业主答复：因事务繁忙，由承包商自己检查出具检查记录即可。其后15 d，业主又聘请专业人员对地下室质量进行检查，发现没有达到合同规定的标准。

问题：

（1）对于事件1，承包商是否可以提出索赔要求？为什么？

（2）对于事件2，承包商是否可以提出索赔要求？并说明理由。

（3）对于事件3，承包商应如何处理？业主的事后检查费用应由谁负担？

（4）事件3中聘请的专业人员的费用应当由谁承担？为什么？

答案及分析：

（1）发包人承担。因为为承包商提供正确的图纸是业主的合同责任。

（2）承包商可以要求工期和费用索赔。因为合同中未明确规定一定要用工地现场搅拌的混凝土（施工方案不是合同文件），则商品混凝土只要符合合同规定的质量标准也可以使用，不必经业主批准。因为按照惯例，施工工程的方法由承包商负责。在不影响或为了更好地保证合同总目标的前提下，可以选择更为经济合理的施工方案，业主不得随便干预。在这一前提下，业主拒绝承包商使用商品混凝土，是一个变更指令，对此可以进行工期和费用索赔。但该项索赔必须在合同规定的索赔有效期内提出。当然承包商不能因为用商品混凝土而要求业主补偿任何费用。

（3）本事件的焦点在于隐蔽工程（地下室）建造完成后，发包方事后检查的费用由哪方承担的问题。按《合同法》规定，承包方在隐蔽工程竣工后，应通知发包方检查，发包方未按时检查，承包方可以停工。在本事件中，对于业主方不履行检查义务的行为，承包商有权停工待查，停工造成的损失应由业主方承担。但承包商未这样做，反而自行检查，并出具检查记录交予业主方后，继续进行施工。对此，双方均有过错，至于业主方的事后检查费用，则应视检查结果而定，如果检查结果是地下室质量未达到标准，因这一后果是承包商所致，检查费用应由承包商承担；如果检查质量符合标准，重复检查的结果是业主方未履行义务所致，则检查费用应由业主方承担。

（4）发包人承担。专家聘请过程中，谁聘任，谁负责。

课后习题

1. 项目的采购方式有哪几种？这几种采购方式的适用范围有什么区别？
2. 在项目采购管理中，你认为，最重要的管理工作是什么？为什么？
3. 简述询价采购的一般流程。
4. 简述项目招投标的基本流程。
5. 项目合同可以分为哪几种类型？
6. 简述索赔的基本流程。

第9章 项目风险管理

9.1 项目风险管理概述

因为项目的实施是一次性的、创新性的,涉及多种关系且是存在很多变数的复杂过程,所以在项目的实施过程中,存在着很大的不确定性,项目的这些特性决定了在项目的实施过程中存在各种各样的风险。如果不能很好地处理这些风险,就可能造成损失,因此,必须积极地开展项目风险管理,充分识别、度量和控制项目风险。

9.1.1 风险的含义

项目的立项、各种分析、研究、设计和计划都基于对未来情况(政治、经济、社会、自然等各方面)预测的基础上,基于科学的技术、管理和组织之上。而项目在实际实施及运行过程中,这些因素可能发生变化,在各个方面都存在着不确定性。这些变化会使原定的计划、方案受到干扰,使原定的目标不能实现。这些事先不能确定的内部和外部的干扰因素称为风险。

9.1.2 风险的特征

(1) 风险存在的客观性和普遍性。

风险是不以人的主观意志为转移并超越人们主观意识的客观存在,它在项目的整个寿命周期内都无时不有、无处不在。

(2) 某一具体风险发生的偶然性和大量风险发生的必然性。

任意一个具体风险的发生都是诸多风险因素和其他因素共同作用的结果,是一种随机的现象。个别风险的发生是偶然的、杂乱无章的,但对大量风险事故资料的观察和统计分析发现,其呈现明显的运动规律,这就使得人们可以用概率统计方法及其他现代风险分析方法来计算风险发生的概率及损失的程度。

(3) 风险的可变性。

在项目的整个过程中,各种风险的质和量都随项目的进行而发生变化,有些风险可以得到控制,有些风险会发生并得到处理,同时在项目的各阶段都可能产生新风险。

(4) 风险的多样性和层次性。

项目由于周期长、规模大、涉及范围广、风险因素多且种类繁杂,因此,在项目生命周期内面临多种多样的风险。由于各种风险因素之间的内在关系错综复杂,各种风险因素与外界因素之间交叉影响使风险显示出多层次性。

9.2 风险识别

项目风险识别是一项贯穿项目实施全过程的项目风险管理工作。这项工作的目标是识别和确定项目究竟有哪些风险,这些项目风险有哪些基本特性,这些项目风险可能会影响项目哪些方面等。

项目风险识别还应该识别和确认项目风险是属于项目内部因素造成的风险,还是属于项目外部因素造成的风险。

项目风险识别的主要工作内容包括如下几个方面。

① 识别并确定项目有哪些潜在的风险。
② 识别引起这些风险的主要影响因素。
③ 识别项目风险可能引起的后果。

9.2.1 风险识别过程

1. 收集数据或信息

(1) 项目环境方面的数据资料。

项目的实施和建成后的运行离不开与其相关的自然和社会环境。自然环境方面,如气象、水文、地质等对项目的实施有较大的影响;社会环境方面,如政治、经济、文化等对工程建设也有重要的影响。

(2) 类似项目的有关数据资料。

以前经历的项目的数据资料,以及类似项目的数据资料均是风险识别时必须收集的。收集内容包括过去建设过程中的档案记录、项目总结、项目验收资料、项目质量与安全事故处理文件,以及项目变更和索赔资料等。这些数据资料记载着项目质量、安全事故、索赔等处理环节的来龙去脉,对项目风险的识别极有价值。

(3) 项目的设计、施工文件。

设计文件规定了项目的结构布置、形式、尺寸,以及采用的材料、规程规范和质量标准等,对这些内容的改变均可能会带来风险。

2. 分析不确定性

(1) 不同建设阶段的不确定性分析。

项目建设有明显的阶段性,在不同建设阶段,不论是不确定事件的种类,还是其不确定程度均有很大的差别,应对不同阶段的不确定性分别进行分析。

(2) 不同目标的不确定性分析。

项目建设有进度、质量、费用、环境和安全目标,影响目标的因素既有相同点,也有不同点,需要从实际出发,对不同目标的不确定性做出较为客观的分析。

(3) 项目结构的不确定性分析。

不同的项目结构,其特点不同,影响因素也不相同,即使影响因素相同,其程度也可能有差别。

(4) 项目建设环境的不确定性分析。

项目建设环境是引起各种风险的重要因素,应对建设环境进行较为详尽的不确定性分析,进而分析由其而引发的项目风险。

3. 确定风险事件,并将风险归纳分类

在项目不确定性分析的基础上,进一步分析这些不确定因素引发项目风险的大小,然后对这些风险进行归纳分类。为风险管理的方便,首先,可按项目内、外部进行分类;其次,可按技术和非技术进行分类,或按项目目标分类。

4. 编制项目风险识别报告

有关风险事件的描述应该包括以下几方面。
(1) 已识别项目风险发生概率的估计。
(2) 项目风险可能的影响范围。
(3) 项目风险发生的可能时间、范围。
(4) 项目风险事件可能带来的损失。

9.2.2 风险识别方法

在项目风险管理过程中,风险识别是一个基础性的工作,其完成的效果直接影响到后续的风险管理成效。所以,进行风险识别时应力求识别出尽可能多的风险,要做好这一工作,可以借助一些技术和工具,以下分别予以说明。

1. 头脑风暴法

头脑风暴法是一种运用创造性思维、发散性思维和专家经验,通过会议的形式分析和识别项目风险的方法。

在典型的头脑风暴会议中,一些人围桌而坐。群体领导者以一种明确的方式向所有参与者阐明问题,然后成员在一定的时间内"自由"提出尽可能多的方案,不允许任何批评,并且所有方案都当场记录下来,留待稍后再讨论和分析。

常见的头脑风暴法可采取地毯式排雷方法,按照风险的性质,从自然风险、政治风险、法律风险、市场风险、技术风险、管理风险等领域依次深翻一遍,属于穷尽式思维。

开展头脑风暴最好选在会议室以外的非正式场合。例如,餐桌上、野外、沙龙中等环境,让参与者身心充分放松,解除约束,鼓励非逻辑性跳跃式思维。

2. 德尔菲法

德尔菲法是在20世纪40年代由赫尔姆(Helmer)和达尔克(Dalkey)首创,经过戈尔登(Gordon)和兰德公司进一步发展而成的。德尔菲这一名称源于古希腊有关太阳神阿波罗的神话,传说中阿波罗具有预见未来的能力。因此,这种预测方法被命名为德尔菲法。1946年,兰德公司首次用这种方法来进行预测,后来该方法被迅速地广泛采用。

(1) 德尔菲法的优点。

① 能充分发挥各位专家的作用,集思广益,准确性高。

② 能把各位专家意见的分歧点表达出来,取各家之长,避各家之短。

③ 德尔菲法能避免专家会议法的缺点(权威人士的意见影响他人的意见;有些专家碍于情面,不愿意发表与他人不同的意见,或者出于自尊心不愿意修改自己原来不全面的意见)。

(2) 德尔菲法的缺点:过程比较复杂,花费时间较长。

(3) 德尔菲法的具体实施步骤。

① 小组。按照项目所需要的知识范围确定专家。专家人数的多少,可根据预测项目的大小和涉及面的宽窄而定,一般不超过 20 人。

② 向所有专家提出所要预测的问题及有关要求,并附上有关这个问题的所有背景材料,同时请专家提出还需要什么材料,然后,由专家做书面答复。

③ 各位专家根据他们所收到的材料,提出自己的预测意见,并说明自己是怎样利用这些材料并提出预测值的。

④ 将各位专家第一次判断意见汇总,列成图表,进行对比,再分发给各位专家,让专家比较自己同他人的不同意见,修改自己的意见和判断。也可以把各位专家的意见加以整理,或请身份更高的其他专家加以评论,然后把这些意见再分发给各位专家,以便他们参考后修改自己的意见。

⑤ 将所有专家的修改意见收集汇总,再次分发给各位专家,以便做第二次修改。逐轮收集意见并向专家反馈信息是德尔菲法的主要环节。收集意见和信息反馈一般要经过三四轮。在向专家进行反馈的时候,只给出各种意见,但并不说明发表各种意见的专家的具体姓名。这一过程重复进行,直到每一位专家不再改变自己的意见为止。

⑥ 对专家的意见进行综合处理。

3. 核对表法

运用核对表法进行风险识别时,可以通过搜集历史上类似项目的资料及访问相关人员,对项目中可能出现的风险因素,或者成功的经验和失败的教训进行归纳、总结,并将这些资料列成表。识别人员根据这张表格的内容将当前项目的建设环境、建设特性、建设管理现状等与其进行比较,分析可能出现的风险。核对表法是一种依赖过去历史经验的风险识别方法,或在先前的项目管理中,或在其他类似项目的实践中。应该分类列出风险因素,表 9.1 为合伙人风险因素核查表。

表 9.1 合伙人风险因素核查表

风险	本项目情况
合作方目标不一致。合伙人对于合资或合营体的目的有不同的理解或解释	
要求发生变化。在项目进行过程中,合伙人的需要和风险发生变化,为了完成项目,合伙人之间的合作关系会变得越来越复杂	
合伙人之间的利益分歧,合资或合营体建立容易,持久难。如果组成合资或合营体的目的是分担项目的费用或风险,合伙人之间出现利益分歧的风险就大	

续表9.1

风险	本项目情况
应对风险的资金的准备。各合伙方往往对合资或合营体的风险估计不足,各合伙方在合资或合营体中要承担的风险比一般业务要大,但无经验的合伙人不能正确地估计这些风险	
合资或合营体的利益平衡。合资或合营体项目只是合伙人利益的一部分,各合伙人在合资或合营体中的利益不相同,合伙人的一些或全部利益可能会发生变化。例如,当他们看到其他市场上的新机会时,就会如此	
对待项目的态度不同。各合伙人在合资或合营的项目和风险方面经验不同,因此在向他们的代表授权时,他们的代表对项目的态度也就不同	

4. 系统分解法

系统分解法是项目风险识别中最常用的一种方法,其利用系统分解的原理将一个复杂的项目分解成比较简单、容易认识的子系统或系统元素,从而识别各子系统或系统元素造成的风险。图9.1为风险因素分解示意图。

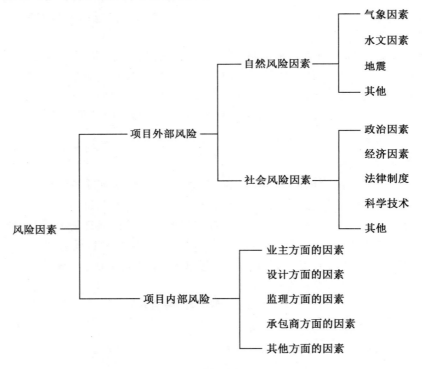

图9.1 风险因素分解示意图

5. 流程图法

项目流程图是给出一个项目的工作流程,以及项目各部分之间的相互关系等信息的图表,具体包括项目系统流程图、项目实施流程图和项目作业流程图等各种形式的和不同详细程度的项目流程图。

项目流程图法,即在项目流程图的每个模块中标识出属于此阶段的风险因素,从而按阶段找出整个项目的所有风险。运用这种方法也可以发现和识别项目风险可能发生在哪个环节,以及流程各环节对风险影响的大小。

6. 情景分析法

情景分析法是通过对项目未来的某个状态或某种情况(情景)的详细描述,分析所描绘情景中的风险与风险要素,从而识别项目风险的一种方法。

图 9.2 为情景分析法项目风险识别工作示意图,情景(对于项目未来某种状态或情况的描述)可以用图表或曲线给出,也可以用文字给出。对于涉及因素较多、分析计算比较复杂的项目风险识别,情景分析法可以借助于计算机完成。这种方法一般需要先给出项目情景描述,然后变动项目某个要素,再分析变动后项目情况变化以及可能的风险与风险后果等。

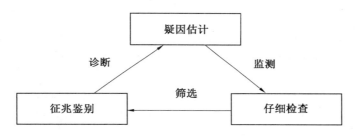

图 9.2　情景分析法项目风险识别工作示意图

7. 故障树法

故障树法是一种由上往下的演绎式分析法,用于确定复杂项目中特定风险事件的成因。它将故障的根本原因分解为多个促成因素,然后通过一种称为"故障树"的图形模型来表示。

9.3　风险的估计和评价

9.3.1　风险估计概述

1. 项目风险估计的内涵、流程与内容

(1) 项目风险估计的内涵。

项目风险估计是对项目各个阶段的风险事件发生的可能性的大小、可能出现的后果、可能发生的时间和影响范围的大小等所做的估计。

项目风险估计的作用,是为分析整个项目风险或某一类风险提供基础,并为进一步制订风险管理计划、风险评价,确定风险应对措施和风险监控提供依据。

（2）图 9.3 为项目风险估计的流程。

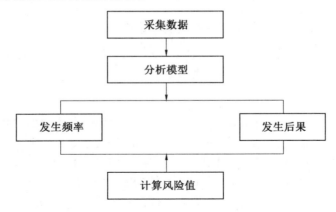

图 9.3　项目风险估计的流程

（3）项目风险估计的内容。

① 风险事件发生可能性的估计。风险事件发生可能性的估计是风险管理的首要任务，也是最困难的一项工作。主要原因有两个方面：一是和风险事件相关的数据收集相当困难；二是不同项目差异性较大，用类似项目数据预测当前项目的风险事件发生的概率，误差可能较大。

② 风险事件后果严重程度的估计。风险事件后果严重程度的估计，即项目风险事件可能带来损失的大小的估计。在项目实施的过程中，经常会遇到这样的情况：风险事件发生的概率不一定很大，但它一旦发生，其后果将十分严重。例如，在水利水电施工导流过程中，常用围堰进行挡水，当施工导流标准选得较高，即围堰漫水的风险较小时，围堰尺寸就较大，但一旦出现了超标准的洪水，围堰发生漫水，就是风险事件，当围堰漫水后就会给工程造成巨大的损失。

③ 风险事件影响范围的估计。包括分析风险事件可能影响的部位，或可能影响的方面和工作。在项目实施过程中，某些风险事件，其发生的概率和造成的后果都不是很大，如果发生，则会影响到项目的各个方面或许多工作，此时，有必要对其进行严格的控制。

④ 风险事件发生时间的估计有两方面的考虑。

a. 从风险控制角度看，根据风险事件发生的时间先后进行控制。一般情况下，较早发生的风险应优先采取控制措施，而对于较晚发生的风险，则可通过对其进行跟踪和观察，并抓住机遇进行调节，以降低风险控制成本。

b. 在项目实施中，对某些风险事件，完全可以通过时间上的合理安排，大大降低其发生的概率或减少其可能带来的损失。

2. 风险事件发生概率的估计方法

客观概率：风险事件的发生概率或概率分布应由历史资料和数据来确定。

主观概率：当人们没有足够的历史资料和数据来确定风险事件的发生概率或概率分布时，可以利用理论概率分布或主观概率进行风险估计。

（1）利用已有数据资料分析风险因素或风险事件的概率分布。

【例 9.1】 某公司拟承接一个项目，计划工期 16 个月，工期拖延数据统计表见表 9.2，项目管理人员想要知道工期拖延 3 个月的概率。

表 9.2 工期拖延数据统计表

数据分组区间 /%	组中值 /%	频数	频率 /%	累计频率 /%
−34 ~ −30	−32.5	0	0.00	0.00
−29 ~ −25	−27.5	2	2.78	2.78
−24 ~ −20	−22.5	1	1.39	4.17
−19 ~ −15	−17.5	3	4.17	8.34
−14 ~ −10	−12.5	7	9.72	18.06
−9 ~ −5	−7.5	10	13.89	31.95
−4 ~ 0	−2.5	15	20.83	52.78
1 ~ 5	2.5	12	16.67	69.45
6 ~ 10	7.5	9	12.5	81.95
11 ~ 15	12.5	8	11.11	93.06
16 ~ 20	17.5	4	5.56	98.62
21 ~ 25	22.5	0	0.00	98.62
26 ~ 30	27.5	1	1.39	100.01
31 ~ 35	32.5	0	0.00	100.01

由表 9.2 可知，工期拖延的相对值为 $3/16 \times 100\% = 18.8\%$，对应 18.8% 的概率为 5.56%，可得到工期拖延 3 个月的概率大约是 5.56%。

(2) 利用理论概率分布确定风险因素或风险事件的概率。

在项目实践中，有些风险因素或风险事件的发生是一种较为普遍的现象，前人已做过许多探索或研究，并得到了这些风险因素或风险事件的随机变化规律，即分布规律。对这种情况，就可利用已知的理论概率分布，根据项目的具体情况求解风险因素或风险事件发生的概率。

(3) 利用主观概率分析风险事件发生的概率。

由于项目具有明显的一次性和单件性，项目的可比性较差，风险来源和风险特性往往也存在很大差异，根本就没有或很少有可以利用的历史数据和资料。在这种情况下，项目管理人员就只能根据自己的经验估计风险事件发生的概率分布或概率数值，具体方法如下：

① 等可能法。在分析风险因素或风险事件发生概率时，若没有任何历史资料和数据，可认为各个自然状态出现的可能性是相等的，如果有 n 种自然状态，每种自然状态出现的概率为 $1/n$。这种方法又称为等可能法或拉普拉斯（Laplace）法。

② 统计估算法。若对自然状态的出现和具体情况有历史统计资料可参考，则可以通过统计计算，以各种状态在历史上出现的频率代替概率。

例如，某种决策问题中的自然状态有 m 种，每种状态在历史上出现的次数依次为 n_1，

$n_2, n_3, \cdots, n_m, n = n_1 + n_2 + n_3 + \cdots + n_m$,第 i 种自然状态出现的概率近似为 $P(x = Q_i) = n_i/n, i = 1, 2, 3, \cdots, m$。

③ 主观测验法。对于自然状态出现的概率，项目管理人员也可以用比较、试探的方法来估计，即为主观测验法。

令 Q 表示某种自然状态发生，$\bar{Q}$ 表示它不发生。

若 Q 比 $\bar{Q}$ 更易发生，则有 $P(x = Q) \geqslant 1/2$；此时再将 $(1/2, 1)$ 分成两段，分点是 $3/4$，让项目管理者认为后者成立；再把其分成两段，分点是 $5/8$，然后让项目管理者决定是接受 $P(x = Q) \geqslant 5/8$，还是接受 $1/2 \leqslant P(x = Q) \leqslant 5/8$。

依次类推，直到项目管理者对 $P(x = Q) = p$ 认可为止。

④ 专家估计法。由于个体对风险因素或风险事件发生的概率的判断可能主观性较大，因此，为避免个体行为的偏差，使估计结果更符合客观实际，常充分利用专家们的集体智慧，由专家们来确定风险因素或风险事件的发生概率。

专家估计法是请若干专家，分别对风险因素或风险事件发生概率做出估计，然后项目管理者加以综合，由于每位专家的学识、经历和经验不一，因此，每位专家对事物的认识会有差异，项目管理者对每位专家的信赖程度也不同，常给每位专家的意见赋予不同的权重，然后计算加权平均结果，作为对风险因素或风险事件发生概率的估计值。

(4) 综合推断法。

综合推断法是将已有数据与主观分析判断相结合的一种综合的项目风险发生概率的估计方法。综合推断法又可分为前推法、后推法和旁推法。

① 前推法。前推就是根据历史经验和数据来推断风险发生的概率。

② 后推法。无历史资料的情况下，由可能发生的原因推断结果，在时间序列上也就是由前向后推算。如以水灾为例，如果没有关于水灾的直接历史数据可查，可将水灾的概率与一些水文数据（如年降水量等）结合起来考虑。考虑到某一地区已有的或设计的排水条件，根据降水量的数据，估算出足以引起水灾的"假想的大雨"，再根据此假想大雨的概率，即可对水灾出现的可能性做出估计。

③ 旁推法。旁推法就是利用不同但类似的其他地区或项目的相关数据对项目进行外推。例如，可以收集一些类似地区的水灾数据以增加本地区的数据，或者使用类似地区一次大雨的情况来估计本地区水灾出现的可能性等。

9.3.2 风险评价概述

1. 项目风险评价的作用和步骤

(1) 项目风险评价的作用。

① 通过风险评价，以确定风险大小的先后次序。对项目中各类风险进行评价，根据其对项目目标的影响程度，包括风险出现的概率和后果，以确定它们的排序，为决定风险控制先后顺序和风险控制措施提供依据。

② 通过风险评价，确定各风险事件之间的内在联系。项目中各种各样的风险事件，看似互不相干，但详细分析后，便会发现某些风险事件的风险源是相同的或有着密切的

关联。

③ 通过风险评价，把握风险之间的相互关系，将风险转化为机会。例如，项目施工总承包与分项施工承包相比，存在较多的不确定性，即具有较大的风险。如对某些子项目没有施工经验，如果承包商把握机会，将部分不熟悉的施工子项目分包给某一个有经验的专业施工队伍，对总包而言，可能会获得更多的利润。当然也要注意，原认为是机会，在某些条件下也可能会转化为风险。

④ 通过风险评价，可进一步认识已估计的风险发生的概率和引起的损失，降低风险估计过程中的不确定性。当发现原估计与现状出入较大时，可根据项目进展现状，重新估计风险发生的概率和可能的后果。

(2) 项目风险评价的步骤。

① 确定项目风险评价标准。

② 确定评价时的项目风险水平。

③ 将项目单个风险水平和单个评价标准与整体评价标准和整体风险水平进行比较，进而确定它们是否在可接受的范围之内，或者考虑采取什么样的风险应对措施。

比较的结果有：a. 若整体风险不能接受，且主要的某些单个风险也不能接受时，则项目或项目的方案是不可行的；b. 若整体风险能被接受，且主要的某些单个风险也能被接受，则项目或项目的方案是可行的；c. 若整体风险能被接受，而不是主要的单个风险不能被接受，此时，对项目或项目的方案可做适当调整就可实施；d. 若整体风险能被接受，而主要的某些单个风险不能被接受，此时，就应从全局出发做进一步的分析，确认机会多于风险时，对项目或项目的方案可做适当调整再实施。

2. 项目整体风险水平

(1) 按项目目标风险的分类方法，分析实现项目整体目标的风险。

同一类型的风险，其属性相同。因此，通过运算，得到各目标的整体风险水平。例如，项目工期风险，是由完成各子项目时间的不确定而造成的，因此可以在进度网络计划的基础上，采用蒙特卡罗方法或其他方法分析项目的工期风险。

(2) 综合不同目标风险，得到项目整体风险水平。

不同目标的风险，一般而言，其属性是不一样的，做简单的算术运算没有实际意义。因此，需要采用其他一些数学方法进行处理，将各种目标的风险有机地综合起来，科学地描述项目的整体风险水平。

9.3.3 风险评价方法

目前常见的风险评价方法有多种，其中侧重于定性分析的有专家打分法和财务比率分析法等。侧重于定量分析的有模糊评估方法、数理统计法及敏感性分析等。定性与定量兼有的有层次分析法、CIM(公共信息)模型及蒙特卡罗方法等。下面对专家打分法和模糊评估方法进行介绍。

1. 专家打分法

专家打分法主要包括 3 部分的工作内容。

(1) 识别出项目可能遇到的所有风险,并列出风险表。

(2) 将列出的风险表提交给有关专家,利用专家的经验,对可能的风险因素的重要性进行评估。

(3) 收集专家对风险的评估意见,对专家的评估结果做计算分析,综合整个项目风险分析概况并确定出主要风险因素。

专家打分法的具体步骤如下。

(1) 针对风险识别的结果,确定每个风险因素的权重,以表征其对项目的影响程度。

(2) 确定每个风险因素的等级值,等级值按可能性大小分为很大、较大、一般、不大、较小 5 个等级,分别以 1.0、0.8、0.6、0.4 和 0.2 打分。当然,等级的划分反映了一种主观的判断,因此,等级数量的划分和赋值也可以根据实际的需要进行调整。

(3) 将每项风险因素的权重与相应的等级值相乘,求出该项风险因素的得分。得分越高的风险因素对项目影响越大。因此,在此基础上可以确定出主要风险因素。得分的计算公式为

$$r_i = \sum_{j=1}^{n} W_{ij} \times S_{ij} \times a_j \tag{9.1}$$

式中 r_i——风险因素 i 的得分;

W_{ij}——j 专家对风险因素 i 赋的权重;

S_{ij}——j 专家对风险因素 i 赋的等级值;

a_j——j 专家的权威性权重值;

n——参与打分的专家数。

(4) 将逐项风险因素的得分相加得出项目风险因素的总分,总分越高,风险越大。总分计算公式为

$$R = \sum_{i=1}^{n} r_i \tag{9.2}$$

式中 R——项目总风险得分;

r_i——风险因素 i 的得分;

n——风险因素的个数。

权威性权重值的设定主要考虑下列因素:

① 进行项目承包和项目管理工作的经验。

② 对项目投标的市场环境、社会环境、政治环境和经济环境等方面的了解程度。

③ 对有关项目实施的技术掌握程度。

④ 对风险管理方法的认识程度。

该权威性的取值一般为 0.5～1.0,1.0 代表专家的最高水平,其他专家取值可相应减少。

【例 9.2】 某承包商在投标前对项目风险进行分析,可应用专家打分法。风险调查打分表见表 9.3。

表 9.3 风险调查打分表

序号	风险因素	权重(W)	风险因素发生的可能性(C)					风险值(W×C)
			很大(1.0)	较大(0.8)	一般(0.6)	不大(0.4)	较小(0.2)	
1	项目资金不足	0.3						0.18
2	技术难度	0.15						0.09
3	工期紧迫	0.05						0.05
4	竞争情况	0.15						0.12
5	物价上涨	0.05						0.02
6	设备不足	0.05						0.02
7	工人资源	0.05						0.01
8	环境恶劣	0.1						0.04
合计		0.9						0.53

2. 模糊评估方法

(1) 模糊评估方法的步骤。

① 确定评估指标体系。在多因素的风险综合评估体系中，风险指标体系的建立是前提条件，也是整个评估体系的核心，风险因素指标的选取应结合风险的识别和单个风险因素的评估结果来进行。

② 建立风险因素集 U。在复杂的风险评估系统中，需要考虑的因素往往很多，因素还要分成若干层次，形成评估树状结构，对各层次的因素划分评估等级。各层次划分的评估等级数目应相同，上一层次与下一层次划分的评估等级要有一一对应的关系，以便数学处理运算，并确定各因子的隶属函数，求得各层次的模糊矩阵。

③ 确定影响因素的权重向量。建立了评估对象的多指标体系，就需要确定各评估指标的权重及因素重要程度系数。确定权重的方法，主要有德尔菲法、专家调查法和层次分析法等。

④ 建立隶属度。在普通集合理论中，任何一个元素或者属于某集合 U，或者不属于它。而在模糊集合理论中，由于存在着模糊性，论域中的元素对一个模糊子集的关系就不再是"属于"和"不属于"那么简单了，其对该模糊子集的隶属程度大小即为隶属度，取值范围为 $0\sim1$。

在进行模糊评估的时候，如何确立各个因素对应于各个评估等级的隶属程度的大小，是整个评估能否进行的关键。目前确定隶属函数的方法多数还处于研究阶段。现在，随机变量统计分析方法已经提供了一整套利用随机抽样逐步逼近研究随机事件不确定性的方法，而隶属函数的确定主要还停留在依靠经验、从实践效果中进行反馈、不断校正自己的认识来达到预定目标的阶段。

⑤ 根据隶属函数对方案各目标的影响因素建立模糊评估矩阵。

评估顺序为：首先进行最低层次的模糊综合评估，其次由最低层次的评估结果构成上一层次的模糊矩阵,再进行上一层次的模糊综合,自下而上逐层进行模糊综合评估。

⑥ 按照模糊数学的计算方法,得出最终的评估结果。在确定了评估指标体系和各评估指标的隶属函数和权重后,根据指标体系的特点确定模糊判断的算子,由下层指标复合成上层指标并据此得出评估结论。

(2) 模糊运算规则。

包括模糊集合的并运算、交运算和乘积运算等。

例如,设有模糊矩阵 R 和 S,则

$$R = \begin{bmatrix} 0.6 & 0.3 \\ 0.5 & 0.7 \end{bmatrix} \quad S = \begin{bmatrix} 0.8 & 0.2 \\ 0.5 & 0.6 \end{bmatrix}$$

$$R \cup S = \begin{bmatrix} 0.6 \cup 0.8 & 0.3 \cup 0.2 \\ 0.5 \cup 0.5 & 0.7 \cup 0.6 \end{bmatrix} = \begin{bmatrix} 0.8 & 0.3 \\ 0.5 & 0.7 \end{bmatrix}$$

$$R \cap S = \begin{bmatrix} 0.6 \cap 0.8 & 0.3 \cap 0.2 \\ 0.5 \cap 0.5 & 0.7 \cap 0.6 \end{bmatrix} = \begin{bmatrix} 0.6 & 0.2 \\ 0.5 & 0.6 \end{bmatrix}$$

模糊矩阵的乘积定义为

$$C = R \cap S = C_{ij} = \bigcup_k (r_{ik} \cap s_{kj})$$

$$R \cap S = \begin{bmatrix} (0.6 \cap 0.8) \cup (0.3 \cap 0.5) & (0.6 \cap 0.2) \cup (0.3 \cap 0.6) \\ (0.5 \cap 0.8) \cup (0.7 \cap 0.5) & (0.5 \cap 0.2) \cup (0.7 \cap 0.6) \end{bmatrix} = \begin{bmatrix} 0.6 & 0.3 \\ 0.5 & 0.6 \end{bmatrix}$$

9.4 风险决策

风险决策是指每个备选方案都会遇到几种不同的可能情况,而且已知出现每一种情况的可能性有多大,即发生的概率有多大,因此在依据不同概率所拟定的多个决策方案中,不论选择哪一种方案,都要承担一定的风险。事先应客观合理地分析建设项目的风险,并采取相应的措施以确保项目的实际收益能力。风险决策分析主要应用在经济效益不确定性的概率分析与方案选优时对方案经济效益的风险比较这两个方面。

9.4.1 项目风险决策框架

1. 确定决策问题

如项目决策人是谁、项目决策目标是什么、有哪些可供选择的方案、项目决策环境如何、采用什么决策方法等。

2. 后果分析

分析各种可供选择的方案实施后所付出的代价或带来的效益,或两者均分析。分析不同方案所付出的代价时,其计算口径要统一;衡量效益往往采用效用值指标,对不同方案也要求计算口径统一。

3. 不确定性分析

在工程项目风险管理决策中,当具有较多的客观资料时,一般尽可能采用这些客观资

料,通过对这些资料的分析,估计不同方案出现的概率;当缺乏客观数据时,经常采用主观概率。

4. 方案评价

由各方案估计的后果及相对应的发生概率,按一定准则评价各方案的优劣。

5. 灵敏度分析

首先,按一定的规则逐步改变决策模型中的有关参数,然后观察其对方案的影响幅度,直到改变方案的优劣次序为止。其次,找出各参数的最大偏差。显然,在此偏差范围内,选择的方案是不变的。因此,可用各参数分析得到的最大偏差和各参数实际可能的误差相比较,进而判断方案评价的可信度。

6. 灵敏度判断

通过灵敏度分析,发现有的参数发生较小变化时,方案优劣的次序就发生了变化,即为很灵敏,需要收集更多的信息进行分析研究;反之,则选定方案。

项目风险管理决策框架如图9.4所示。

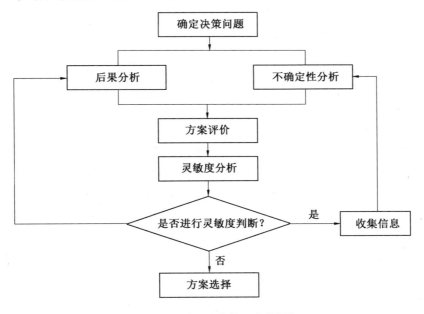

图9.4 项目风险管理决策框架

9.4.2 项目风险决策方法

1. 效用理论

(1) 基本概念。

效用一般是指人们由于拥有或使用某物而产生的心理上的满足程度。此处指决策者对待特定风险事件的期望值收益和期望损失所持的态度。效用代表决策人对待特定风险事件的态度,也是决策人胆略的一种反映。效用的量度称为效用值,无量纲,是0～1之间的数。

效用函数值是指决策人在某种条件下对不同的预期（损失或收益）值所具有的不同的效用值。

效用函数关系的曲线称为效用曲线，通常用横坐标表示期望值，用纵坐标表示效用值。效用曲线一般有3种基本类型，如图9.5所示。曲线 A 代表进取型决策人的效用曲线；曲线 B 代表中间型决策人的效用曲线；曲线 C 代表保守型决策人的效用曲线。

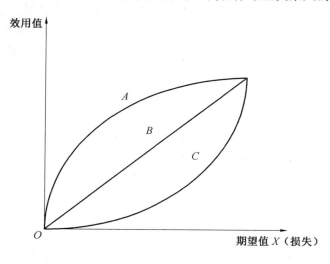

图 9.5 效用曲线

（2）等价性原理。

一个随机事件的效用等价于一个确定性事件的效用。假设一个随机事件存在两种可能结果，其效用分别为 U_1、U_2，一个确定性事件的效用为 U_c，则总存在某个概率 p，使得决策者对于以下两种决策结果的效用是相等的：确定无疑获得 U_c；以概率 p 获得 U_1，以概率 $(1-p)$ 获得 U_2。即

$$u = p \times U_1 + (1-p) \times U_2 \tag{9.3}$$

该结论可以推广到具有多种可能结果的随机事件，得到

$$u = \sum_{i=1}^{n} p_i u_i, i=1,2,\cdots,n \tag{9.4}$$

（3）效用曲线的确定。

效用值可以用问卷调查、询问和心理测试等方法获得。

① 依风险管理目标，假设以收益最大的效用值为1，以收益最小的效用值为0。

甲方案：以 0.5 的概率收益 120 万元，以 0.5 的概率损失 40 万元。

乙方案：以 1.0 的概率收益 25 万元。

设 $U(120)=1, U(-40)=0$。

② 提问决策者，看其认为哪个方案的效用大。如果决策者回答乙方案的效用大，则降低乙方案的收益值，再提相同问题；如果决策者回答甲方案的效用大，则提高乙方案的收益值，再提相同问题，直至决策者认为两个方案的效用一样。

如果当乙方案的收益值为 20 万元,决策者认为两个方案的效用相同,则 20 万元就是确定型方案的收益,依"等价性原理",该确定性事件的收益为 20 万元的效用为

$$U(20)=0.5\times1+0.5\times0=0.5$$

③ 在效用值 $U(20)=0.5$ 和效用值 $U(-40)=0$ 之间进行类似提问,求出以 0.5 的概率收益 20 万元,以 0.5 的概率损失 40 万元的随机事件对应的具有相同效用值的确定型事件,以及它的收益值和效用值。

④ 如果经调查,当以 1.0 的概率收益值为 -19 万元时,决策者认为与随机事件的效用一样,则 -19 万元就是确定型方案的损益值。

$$效用值\ U(-19)=0.5\times U(20)+0.5\times U(-40)=0.25$$

⑤ 依次类推,注意各点分布的均匀性,以便描绘效用曲线。

经过上述步骤,效用曲线的点越来越多,当点足够多时,就可以绘制出效用曲线。

用上述方法求出的效用曲线可以反映决策者对于各种损失或收益的效用值的大小。

【例 9.3】 面临火灾风险的建筑物,其最大可保损失为 100 万元,设其无不可保损失,风险管理者经过风险衡量,得到该建筑物的火灾损失分布见表 9.4。现已拟订处理火灾风险的备选方案有 3 个:一是完全自留;二是部分投保、部分自留,计划购买保额 50 万元,须付保险费 0.64 万元;三是完全投保,须付保险费 0.71 万元。试对此方案进行比较并做出决策。

表 9.4 某建筑物的火灾损失分布表

损失金额/万元	0	0.5	1	10	50	100
概率	0.8	0.1	0.08	0.017	0.002	0.001

根据题意,可以建立损失矩阵,见表 9.5。

表 9.5 损失矩阵表

	损失金额/万元	0	0.5	1	10	50	100
	概率	0.8	0.1	0.08	0.017	0.002	0.001
备选方案	完全自留	0	0.5	1	10	50	100
	部分投保、部分自留	0.64	0.64	0.64	0.64	0.64	50.64
	完全投保	0.71	0.71	0.71	0.71	0.71	0.71

为建立效用函数值表,先设最大可保损失的效用值为 1,无损失的效用值为 0,即 $U(100)=1,U(0)=0$,再用对比提问法求效用函数的其他有关值。

由公式 $U(x_1)+U(x_3)=2U(x_2)$ 出发,向决策者询问其主观偏好。

① 问:如果 $x_1=100,x_3=0$,那么 x_2 取何值时上式成立?

答:$x_2=60$,则 $U(60)=1/2(1+0)=1/2$。

② 问:如果 $x_1=60,x_3=0$,那么 x_2 取何值时上式成立?

答:$x_2=40$,则 $U(40)=1/2(1/2+0)=1/4$。

③ 问:如果 $x_1=40, x_3=0$,那么 x_2 取何值时上式成立?
答:$x_2=20$,则 $U(20)=1/2(1/4+0)=1/8$。
④ 问:如果 $x_1=20, x_3=0$,那么 x_2 取何值时上式成立?
答:$x_2=12$,则 $U(12)=1/2(1/8+0)=1/16$。

以此类推,可以得到效用函数值表,见表 9.6。

表 9.6 效用函数值表

损失/万元	效用值 U	损失/万元	效用值 U
100	1	1	1/128
60	1/2	0.8	1/256
40	1/4	0.7	1/512
20	1/8	0.6	1/1 024
12	1/16	0.5	1/2 048
8	1/32	0	0
3	1/64		

计算各方案损失效用的期望值。

方案一:完全自留

$$U(0)=0$$

$$U(0.5)=\frac{1}{2\,048}$$

$$U(1)=\frac{1}{128}$$

$$U(10)=U(8)+\frac{10-8}{12-10}[U(12)-U(8)]=\frac{1}{32}+\frac{2}{4}\times\left(\frac{1}{16}-\frac{1}{32}\right)=\frac{3}{64}$$

$$U(50)=U(40)+\frac{50-40}{60-40}[U(60)-U(40)]=\frac{1}{4}+\frac{1}{2}\times\left(\frac{1}{2}-\frac{1}{4}\right)=\frac{3}{8}$$

$$U(100)=1$$

方案一的损失效用期望值为

$$U(M_1)=0\times0.8+\frac{1}{2\,048}\times0.1+\frac{1}{128}\times0.08+\frac{3}{64}\times0.017+$$

$$\frac{3}{8}\times0.002+1\times0.001=0.003\,22$$

方案二:部分投保、部分自留

$$U(0.64)=U(0.6)+\frac{0.64-0.6}{0.7-0.6}[U(0.7)-U(0.6)]$$

$$=\frac{1}{1\,024}+\frac{0.04}{0.1}\times\left(\frac{1}{512}-\frac{1}{1\,024}\right)=0.001\,367$$

$$U(50.64)=U(40)+\frac{50.64-40}{60-40}[U(60)-U(40)]$$

$$=\frac{1}{4}+\frac{10.64}{20}\times\left(\frac{1}{2}-\frac{1}{4}\right)=\frac{383}{1\,000}=0.383$$

方案二的损失效用期望值为
$$U(M_2) = 0.001\,367 \times 0.8 + 0.001\,367 \times 0.1 + 0.001\,367 \times 0.08 +$$
$$0.001\,367 \times 0.017 + 0.001\,367 \times 0.002 + 0.383 \times 0.001$$
$$= 0.001\,75$$

方案三：完全投保
$$U(0.71) = U(0.70) + \frac{0.71 - 0.70}{0.80 - 0.70}[U(0.80)]$$
$$= \frac{1}{512} + \frac{0.01}{0.1} \times \left(\frac{1}{256} - \frac{1}{512}\right) = \frac{11}{5\,120} = 0.002\,15$$

方案三的损失效用期望值为
$$U(M_3) = 0.002\,15 \times 1 = 0.002\,15$$

经比较可知：$U(M_2) < U(M_3) < U(M_1)$。

因此，方案二即"部分投保、部分自留"为最佳方案。值得指出的是，如果按照损失期望值分析法，则方案一"完全自留"为最佳方案，因为这种方案的损失期望值最小。这说明不同的决策方法（即选择不同的决策标准）将有不同的决策结果，也说明决策者个人的风险偏好对决策的影响之大。同时还可以看到，如果采用不同的效用函数，即不同的决策者，其决策结果也不同。

2. 风险型决策方法

连续型变量的风险型决策方法是解决连续型变量，或者虽然本身是离散型变量但可能出现的状态数量很大的决策问题的方法。连续型变量的风险型决策方法可以应用边际分析法和标准正态概率分布等进行决策。

（1）基本概念。
① 边际利润。指存有并卖出追加单位产品所得到的利润值。
② 期望边际利润。指边际利润乘以其中追加产品能被卖出的概率。
③ 边际损失。指存有追加单位产品而卖不出去所造成的损失值。
④ 期望边际损失。指边际损失乘以其中追加产品卖不出去的概率。

（2）边际分析法的应用。
边际分析法即令期望边际利润等于期望边际损失，求出转折概率，根据转折概率对应结果进行决策。

（3）应用标准正态概率分布进行决策。
设有一生产销售问题的风险型决策，如果满足下列两个条件，即该决策问题的自然状态（市场需求量）为一连续型的随机变量 x，其概率密度为 $f(x)$；备选方案 $d_1, d_2, \cdots, d_m$ 分别表示生产（或存有）数量为 $1, 2, \cdots, m$ 单位的某种产品或商品。那么，该风险型决策取得最大期望利润值的方案 d_k，其所代表生产（存有）的单位产品数量（最佳方案）由下式决定

$$(a+b) \int_k^{+\infty} f(x) dx = b \tag{9.5}$$

式中　　a——边际利润值，即生产并卖出一追加单位产品所获得的利润值；

b—— 边际损失值,即存有一追加单位产品而卖不出去所造成的损失值。

3. 马尔科夫决策方法

马尔科夫决策方法就是根据某些变量的现在状态及其变化趋势,来预测它在未来某一特定期间可能出现的状态,从而提供某种决策的依据。马尔科夫决策的基本方法是用转移概率矩阵进行预测。

(1) 转移概率矩阵及其决策特点。

转移概率矩阵模型为

$$\boldsymbol{p}^{(k)} = \begin{bmatrix} p_{11}^k & p_{12}^k & \cdots & p_{1n}^k \\ p_{21}^k & p_{22}^k & \cdots & p_{2n}^k \\ \vdots & \vdots & & \vdots \\ p_{m1}^k & p_{m2}^k & \cdots & p_{mn}^k \end{bmatrix} \tag{9.6}$$

式中　　p_{ij}—— 概率值;

$\boldsymbol{p}^{(k)}$—— 转移概率矩阵。

转移概率矩阵的特点:转移矩阵中的元素非负,即 $p_{ij} \geqslant 0$;矩阵各行元素之和等于1,即 $\sum_{1}^{n} p_{ij} = 1$。

用马尔科夫决策方法进行决策的特点如下。

① 转移概率矩阵中的元素是根据近期市场或顾客的保留与得失流向资料确定的。

② 下一期的概率只与上一期的预测结果有关,不取决于更早期的概率。

③ 利用转移概率矩阵进行决策,其最后结果取决于转移矩阵的组成,不取决于原始条件,即最初占有率。

(2) 转移概率矩阵决策的应用步骤。

① 建立转移概率矩阵。

② 利用转移概率矩阵进行模拟预测。

③ 求出转移概率矩阵的平衡状态,即稳定状态。

④ 应用转移概率矩阵进行决策。

4. 决策树方法

(1) 决策树的基本原理。

决策树是利用概率和期望值的概念,采用形象的树状结构描述风险型问题,以期望损益值最优作为决策原则的决策方法。

决策树的起点是决策点,用矩形表示。从矩形方框引出的分枝称为方案枝,每一个方案枝代表一种可选的方案。各方案枝末端的圆圈称为状态点(也称为随机状态点),表示一种客观状态。在状态点引出的分枝则是概率枝。

决策树的基本结构如图9.6所示。

(2) 决策树方法的应用步骤。

① 画决策树。将某个风险型决策问题的可能情况和可能结果,用树形图的形式反映出来,画决策树的过程是从左向右。

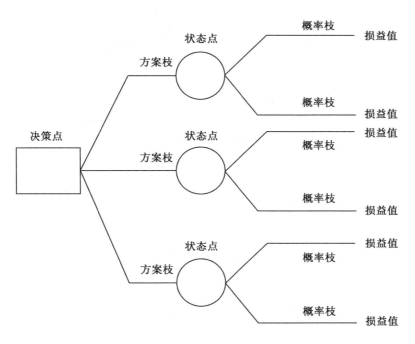

图 9.6 决策树的基本结构图

② 预测状态发生的概率。状态概率值的确定,可以凭借决策人员的估计或者历史统计资料的推断。

③ 计算损益值。在决策树中由末梢开始从右向左顺序推算,根据结果点的损益值和相应的概率值算出每个策略的期望损益。如果决策原则是收益最大,那么取期望值的最大值。反之,取最小值。

【例 9.4】 某项目适合某承包人投标,承包人根据企业经营状况,决定只选其中一个项目投标,或两个项目均不投标。根据经验,承包人又采用高报价和低报价两种方案。因此,存在 5 种方案,不同方案的可得利润和出现的概率见表 9.7。此外,若不中标,投甲标将损失 5 万元,投乙标将损失 10 万元,无法得到补偿。试用决策树法做出方案决策。

表 9.7 不同方案的利润和概率值表

方案	利润/万元	概率	方案	利润/万元	概率
甲高	500	0.3	乙高	700	0.3
	100	0.5		200	0.5
	−300	0.2		−300	0.2
甲低	400	0.2	乙低	600	0.3
	50	0.6		100	0.6
	−400	0.2		−100	0.1
不投	0	1.0			

该方案决策的步骤如下。

① 绘制决策树。根据条件,投标决策树如图 9.7 所示。

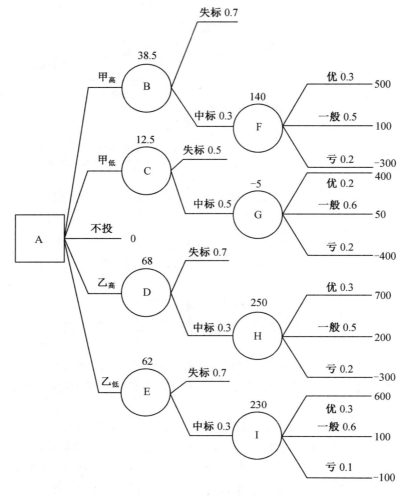

图 9.7　投标决策树

② 将状态概率和损益值填入决策树中的相应位置。

③ 计算损益期望值,并将计算结果写在状态点上方。从图 9.7 右边的各状态点 F、G、H 和 I 开始计算。

例如,状态点 F 的损益期望值为:E(F)=0.3×500+0.5×100+0.2×(−300)=140(万元)。

同理,可得到 G、H 和 I 各状态点的损益期望值,并标在图中相应位置。在 F、G、H 和 I 各点损益期望值计算的基础上,计算图 9.7 左边列 B、C、D 和 E 各状态点的损益期望值,方法同前。结果表明:方案乙$_{高}$ 的损益期望值最大;方案甲$_{低}$ 的损益期望值最小。

④ 确定一个合理的判断准则,比较各损益期望值的大小,选择投标方案。本例中损益期望值最大为最优方案准则。因此,选定乙项目,且投高标。

9.5 项目风险应对与监控

通过对项目风险的识别、估计、评价,风险管理者应该对其存在的种种风险和潜在损失等有了一定的了解。在此基础上,项目风险管理者需要进一步做的工作是编制一个切实可行的风险应对计划,然后在规避、转移、缓解、接受和利用风险等众多应对策略中,选择行之有效的策略,并寻求既符合实际,又会有明显效果的具体措施,力图使风险转化为机会或使风险所造成的负面效应降到最低的限度。

9.5.1 项目风险应对概述

1. 项目风险应对计划

风险应对计划是一个制订应对风险策略(或方案)和应对措施的过程,目的是增加实现项目目标的机会,降低对其有威胁事件发生的概率。

(1) 编制项目风险应对计划的依据。

① 项目风险管理计划和风险清单。风险管理计划包括风险管理方法、岗位划分和职责分工、风险管理费用预算等;风险清单一般应包括的内容有不同风险事件发生的可能性、风险事件发生后对项目目标的影响等。

② 项目风险的特性。项目应对措施主要是根据风险的特性制订的。例如,对把握程度不同的风险,即对风险信息完备程度不一的风险就要采用不同的应对措施。

③ 项目主体抗风险能力。项目主体能够承受多大的项目风险,这也直接影响到项目主体对于项目风险应对措施的选择。项目主体抗风险能力包括许多因素,既包括项目管理者承受风险的心理能力,也包括项目主体能够提供资源(包括资金)的能力等。

④ 项目风险详细分析资料。包括项目风险因果分析资料、风险的最大损失值和项目风险发展趋向分析资料等。

⑤ 可供选择的风险应对措施。对于某一具体风险,有哪些可供选择的风险应对措施,以及选择某种应对措施的可能性,这是制订风险计划的一项重要工作。如果对某一风险只有一种应对措施,则制订风险应对措施就很简单,但如果存在多种选择,则情况就不同了,有必要通过比较,选择最有效的方案去应对风险。

(2) 项目风险应对计划的内容。

项目风险应对计划是项目风险应对措施和项目风险控制工作的计划与安排,是项目风险管理的目标、任务、程序、责任和措施等内容的全面规划,其内容具体包括以下几方面。

① 项目中对已识别风险的描述,包括项目分解、风险成因以及对项目目标的影响等。

② 项目风险承担人及其应分担的风险。

③ 风险分析及其信息处理过程的安排。

④ 针对每项风险,所有应对措施的选择和实施行动计划。

⑤ 采取措施后,期望残留风险水平的确定。
⑥ 风险应对的费用预算和时间计划。
⑦ 处置风险的应急计划和退却计划。

2. 项目风险应对策略

常用的风险应对策略和措施有风险规避、风险转移、风险缓解、风险自留和风险利用,以及这些策略的组合。

对某一项目风险,可能有多种应对策略或措施;对于同一种类型的风险问题,不同的项目主体采用的风险应对策略或应对措施可能不一样。因此,从理论上来说,需要根据项目风险的具体情况和风险管理者的心理承受能力,以及抗风险的能力来确定项目风险应对策略及应对措施,见表 9.8。

表 9.8 风险类型和应对策略及应对措施

风险类型		应对策略	应对措施
设计风险	设计缺陷或忽视	风险自留	索赔
自然环境风险	对材料、设备的损坏	风险控制	加强保护措施
	造成人员伤亡	风险转移	购买保险
	火灾	风险转移	购买保险
	洪灾	风险转移	购买保险
	地震	风险转移	购买保险
	泥石流	风险转移	购买保险
社会环境风险	法律、法规变动	风险自留	索赔
	战争和内乱	风险转移	购买保险
	没收	风险自留	运用合同条件
	禁运	风险控制	降低损失
	宗教节日影响	风险自留	预留损失费
	社会风气影响	风险自留	预留损失费
	污染及安全规则约束	风险自留	预留损失费
经济风险	通货膨胀	风险自留	执行价格调值投标时考虑应急费用
	汇率浮动	风险转移、风险自留、风险利用	投保汇率险、合同中规定汇率保值、市场调汇
	项目资金无保证	风险规避	放弃项目

续表9.8

风险类型		应对策略	应对措施
过程风险	恶劣的自然条件	风险自留	索赔、预防措施
	劳务争端或内部罢工	风险自留、风险控制	预防措施
	现场条件恶劣	风险自留、风险转移	改善现场条件、投保第三者险
	工作失误	风险控制、风险转移	严格规章制度、投保全险
	设备毁损	风险转移	购买保险
	工伤事故	风险转移	购买保险

9.5.2 项目风险规避

1. 风险规避的内涵

风险规避就是通过变更项目计划,消除风险或消除风险产生的条件,或者保护项目的目标不受风险的影响。

风险规避的方式有两种:① 规避风险事件发生的概率;② 规避风险事件发生后可能产生的损失。

2. 风险规避的方法

(1) 终止法。

终止法是规避风险的基本方法,是通过终止(或放弃)项目或项目计划的实施来避免风险的一种方法。例如,某项目在经过可行性分析后,若发现在实施该项目后会面临较大的经济风险,此时立即停止该项目的实施,并放弃这一项目的计划,这样就能从根本上避免更大的风险损失。

(2) 程序法。

程序法是无形的风险规避的方法,其要求用标准化、制度化、规范化的方式从事项目活动,以避免可能引发的风险或不必要的损失。

(3) 教育法。

项目风险管理的实践表明,项目管理人员和操作人员的行为不当是引起风险的重要因素之一。因此要避免项目风险,应对项目建设参与人员广泛开展教育,提高大家的风险意识,这是避免项目风险的有效途径之一。教育的内容一般包括经济、技术、管理、质量和安全等方面。

3. 风险规避的局限性分析

风险规避是应对风险的一种行之有效的策略,但并不是在任何条件下均可采用,其也有一定的局限性,主要表现在以下几方面。

(1) 在项目管理的某些条件下,规避风险会丧失机会或阻碍创新。

(2) 在项目实施中,风险规避的策略有时不太现实。

(3) 风险规避策略的选择受到信息不完整的制约。

(4) 在项目实施中,风险规避策略实际上不可能完全回避风险,当前的风险避免了,新的风险可能又会出现。

9.5.3 项目风险转移及缓解

1. 风险转移的内涵

风险转移是设法将某风险的结果连同应对风险的权利和责任转移给他方。转移风险仅将风险管理的责任转移给他方,并不能消除风险。

2. 项目风险转移的方式和分类

项目风险转移的方式有保险风险转移和非保险风险转移两种。

保险风险转移是指项目可能会遇到的某些类型的风险转移给营利性质的保险公司来承担。

项目的业主或承包人常采用的非保险风险转移方式有:项目联合投标(或承包)、项目担保或履约保证、项目分包、选择项目合同的计价方式、利用合同条件的拟定或变更等。

3. 风险缓解的内涵

项目风险缓解又称减轻风险,是指将项目风险的发生概率或后果降低到某一可以接受程度的过程。风险缓解既不是消除风险,也不是避免风险,而是减少风险,包括减少风险发生的概率或控制风险发生后带来的损失。

4. 风险缓解的措施

风险缓解的措施主要包括降低风险发生的可能性、控制风险损失、分散风险和采取一定的后备应急措施等。

(1) 降低风险发生的可能性。

采取各种预防措施,降低风险发生的可能性是风险缓解的重要途径。例如,生产管理人员通过加强安全教育和强化安全措施,来减少安全事故发生的概率;施工承包商通过提高质量控制标准和加强质量控制,来防止项目质量不合格以及由质量事故而引起的返工或罚款。

(2) 控制风险损失。

控制风险损失是指在风险损失不可避免的情况下,通过各种措施以遏制损失继续扩大或限制其范围扩大。例如,业主在确信承包商无力继续实施其委托的项目时,决定立即撤换该承包商;施工安全事故发生后,立即采取紧急救护措施;在建筑项目中,当出现雨天无法进行室外施工时,尽可能地安排各种人员从事室内作业;项目投资人严格控制内部核算,制订各种资金运作方案等,都是为了达到减轻风险损失的目的。

(3) 分散风险。

分散风险是指通过增加风险承担者,以达到减轻总体风险压力的目的,这是缓解风险的有效措施之一。例如,采用联合体投标方式以转移风险,对于大型项目,为了在激烈的投标竞争中取胜,一些承包商往往相互联合组成一个临时性的联合承包组织,以发挥各承包商的优势,增加竞争实力。一旦失标,对某一个投标人而言,失标的风险并不需要其一人承担,从而对风险做了分散。

(4) 采取一定的后备应急措施。

风险发生后,若事先考虑了后备应急措施,则风险的损失将会受到遏制,对项目目标的实现不会造成太大的影响。项目风险管理中的后备应急措施包括进度、质量、费用环境和安全等方面。

9.5.4 项目风险自留及利用

1. 风险自留

项目风险自留也称风险接受,是一种由项目主体自行承担风险后果的风险应对策略。这种策略并非意味着项目主体不能改变项目计划去应对某一风险,或项目主体不能找到其他适当的风险应对策略,而采取的一种应对风险的方式,恰好相反,其完全是可以通过保险或非保险等方式处置风险,但出于经济性和可行性的考虑,将风险自留。

采用风险自留应对措施时,一般需要准备一笔费用,一旦风险发生,便将这笔费用用于损失补偿,如果损失不发生,则这笔费用即可节余。

在项目风险管理中,可将风险自留分为主动风险自留和被动风险自留。

(1) 主动风险自留。

主动风险自留是指项目风险管理者在识别风险及其损失,并权衡了其他处置风险技术后,主动将风险自留作为应对风险的措施,并适当安排了一定的财力准备。主动风险自留的特点:已经把握了风险及其可能的后果,并比较了其他处置方式的利弊,是在不愿意采用其他处置方式后做的选择。从风险管理的角度看,若能直接用于处置风险事件,其是较经济的。但要注意到,这种方式的应用条件是对风险发生的可能性和损失后果应充分把握,并不能超过项目主体的风险承受能力。

(2) 被动风险自留。

被动风险自留是指没有充分识别风险及其损失的最坏后果,没有考虑到其他处置风险措施的条件下,不得不由自己承担损失后果的处置风险的方式。显然,被动风险自留是不可取的,其没有任何准备,包括风险管理者心理上的准备,以及应对风险财力和物力上的准备。

2. 风险利用

应对风险不仅只是回避、消除风险,或减轻风险的负面影响,更高层次的应对措施是利用风险。由风险的定义可知,风险是一种潜在的可能性,是一种消极的后果。事实上,这一定义也不是绝对的,其有一定适用范围和适用条件,并不是所有类型的风险都是消极的,而其中有些风险只要正确处置还是可以利用的,这就是所谓的风险利用。在项目风险管理中,一般而言,具有投机性质的风险经常可以被利用。

9.5.5 制订应对措施所形成的成果

1. 项目风险管理计划及其说明

项目风险管理计划及其说明包含以下内容。

(1) 项目风险识别和风险度量结果的说明。

（2）项目风险控制责任分配的说明。
（3）如何更新项目风险清单，以及风险度量结果的说明。
（4）项目风险管理计划的实施说明。
（5）项目应急费用（预备费用）分配和使用等方面的说明、计划或安排。
（6）项目风险监视方案说明，以及项目风险监视责任分配说明等。

2. 残留风险和二级风险分析及其处置

（1）残留风险。

残留风险是指在采取规避、转移、缓解等应对措施后仍保留的风险，也包括被接受和处置过的风险。对每一风险事件，在考虑采取风险规避、风险转移、风险缓解和风险利用等应对措施时，均应对可能出现的残留风险进行分析，并在费用预算和时间安排上适当考虑应对方法加以处置。

（2）二级风险。

二级风险是指在采取规避、转移、缓解等应对措施时产生的新风险。对项目风险采取应对措施后，常常改变了项目环境或资源供应条件，产生二级风险的可能性是很大的。对二级风险，应引起足够的重视。由于采取规避措施而产生的二级风险，在性质上与一级原发风险可能有差别，风险的大小也不好把握。应认真对这类风险加以识别和评价，并做好应对计划。

3. 项目风险应急计划

项目风险应急计划是假定风险事件肯定发生的条件下，所确定的在项目风险事件发生时所实施的行动计划。该计划主要包括项目预备费计划和项目技术措施后备计划。

4. 落实风险责任

项目风险应对措施确定后，要进一步落实有关各方在特定风险发生时所应承担的责任。对项目内部各部门，要明确职责分工；对合约方，要明确双方或多方在保险、服务或其他问题上的相应责任，以减轻承担风险的压力。

9.5.6　项目风险监控

1. 风险监控的内容

风险管理计划实施后，人们的风险控制行动必然会对风险的发展产生相应的影响，其过程是一个不断认识项目风险的特性及不断修订风险管理计划和行为的过程，对这一过程的监控，主要包括以下内容。

（1）评估风险控制行动产生的效果。
（2）及时发现和度量新的风险因素。
（3）跟踪、评估残留风险的变化和程度。
（4）监控潜在风险的发展及监测项目风险发生的征兆。
（5）提供启动风险应变计划的时机和依据。

2. 风险跟踪检查

风险跟踪检查常用列表形式，见表9.9。

第9章 项目风险管理

表9.9 风险跟踪检查表

项目名称							风险编号			
风险标识							减轻行为编号			
	风险来源						风险发生概率			
	风险类别									
	风险的影响程度						造成影响的时间			
	风险的跟踪情况									
跟踪时间										
减轻行为措施描述										
措施开始时间			措施结束时间			发生的成本			实施人	
风险影响的修订										
风险发生的概率						风险严重程度				
受影响范围的修订										
对进度的影响： 对造价的影响： 对质量的影响： 对安全的影响： 对环境的影响：										
下一步应采取的行动						执行人				
填表人				日期				批准人		

3.风险的重新评估

无论什么时候，只要在风险监控的过程中发现有新的风险因素，就要对其进行重新评估。除此之外，在风险管理的进程中，即使没有出现新的风险，也需要在项目的里程碑等关键时段对风险进行重新估计。

4.风险跟踪报告

风险跟踪报告可采用列表形式，见表9.10。

表9.10 风险跟踪报告表

项目名称		制表人		报告时间	
风险编号	风险名称	本次排名	上次排名	潜在后果	解决进展情况

281

课后习题

1. 简述对风险的认识。
2. 简述风险识别的基本方法。
3. 风险识别的过程包括哪些步骤?
4. 简述风险的特征。
5. 简述风险评价的作用。

参考文献

[1] 美国项目管理协会,美国电气与电子工程师协会.项目管理知识体系指南:PMBOKR指南[M].7 版.北京:电子工业出版社,2022.

[2] 莱顿,奥斯特米勒,凯纳斯顿.敏捷项目管理[M].3 版.傅永康,冯霄鹏,杨俊,译.北京:人民邮电出版社,2022.

[3] 拉森,格雷.项目管理:管理过程[M].8 版.杨爱华,译.北京:电子工业出版社,2023.

[4] 梅雷迪思,谢弗,曼特尔.项目管理:战略管理的视角[M].10 版.戴鹏杰,甄真,译.北京:中国人民大学出版社,2021.

[5] 杨述.项目管理案例[M].北京:人民邮电出版社,2023.

[6] 威索基.有效的项目管理:面向传统、敏捷、极限、混合项目[M].8 版.杨爱华,胡庆江,王颖,译.北京:电子工业出版社,2021.

[7] 斯科特.项目管理5.0:领先全球的项目管理技术[M].彭相珍,译.北京:中国青年出版社,2020.

[8] 张蕾蕾.PF 公司 RPA 项目的人力资源配置研究[D].大连:大连理工大学,2022.

[9] 高翔.A 风电公司 IT 规划咨询项目范围管理研究[D].北京:北京邮电大学,2022.

[10] 白思俊.现代项目管理概论[M].3 版.北京:电子工业出版社,2020.

[11] 赖一飞.项目管理概论[M].2 版.北京:清华大学出版社,2017.

[12] 卫沈傲,谢淮东.企业项目管理实践中招标采购的规范化管理探索——评《项目管理与招标采购研究》[J].商业经济研究,2024(11):193.

[13] 白思俊.项目管理导论[M].北京:机械工业出版社,2018.

[14] 江平,张霜.项目管理概论[M].北京:科学出版社,2014.

[15] 乌云娜,牛东晓,陈文君.电力工程项目管理[M].北京:中国电力出版社,2016.

[16] 刘喆.基于赢得值法和风险分析的项目进度和成本监控[J].项目管理技术,2022,20(8):73-78.

[17] 徐寅阳.工程总承包项目合同精益管理研究[J].建筑经济,2022,43(S1):591-594.

[18] 潘祖志.基于内审视角的建筑施工合同管理研究[J].建筑经济,2022,43(S1):670-673.

[19] 魏保平.FIDIC 银皮书与我国新版工程总承包合同示范文本的索赔管理比较研究[J].建筑经济,2022,43(S1):674-678.

[20] 木江涛,王宏伟.产业园区基础及公共设施建设 PPP 项目合同要点及对策[J].建筑经济,2020,41(9):76-79.

[21] 吴翼虎.基于概率树分析方法的经济项目风险分析[J].价值工程,2020,39(14):80-82.

［22］王华.工程项目管理［M］.北京：北京大学出版社，2014.

［23］杨太华，汪洋，张双甜，等.电力工程项目管理［M］.北京：清华大学出版社，2017.

［24］陶红霞，任松寿.建设工程招投标与合同管理［M］.北京：清华大学出版社，2013.

［25］何正文，王能民.工程管理案例集［M］.西安：西安交通大学出版社，2017.

［26］科兹纳.项目管理：计划、进度和控制的系统方法［M］.7版.杨爱华，杨磊，译.北京：电子工业出版社，2002.

［27］廖厚艳.山东省高速公路建设项目风险识别与防范研究——以济南二环路西环段建设项目为例［D］.济南：山东大学，2020.